国家社会科学基金项目"贫困民族地区农村微型金融与社会资本良性互动的机制创新研究"(14BMZ074)结项成果

国家社科基金丛书
GUOJIA SHEKE JIJIN CONGSHU

贫困地区农村微型金融与
社会资本良性互动的创新机制研究

Mechanism Innovation Research of the Benign Interaction between
Rural Microfinance and Social Capital in Poor Areas

熊 芳 著

人 民 出 版 社

目　　录

导　　论

一、研究背景和意义

(一)研究背景

作为一种定位于贫困群体的金融服务体系,微型金融(Microfinance,MF)自诞生以来在全世界范围内得到迅猛发展。截至 2016 年底,全球微型金融活跃客户达到 1.5 亿个,贷款规模超过 450 亿美元。[①] 然而,与政策设计者预想不一致的是,微型金融帮助贫困群体"平滑消费、促进就业,提升经济和社会福利"的宏伟蓝图远未实现:有的贫困群体虽然需要但拒绝贷款(Guerin et al.,2014);有的虽然接受了贷款但未使用贷款(Guerin,2006;Schwittay,2011);有的虽然使用贷款但并未把贷款用于生产性目的(Guerin et al.,2012;Radhakrishnan,2015;Sanyal,2009);有的虽然将贷款用于生产性目的,但经济和社会福利并未因此得到改善(Shaw,2004;Bernard et al.,2010);还有一部分贫困群体拒绝偿还贷款,微型金融机构(Microfinance institution)的可持续经营受到严峻挑战(Guerin et al.,2014;Schwittay,2011)。2010 年印度安得拉邦的

[①] 《全球微型金融的走向趋势与前景》,2017 年 1 月 9 日,见 http://www.redsh.com/pinpai/ 20170109/174115. shtml。

小额贷款危机以及由此所引发的严重后果更是微型金融倡导者始料未及的。

微型金融的发展实践为何频频背离其政策设计初衷？现有文献或从商业演化导致微型金融机构"使命漂移"来剖析微型金融不能服务于贫困群体的动因（熊芳,2014;Louis et al.,2013;Dorfleitner et al.,2017;D'Espallier et al.,2017）;或从信贷机制设计来探讨微型金融机制设计与扶贫效应之间的分析框架（李亚娥,2008;李炎亭,2013;Widiarto et.al.,2017）。这些研究主要基于标准经济学理论,按照成本—效率分析范式,在贫困群体是理性经济人的既定假设下,从供给者视角对影响微型金融效应的因素进行经济解释。但标准经济学理论只能解释微型金融领域的部分问题（Haldar and Stiglitz,2017）。而且,行为金融学、经济人类学及政治经济学等学科的发展表明,贫困群体也是社会人,具有社会人属性和社会心理需求（Goodman,2017）。因此,微型金融的分析框架理应要涵括社会标准。

1991年,Montgomery将社会资本概念引入到微型金融领域后,国内外学者围绕社会资本对微型金融的影响展开大量研究（Whdick,1999;Ito,2003;Barboza and Barreto,2006;Basargekar,2010;徐璋勇,2014;Czura,2015;Jackson and Young,2016）。有学者指出,只有在社会资本充当抵押担保条件下,微型金融才能到达贫困群体并最终实现微型金融的反贫困效应（Mahjabeen,2008）。也有学者认为,社会资本是可以创造的（Colmen,1988）;并且整体而言,提供微型金融服务的过程就是一个建立社会资本的过程（Singh,2003）。此后,Dowla(2006)和Basargekar(2010)分别以孟加拉国和印度为研究对象,研究证实微型金融对创造社会资本具有显著作用。既然微型金融只有很好地利用社会资本才能渗透到贫困群体,而微型金融提供金融产品和服务的过程又是创造社会资本的过程。所以,实现微型金融和社会资本的良性互动能提升微型金融的反贫困效应。

充分发挥金融扶贫效应一直是我国反贫困政策措施的着力点。早在1955年的农村金融工作会议上,我国就确立了"农户贷款要以帮助贫农为主"

的政策。此后又陆续出台了《关于办理贫农合作基金贷款的通知》《扶贫贴息贷款管理实施办法》等系列文件。进入 21 世纪后,金融扶贫的重要地位进一步凸显。从《继续扩大农户小额信用贷款和农户联保贷款》(2004,中央一号文件),到《大力发展小额信贷和微型金融服务》(2009 年中央一号文件),再到《加快构建多层次、广覆盖、可持续的农村金融服务体系,发展普惠金融》(2016 年中央一号文件),连续 13 年中央一号文件既从制度上规划了农村金融体系的演化,也同时赋予金融扶贫重大使命。此间,国务院和人民银行还先后颁布了《推进普惠金融发展规划(2016—2020)》(国发〔2015〕74 号)、《"十三五"脱贫攻坚规划》(国发〔2016〕64 号)、《关于全面做好扶贫开发金融服务工作的指导意见》(银发〔2014〕65 号),以及《关于支持深度贫困地区脱贫攻坚的实施意见》(厅字〔2017〕1 号)和《关于金融支持深度贫困地区脱贫攻坚的意见》(银发〔2017〕286 号)等纲领性文件,进一步将金融扶贫放至我国反贫困政策的制高点。

　　1993 年,中国社会科学院农村发展研究所在河北易县引入孟加拉乡村银行的联保贷款模式,建立易县信贷扶贫合作社(简称"扶贫社",FPC),成为我国最早的民间公益性小额信贷组织。此后,各种农村合作金融机构和新型农村金融机构陆续涌现,邮政储蓄银行和农业银行也先后推出微型金融产品和服务,微型金融体系不断完善。截至 2016 年末,全国村镇银行、农村资金互助社、贷款公司、小额贷款公司总数达到 12091 家,较 2015 年末增长 1.7%。同年末,我国农户贷款余额 7.08 万亿元,同比增长 15.2%,全年增加 9494 亿元,同比多增 1671 亿元。① 但政策驱动的支农目标和市场机构的盈利目标之间存在天然的冲突。因此,从我国微型金融运行实践来看,虽然取得一定成效,但金融扶贫功能远未充分发挥。表现为:一方面,涉农贷款增加并没有带来农户收入增加,反而降低了农户收入(邓坤,2015)。另一方面,由于联保贷款呈

① 中国人民银行网站:《2016 年金融机构贷款投向统计报告》,2017 年 1 月 20 日。

现出更高的违约风险,一些金融机构不得不重新选择个人贷款模式(赵德泉,2014);而且,与世界微型金融发展趋势相一致的是,微型金融在我国的发展也呈现出诸多"水土不服"的特征,微型金融的扶贫效应远未充分实现(张正平,2011;熊芳,2014;蒋远胜,2017)。

因此,立足于我国贫困地区微型金融发展的实践,深入剖析、解构贫困地区社会资本与微型金融的互动关系,以此为基础构建贫困地区社会资本与微型金融的良性互动机制对于完善贫困地区金融扶贫机制,提高金融扶贫效应,从而促进贫困地区经济增长和人民增收,对于确保 2020 年贫困地区农村贫困人口全面脱贫和"全面建成小康,一个民族都不能少"都具有重要的现实意义。

(二)研究意义

深入审视贫困成因及金融扶贫的现状可以发现,金融资本和社会资本"双缺"的现实是贫困的重要成因,也是制约脱贫致富的重要因素,单纯通过提供金融资本的方式并不能帮助贫困群体对抗贫困,只有在提供金融资本的同时,帮助贫困群体通过参与社会活动等方式获得社会资本,才能使他们能够依靠自身努力永久走出贫困。

国内外学者研究表明,通过精准的机制设计,微型金融与社会资本可以实现良性互动;并且,这种良性互动有助于微型金融反贫困功能的最终实现。通过建立微型金融与社会资本良性互动的机制来消除贫困,这一观点正好与我国贫困地区农村人口金融资本和社会资本"双缺"的现实相契合,也与大力发展"普惠金融"的政策理念相一致。其研究思路和指标体系设计对国内研究具有很好的借鉴作用。但现有研究中普遍采用的准实验研究方法,尚需大样本数据来检验。并且,社会资本这一论题本身就具有民族性和地方性(郑晓云,2009),我国不能照搬其他国家的结论和做法。而且,对于微型金融如何创造社会资本、微型金融是否与社会资本存在互动关系,如何实现农村微型金融与社会资本的良性互动等问题,国内现有文献及研究鲜有涉及。本书从微型金融与社会资本双向互动视角,对"如何实现农村微型金融与社会资本良性互动,充分发挥微型金融反贫困功能"这一问题展开分析,相关研究成果不仅可以弥补国内学者对该问题研究的不足,也可为世界微型金融研究提供中国的经验;同时,本书通过典型案例研究,归纳总结了贫困地区微型金融与社会资本良性互动的一般性经验,对微型金融机制设计和有关部门制定贫困地区农村微型金融发展政策都具有一定参考价值。具体来说:

从理论意义看,本书有助于从理论上建立微型金融与社会资本的整体分析框架。对微型金融和社会资本的反贫困理论、机制,以及两者之间的互动关系和影响因素进行精细爬梳,可以进一步丰富和完善反贫困理论和微型金融发展理论,有助于用整体思路来研究微型金融发展问题,更有助于以新的理念和思路来破解金融扶贫的难题,从而帮助贫困群体早日脱贫致富,实现同步小康。20世纪90年代以来,微型金融和社会资本的关系一直是微型金融领域的理论热点,许多学者都对此进行了研究。一方面,一些学者通过理论推演和实证研究证实,社会资本是保障微型金融正常运行的重要机制;另外一些学者则通过理论逻辑演绎和案例研究发现,微型金融提供金融服务的过程,也是为贫困群体创造社会资本的过程。这些研究主要从单向视角研究微型金融与社会资本的关系;并且,由于分析视角、实证方法以及具体案例等多方面的差异,现有研究尚处于探索阶段,还没有形成统一的分析框架,更没有得到一致性答案。本书从双向视角出发,对微型金融与社会资本的互动关系、影响因素,以及两者对微型金融反贫困效应的影响进行全面深入的研究,有助于从理论上建立微型金融与社会资本的整体分析框架,同时也有助于结合我国贫困特点及微型金融发展现状,完善我国微型金融发展的理论体系。

从现实意义看,对贫困地区农村微型金融与社会资本互动关系及其影响因素的实证研究和案例研究,对于细化贫困地区农村微型金融发展模式,完善贫困地区农村微型金融扶贫政策,为世界微型金融研究补充中国的经验,都具有重要的现实意义。从社会资本视角,研究不同社会资本的作用机制(社会关系和社会惩罚)、不同微型金融扶贫模式(小组贷款和个人贷款),以及不同的金融扶贫联动政策(金融知识宣传和教育、小额信贷保险)等因素对微型金融反贫困效应的影响,有助于全面深入分析贫困地区农村微型金融与社会资本的关系,也有助于将微型金融反贫困研究引入更深层次,使微型金融机构和政策制定者能根据贫困地区"区域贫困特征"和社会资本发展现状制定差异化的金融发展政策,还可以更好地促进和提升贫困地区微型金融发展和微型金融反贫困效应。

二、主要概念辨析

(一)小额信贷、微型金融和普惠金融

小额信贷(Microcredit)是微型金融的起源。现代的小额信贷诞生于 20 世纪 70 年代初,兴盛于 20 世纪 80 年代。小额信贷较早在亚洲、拉丁美洲和非洲等地发展,有广义的小额信贷和狭义的小额信贷之分。前者指不仅向低收入的贫困群体提供贷款,还指面向小微经济体的创业者提供的贷款;后者则仅指通过向低收入的贫困群体提供信贷服务,以帮助他们最终摆脱贫困的贷款活动。世界银行扶贫协商小组(Consultative Group to Assist the Poorest, CGAP)对小额信贷的定义是:合法的金融机构(Leglly Registered Insitutions)向低收入人群提供的无担保或几乎没有担保的、额度非常小的贷款。

早期的小额信贷主要是在政府扶持或捐赠资金的帮助下发展起来的,大部分的小额信贷机构都不能吸收存款,在外援资金减少而贷款需求增加的情况下都面临着严峻的资金制约;而且,越来越多的机构也开始认识到,同富人一样,贫困群体也会有除贷款以外的其他金融服务需求。比如,由于农牧业先天的弱质性,落后的农牧业地区和贫困人群更需要小额保险业务来抵御面对风险时的脆弱性。再如,在劳动力跨部门、跨地区乃至跨境流动日益频繁的背

景下,收费合理的汇款业务也变得更加重要。而随着贫困群体收入的提高,也会衍生出对储蓄乃至各种理财的需求。因此,传统的"小额贷款"开始逐步向提供多元化金融服务的"微型金融"转型。

微型金融(Microfinance)是小额信贷机构业务持续和多样化发展的结果,于20世纪90年代开始兴起。对于微型金融,世界扶贫小组(CGAP)的定义是:为贫困人口提供的,包括贷款、储蓄、保险以及转账等在内的一系列金融服务。实践证明,微型金融是一种相对有效的向社会弱势群体提供帮助的方式。它的兴起代表了金融生态环境的改善,建立了穷人也是金融产品消费者的观念,创新出了一系列向穷人提供经济资助、增加对贫困人群"社会投资",并具备一定流动性的金融工具。

普惠金融(Inclusive Finance)是小额信贷和微型金融的延伸与发展。2003年12月23日,联合国确定2005国际小额信贷年的主题是"建立普惠金融体系以实现千年发展目标"。由此,普惠金融体系(Inclusive Financial System)这一术语开始进入大众视野。微型金融在过去30多年的发展中取得了令人瞩目的成就。然而,零散的、未实现可持续发展的微型金融机构显然无法为经济体系中所有有金融需求的群体,包括那些地理位置更为偏远、经济条件更为恶劣的最贫困群体(赤贫群体)提供优质的金融服务。因此,发展普惠金融的目的就是将以小额信贷为核心的微型金融纳入国家正规金融体系和金融整体发展战略中,实现微型金融的大规模可持续发展,从而建立一种能为所有人群提供有效金融服务的金融体系。对于普惠金融,世界扶贫小组(CGAP,2006)的定义是:能有效、全方位地为社会所有阶层和群体,特别是要为目前金融体系没有覆盖到的群体提供有效服务的金融体系。

分析小额信贷到普惠金融的演变过程可以发现,三者都是在弥补传统金融不能为贫困群体服务的基础上所进行的金融创新,在内涵上是相互衔接的,是一种包含性演进。其中,小额信贷是微型金融发展的起点,普惠金融则是微型金融发展的更高层次,而微型金融则是从小额信贷到普惠金融的载体。实现微型金融的可持续发展,推动微型金融在规模上提供更高质量的金融服务以满足更大范围贫困人群的金融需求,在效率上将金融服务向最需要金融支持的极端贫困人群延伸,是建立普惠金融体系的核心。

值得说明的是,目前学术界对于农村微型金融尚未形成统一规范的概念。党的十七届三中全会提出,"大力发展小额信贷,鼓励发展适合农村特点和需要的各种微型金融服务"。基于这一提法,笔者认为,农村微型金融是指为农村地区所有主体、特别是贫困农户提供金融服务的金融形式。因此,农村微型金融就是微型金融的一个子集,是微型金融服务于农村地区的载体。

(二)文化资本、社会资本和人力资本

Bourdieu(1986)强调文化资本是指群体中成员共同认可或实践的价值观、态度、偏好和行为,主要包括物质形态的文化资本和身体化的文化资本。前者表现为具体的知识,如文字知识、礼仪知识和阅历知识;后者则指兴趣、品位、爱好、生活情趣、行为,以及举止等构成个人行为习性的一系列内在性情(渠桂萍,2010)。物质形态的文化资本需要花费大量的时间和财力去积累,贫穷群体很难拥有。并且,这种原生文化资本的相对缺乏极易导致贫困文化代际传递。

厄普霍夫(1996)则把文化资本划分为社会资本的一类,主要指规范、价值、态度、信仰、信任、互惠等心理过程,其核心在于文化,无论是历史遗迹、民俗风情还是人文精神,都是由历史和文化积淀而成的地方资产,有鲜明的地域特色。文化资本作为一种潜在资源有利于创造社会资本,在很大程度上,依托社会资本的非正规金融成为正规金融的替代,显著影响着农户的借贷行为(马光荣等,2011)。

社会资本最初是指社会主体间紧密联系的状态及特征,表现为社会网络、规范、信任、权威、行动的共识以及社会道德等方面。Nahapiet(1998)认为社会资本涵盖结构维度(人与人之间的关系网络)、关系维度(人们之间的特殊关系,信任与情感方面)和认知维度(人们共同愿景)三个维度。社会资本因其有获取

信息、汲取和控制资源等优势,有助于激发个人内生发展、自主脱贫的动力。

人力资本是指个人所掌握的对完成工作有利的知识、技能和体能等能力。常见的衡量人力资本的变量包括受教育程度、经济收入和健康水平等。舒尔茨认为,导致发展中国家贫困的根本原因是人力资本的匮乏而不是物质资料的贫瘠,解决贫困问题的最好方法是加大对贫困者的人力资本投入和优化人力资本的投资结构,以此提高人口总体素质。罗默也认为,一些国家正是因为投入于研发的人力资本太少而被"锁定"在"低收入陷阱"中。随着以资源和资本竞争为核心的时代被以科学技术为核心的知识经济时代所取代,人力资本,尤其是创新型人力资本在我国反贫困进程中将发挥巨大作用。

以上分析表明,文化资本、社会资本和人力资本是三个紧密联系的概念,三者之间彼此依存相互促进但又各有特点。其中,文化资本与社会资本是密不可分的。社会资本以一定的文化作为内在的行为规范,文化资本的很多构成因子同时也是社会资本的组成部分,如一个民族的家庭制度、凝聚力、社会网络与规范、节日等。即一个民族的文化就是其社会资本的载体,一个民族文化资本的完整性是其社会资本存在的重要保障。文化资本的缺失可能导致其社会资本的流失;反过来,注重对民族文化的传承保护,也是对传统社会资本的保存与建设。但三者也有不同,人力资本是由和工作相关的个人技能构成,文化资本却是社会性的建构,而社会资本存在于人际关系的结构中,既不依附于独立的个人,也不存在于物质生产的过程之中。

本书的社会资本是指贫困群体通过在不同的个体间和族群间的相互关系构成,并在其中实现资源分配的社会关系系统。它的形成与发展根植于贫困群体特有的生存、生产和社会形态中,依赖于贫困群体的人文环境,如生存技能、语言、习俗、人力资本和文化资本等因素。

(三)贫困与反贫困

贫困概念的演变经历了从物质范畴向非物质范畴、从绝对概念向相对概念、从一元视角向多元视角延伸的构成。如 Rowntree(1902)认为贫困是家庭总收入不足以维持衣食住行和所需最低数量的生活必需品的状态。Townsend(1979)认为贫困是因缺乏资源而被相对剥夺社会参与机会,导致长期或暂时处于中位生活水平之下的状态。阿马蒂亚·森(1992,1999)认为贫困应被视为权利失败、不民主、基本可行能力被剥夺和机会缺失。世界银行(2001)则将贫困界定为福利被剥夺、低收入、低消费、缺医药和住房、教育得不到改善、风险应对能力弱、发言权和影响力缺失的状态。

反贫困(anti-poverty)这一概念首先由瑞典经济学家 Gunnar Myrdal 提出,有减少贫困(poverty reduction)、缓解贫困(poverty alleviation)、扶贫(support poverty)和消除贫困(poverty elimination)等不同表述。其中,消除贫困是反贫困的最终目标。因此,本书中的反贫困是指一个通过扶贫手段和扶贫政策而不断缓解贫困,进而减少贫困并最终消除贫困的进程。具体是强调通过构建微型金融与社会资本的良性互动机制而充分发挥微型金融的反贫困效应,提高贫困地区农村居民的收入水平、生活质量和发展能力,使其整体达到社会平均水平。

（四）互动、微型金融与社会资本的互动

互动,是彼此联系、相互作用的过程。少数几篇从理论上分析微型金融与社会资本的互动的英文文献,使用了(interact)或者双向因果关系(dual causal relations)进行表述。因此,微型金融与社会资本的互动就是指社会资本有助于微型金融渗透到贫困群体并发挥反贫困效应;而同时,微型金融提供金融产品和服务的过程中,也能为贫困群体创造更多的社会资本。

三、研究思路和研究方法

（一）研究对象与研究目标

1. 研究对象

本书以贫困地区的农村微型金融为研究对象。

目前学术界对于农村微型金融尚未形成统一规范的概念。党的十七届三中全会提出，"大力发展小额信贷，鼓励发展适合农村特点和需要的各种微型金融服务"。基于这一提法，笔者认为，农村微型金融是指为农村地区所有主体，特别是贫困农户提供金融服务的金融形式。因此，农村微型金融就是微型金融的一个子集，是微型金融服务于农村地区的载体。

由于民族地区仍然是我国贫困的主要集中地，而且文化资本，特别是宗教文化也和社会资本紧密联系，所以本书调研地点主要是 5 个民族自治区以及云南、贵州、青海等 3 个多民族省份。另外，在重庆、四川、甘肃、陕西等省市还分布一部分少数民族人口。因此，本书中的省区层面的数据，如民族地区贫困状况、民族地区微型金融发展现状等，主要来自于民族 8 省区；而田野调研数据，如社会资本对农户偿还率及贷款效应的影响、社会资本与微型金融的互动路径以及社会资本与微型金融与社会资本互动的典型案例分析，则同时来自民族八省区和其他民族地区。如在民族八省区之外，本书还选择了湖北省恩施土家族苗族自治州、湖北省长阳土家族自治县以及甘肃省临夏回族自治州和甘肃省天祝藏族自治县进行了调研，获取了部分农户和微型金融机构的数据。

2. 研究目标

本书认为，金融资本和社会资本"双缺"是导致民族地区贫困的重要因素，而构建贫困民族地区农村微型金融与社会资本良性互动机制是充分实现微型金融反贫困效应的重要保障。基于此，本书试图通过梳理国内外文献，建立微型金融和社会资本良性互动的理论框架；同时，通过对贫困民族地区农村社会资本对贷款可获得性和微型金融效应的影响、社会资本的不同作用机制对微型金融效应和贷款偿还率的影响，以及社会资本与微型金融的互动关系进行实证分析，证实贫困民族地区农村微型金融与社会资本之间存在互动关系；接下来，本书通过理论分析、实证研究和案例分析，进一步研究影响微型金融与社会资本互动的因素。最后，基于以上研究结论，本书提出构建贫困民族地区农村微型金融与社会资本良性互动的创新机制。

(二)研究思路及主要内容

本书围绕"贫困地区农村微型金融与社会资本良性互动"这一主题展开，沿着"理论研究—实证研究—实践研究—机制设计"的逻辑思路行文。研究思路及主要内容如下：

研究思路：首先，对相关文献进行梳理，界定微型金融、社会资本、微型金融与社会资本的互动等重要概念，在此基础上明确本项目研究对象和研究目标。其次，阐述微型金融、社会资本与反贫困之间的内在逻辑关系，探讨微型金融与社会资本良性互动的机制及影响因素，构建贫困地区农村微型金融与社会资本良性互动的理论框架。再次，立足于农村贫困现状、微型金融发展现状和反贫困绩效、社会资本发展现状及特征，理论分析实现贫困地区农村微型金融与社会资本良性互动的必要性与紧迫性。接下来，实证分析贫困地区社会资本对贷款可获得性、微型金融效应、对微型金融效应和贷款偿还率的影响，以及微型金融与社会资本之间的互动关系及其互动机制，对贫困地区农村微型金融与社会资本互动现状进行评价。在此基础上，进一步诊断影响贫困地区农村微型金融与社会资本互动的因素并对如何实现贫困地区农村微型金融与社会资本的典型案例进行深入分析，提出研究结论和构建贫困地区农村微型金融与社会资本良性互动创新机制。

本书共包括 7 章，具体内容如下：

导论。通过梳理国内外有关微型金融与社会资本互动的研究现状及最新进展，阐述了本书研究背景和意义。同时，通过辨析小额信贷、微型金融和普惠金融，以及社会资本、人力资本和文化资本等几组概念，明确了本书的研究对象和目标。此外，这一部分还介绍了本书的研究思路和研究方法，可能的创新点及不足，以此明晰本书的研究框架和逻辑。

第一章：贫困地区农村微型金融与社会资本良性互动的理论分析。本章紧扣研究对象和研究目标,从空间贫困、社会排斥及文化贫困等几个层面阐述了贫困的成因及适应的反贫困理论;接下来,理论分析了微型金融和社会资本的反贫困机制及效应,以及微型金融与社会资本良性互动的机制和影响因素。既然微型金融和社会资本都具有反贫困效应;并且,社会资本能促进微型金融反贫困效应的提升,而微型金融又能创造社会资本,因此,构建微型金融与社会资本良性互动机制是提升微型金融效应和反贫困效应的必然选择。

第二章:贫困地区农村微型金融与社会资本良性互动的必要性分析。对微型金融发展现状和反贫困绩效、社会资本发展现状和特征进行了梳理和分析,认为实现微型金融与社会资本的良性互动是实现微型金融双重目标的必然选择。因此,要加快构建贫困地区农村微型金融与社会资本良性互动机制,以提升微型金融反贫困效应。

第三章:贫困地区农村微型金融与社会资本互动现状评价。这一部分主要利用农户的调研数据,实证分析了社会资本对贷款可获得性和微型金融效应的影响、对贷款偿还率和微型金融经济效应的影响路径和机制,以及社会资本与微型金融之间的互动的路径和机制。研究发现,不同维度的社会资本对贷款可获得性和微型金融效应的影响不一样;社会资本的作用机制(社会制裁和社会关系)不同,社会资本对贷款偿还率和微型金融经济效应的影响不同;并且,社会资本既可以直接影响贷款偿还率,又能通过影响微型金融经济效应而间接影响贷款偿还率;微型金融和社会资本存在互动关系,积极利用社会资本有助于提升微型金融效应。而微型金融效应越大,微型金融在提供金融服务过程中创造的社会资本就越多。以上结果表明,影响微型金融发展(或效应)的因素即是影响微型金融与社会资本良性互动的因素。

第四章:贫困地区农村微型金融与社会资本良性互动的影响因素。本章通过统计分析和案例分析方法,分析了农户金融素养对微型金融发展的影响;通过统计分析方法和实证分析方法,考察了小额保险发展现状及对小额信贷可获得性的影响。

第五章:微型金融与社会资本良性互动的案例研究。本章首先对Grameen 和 SKS 的经营实践进行深度比较,认为在遵循当地道德经济前提下通过社会关系交换建立新的社会资本和规则是微型金融充分发挥效应的内驱动力,从而为如何实现贫困地区农村微型金融与社会资本的良性互动提供正反的国际经验;然后,对中和农信(内蒙古)、惠民小额贷款公司(宁夏)和农业银行(青海)的三个典型个案进行分析,以期为实现贫困地区农村微型金融与社会资本良性互动的创新机制提供一般经验支持。

第六章:构建贫困地区农村微型金融与社会资本良性互动的创新机制。基于前文所归纳的重要观点和基本结论,在系列纲领性文件指引下,从微型金融机制和政策支持体系两方面探讨建立贫困地区农村微型金融与社会资本良性互动的创新机制。

（三）研究方法及特点

本书坚持理论联系实际,主要采取了文献分析法、计量分析法、田野调查法、比较分析法和案例研究等多种方法。

第一,文献分析法。在理论研究部分,特别是导论、第一章、第四章和第五章中采用了文献分析法。通过对国内外有关社会资本对微型金融发展的保障作用,以及微型金融创造社会资本的机制、影响因素及国际典型案例的相关文献进行精细爬梳,建立微型金融与社会资本良性互动机制的分析框架,在为本书奠定逻辑起点的同时,也为完善微型金融与社会资本互动机制及其相关理论的创新与发展提供理论支撑。

第二,田野调查法。为了实证分析社会资本对微型金融效应的影响,2014年,组织了对新疆 192 户农户的田野调研;为了实证分析社会资本对贷款可获得性的影响,2015 年,组织了对云南 405 户农户的田野调研;为了实证分析社会资本对微型金融经济效应和贷款偿还率的影响机制,2017 年,组织了对新疆、云南、内蒙古和青海的 978 户农户的田野调研;为了论证社会资本与微型金融效应的互动机制,2016年,项目组组织了对宁夏350户农户的田野调研;为了统计刻画农户的金融素养现状,2016年,组织了对湖北恩施288户农户的田野调查;同年,为了实证分析小额保险对小额信贷可获得性的影响,组织了对湖北省宜昌市长阳土家族自治县182户农户的田野调查。总之,力争通过组织尽可能规范的田野调查,获取第一手的资料和数据,为统计分析和实证研究提供可靠而扎实的数据样本,从而使得研究结论更为精准,建议对策更富有针对性。

第三,计量分析法。一是利用Stata分析软件,采用定序Logistic模型,实证分析了社会资本对贷款可获得性的影响;二是利用SPSS分析软件,采用定序Logistic模型,实证分析了社会资本对微型金融效应(联保贷款效应)的影响;三是利用SPSS和AMOS分析软件,采用概念模型、结构方程模型和多群组结构方程模型,实证分析了社会资本对微型金融经济效应和贷款偿还率的影响路径、影响大小及影响差异;四是利用SPSS和AMOS分析软件,采用结构方程模式,实证分析了微型金融和社会资本的互动路径及机制;五是利用SPSS分析软件,通过二项Logistic回归模型,实证分析了小额信贷保险对小额信贷可获得性的影响。

第四,比较研究法。为了更深入地剖析社会资本与微型金融互动关系的影响机制及影响结果,对微型金融行业的两个典型代表,Gramee和SKS进行了深度比较研究。

第五,案例研究法。为了更好地描述农村微型金融发展现状及反贫困绩效,笔者主要选取了中国农业银行作为研究案例展开分析;为了更好地归纳总结社会资本与微型金融互动的共生经验,本书选取了宁夏东方惠民小额贷款公司、农业银行青海省分行,以及中和农信为代表,采用座谈、访谈、参与观察、后续回访等方法进行了精细的案例研究。

(四)可能的创新与不足

本书试图在以下几个方面进行突破创新:

贫困地区农村微型金融与社会资本良性互动的创新机制研究

一是理论上有所突破。现有研究主要从单向视角研究微型金融与社会资本的关系,且主要研究社会资本对微型金融正常运转的保障作用。而本书通过全面系统地梳理微型金融与社会资本的反贫困功能及机制,重点研究了微型金融创造社会资本的功能。试图通过构建微型金融与社会资本互动的研究框架,从双向视角研究两者的关系。同时,通过梳理和完善微型金融与社会资本互动的机制和影响因素,论证通过构建专门的创新机制,可以实现贫困地区农村微型金融与社会资本的良性互动,从而促进和提升贫困地区农村微型金融的反贫困功能。

二是研究方法有所突破。通过建立概念模型、结构方程模型和多群组结构方程模型,对贫困地区农村微型金融与社会资本良性互动的机制、路径和影响因素进行了实证分析。研究方法的创新,将为构建贫困地区农村微型金融与社会资本良性互动创新机制提供科学、有力支撑。

三是学术观点有所创新。首先,现有研究主要关注微型金融的经济效应,很少关注微型金融的社会效应,特别是微型金融创造社会资本的功能。但笔者发现,微型金融提供服务的过程也是创造社会资本的过程,通过和谐的社会关系交换来创造积极的社会资本是微型金融成功的内核。并且,由于社会资本是微型金融正常运转的保障机制,且微型金融和社会资本都具有反贫困功能,因此,重视微型金融创造社会资本的功能、促使微型金融与社会资本良性互动才能真正提升微型金融的反贫困效应。其次,现有研究非常重视社会资本的社会惩罚机制,而忽视社会关系机制。本书研究结果显示,贫困地区农村微型金融与社会资本存在良性互动关系;并且,社会资本的作用机制不同,互动关系也不同。其中,社会关系更有助于提升微型金融效应和贷款偿还率;社会惩罚虽然有助于提升微型金融经济效应,但其对微型金融效应的影响为负(包括经济效应和社会效应)、对贷款偿还率的直接影响也为负。因此,笔者认为,微型金融应更多运用社会关系机制而要适度运用社会惩罚机制。最后,笔者发现,社会资本对微型金融效应存在影响差异,项目所在地的道德经济、信贷员的服务质量等都是影响微型金融与社会资本良性互动关系的重要因素,构建贫困地区农村微型金融与社会资本互动机制的一个重点是要根植于贫困群体的生计策略,构建自下而上的金融服务体系。

最后,在实务操作层面,在基于社会制裁运转的小组联保贷款模式逐渐被摒弃的背景下,本书可以为微型金融向部分责任和自担责任的小组贷款模式的国际演进趋势提供中国的经验支持,也能为国内金融机构创新金融扶贫模式提供新思路。同时,基于理论分析和实证研究的一般结论,以《关于金融支持深度贫困地区脱贫攻坚的意见》等系列纲领性文件为依据,从微型金融机构和政策层面提出构建贫困地区农村微型金融与社会资本良性互动的政策建议,能在一定程度上为细化我国贫困地区金融扶贫政策提供重要参考。

不足之处主要是:第一,精准量化社会资本尚存在很多困难,因此本书主要从一般社会资本层面研究农村微型金融与社会资本的互动关系,没有对农村微型金融与民族社会资本之间的互动关系进行计量分析,在一定程度上影响了研究的全面性。第二,没有对微型金融中的储蓄展开研究,具有一定局限性。微型金融涵括了小额信贷、小额保险、储蓄,以及转账汇款等内容。而且,贫困群体受传统习俗、宗教信仰,以及金融服务便利度等因素影响,对储蓄的接受度也很有限,在一定程度上影响了微型金融效应的发挥。本书为突出研究重点,主要对小额信贷进行了较为深入研究,对小额保险也有一定涉及,对储蓄则没有展开研究,具有一定局限性。

第一章 贫困地区农村微型金融与社会资本良性互动的理论分析

现有文献主要从单向视角研究微型金融与社会资本的关系。大多数文献都承认,社会资本是微型金融正常运转的保障机制。另外一些文献则在研究微型金融效应的过程中,发现微型金融能创造社会资本。本章试图在梳理贫困成因的基础上,从微型金融和社会资本的反贫困效应及机制入手,从双向视角研究微型金融与社会资本的关系,以此建立贫困地区农村微型金融社会资本良性互动的理论分析框架。

第一节 贫困成因与反贫困理论

亚当·斯密(1776)较早对贫困进行了研究,认为贫困是"无法满足生活的基本需要",包括社会的整体贫困和社会中的贫困群体或贫困阶层两种类型。此后,国内外学者围绕贫困问题进行了广泛的研究。但迄今为止,学界尚未对贫困的内涵形成统一认识。基于研究目标,本书试图立足于金融资本、社会资本及其互动对贫困与反贫困的影响,对贫困的成因及反贫困理论进行梳理和整合,以作为本研究的逻辑起点。

一、贫困主因分析

贫困的成因纷繁复杂。综合贫困地区特殊的地理条件、自然资源及历史文化因素,本项目将从空间贫困、物质资本贫困、社会排斥和文化贫困等四个视角分析贫困成因。

(一)空间贫困论

20 世纪 90 年代中期,世界银行专家 Jalan 等人通过对贫困的空间聚集的研究指出,地理资本(geographic capital)禀赋的不同,即经济社会发展中的教育、卫生、社会保障、政治等各种差别,形成了空间贫困陷阱(spatial poverty traps,SPT)(Jalan and Ravallion,1862、1997)。空间贫困理论旨在探讨贫困的空间分布以及贫困与地理环境之间的关系,是一个包含了经济、社会、环境三个维度在内的集合概念(刘小鹏等,2014)。事实上,早期的空间经济学(Spatial Economics)及之后的新经济地理学(New Economic Geography)也是研究经济发展与地理位置的关系。不仅如此,2003 年,Beck et al.(2003)将地理禀赋理论应用于研究金融发展,提出地理禀赋可以通过影响长期制度的形成,进而影响金融发展。此后,地理学和经济学家们就地理对金融的影响及作用路径进行了研究,证明地理禀赋对金融制度的选择、运行和创新都具有很大甚至决定性的影响。

王曙光(2012)所提出的"区域发展障碍型贫困"与空间贫困理论相似,用来描述"由一些具有区域特点的发展障碍因素而引致的贫困,如某些地区由于交通、通信、市场设施不完善而引发的贫困,或者由于当地恶劣的自然生态环境与不适宜人类生存的气候所引发的贫困"。并指出"在中国现阶段的贫困中,区域发展障碍型贫困是最主要的贫困类型",尤其是我国西部地区,包括西藏、贵州、甘肃、云南等省或自治区的沙漠化、石漠化、高寒、多山和缺水地区,都属于区域发展障碍型贫困。

（二）物质资本贫困说

古典经济学以及发展经济学的"唯资本"学派多数认为物质资本匮乏即贫困。这一理论更多是从物质资本视角来强调发展中国家贫困的成因，如"贫困恶性循环理论"（Nurkse，1953）、人力资本投资不足（TW Schultz，1961）。这些理论的共同点都是将贫困的根源归结为资本形成不足，因此又被称为"唯资本论"。就个人而言，英国学者彼得·汤森（Peter Townsend，1979）认为，"当个人、家庭和社会集团缺乏必要的资源，不易获取食物、参加活动、拥有公认的居住和生活条件，并且被排除在一般的居住条件、社会习惯和活动之外时，即为贫困"。

20世纪60年代后，通过促进资本形成为主的减贫策略失效，使越来越多的国家意识到，仅仅从物质资本匮乏的角度还不能完全概括贫困的成因。此后，舒尔茨开创性地将资本划分为物质资本和人力资本后，研究者们开始从人力资本、权利等更广阔的视角探寻贫困问题的本质。

（三）社会排斥论

1974年，法国学者拉诺尔（Ren Lenoir）首次提出"社会排斥"概念，用来描述特定个人或群体被排斥，或者至少这些特定个人或群体自己感受到被排斥。此后，一些学者用社会排斥来分析社会经济和技术转型过程中，因为物质、文化和社会资源有限，导致一部分人被排除在他们的成员可以接受的最低限度生活方式之外的现象。社会排斥概念的提出，将贫困研究从经济领域引入更为广阔的政治和社会视角，从而更有助于理解贫困的多维特征、导致贫困的累积性因素和动态的致贫过程。

1. 社会资本贫困论

现代意义上的社会资本概念最早由法国社会学家 P.Bourdieu 在 1985 提出。此后，Coleman（1988）和普特南（1993）进一步对社会资本进行了阐释，使得社会资本理论逐渐成为社会和经济学界研究的焦点。世界银行曾经以社会资本作为理论依据,在非洲、拉丁美洲部分国家和地区实施了一系列发展项目,并以发展项目的实际成效证明社会资本确实是发展中"确实的链条"。用社会资本解释贫困的逻辑是:社会资本的分布不均衡,与强势群体(如富人群体)相比,贫困群体的社会资本严重不足,甚至出现赤字。因此,社会关系的差异强化了强势群体的地位,从而使贫困群体的境况恶化;并且,贫困群体内部关系网络的性质可以解释贫困程度的差异,因为这些关系在社会分层过程中充当了资源的角色。国内学者王朝明(2009)认为,社会资本不足将导致贫困群体的封闭性和边缘化,并导致知识贫困、人文贫困乃至收入贫困。因此,只有包含物质资本、人力资本和社会资本的三种"资本结构"的维度才能完整解释贫困的成因。黄江泉(2012)认为,社会资本导致农户贫困的内在逻辑是:制度政策排斥、文化贫困的代际传递和社会关系孤立以及这些因素之间的相互作用,导致贫困群体社会资本缺乏;社会资本缺乏必然会导致个体能力和机会的缺失,进而引起其收入低下、生活困顿;而收入贫困又会与制度、文化和关系贫困相互影响与恶化。如此循环往复即形成了长期贫困和贫困陷阱。相关机理如图 1-1 所示。

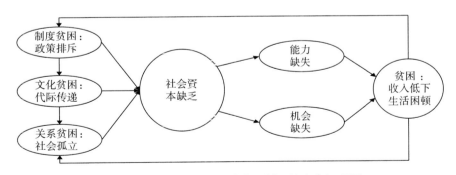

图 1-1　社会资本缺乏诱致贫困循环的内在机理图

2. 能力贫困说

阿马蒂亚·森在其系列作品中对能力贫困(capability poverty)进行了系

统阐释,认为"贫困表现在权利失败、不民主、基本可行能力被剥夺和机会贫困"。世界银行采纳了阿马蒂亚·森的概念,在《1990年世界发展报告》中将贫困定义为"缺少达到最低生活水平的能力"。此后,阿玛蒂亚·森(2002)进一步论述了社会成员因基本权利被剥夺、社会排斥、丧失机会而造成能力缺失,进而导致能力或权利贫困。因此,贫困的成因是"难以借助于现代教育、信息扩散、知识外溢、社会资本积累等效应来充实自身的经济能力,以致人力资本含量、知识与技能水平极低,在发掘经济机会、参与经济政策决策、增加对自身的投资、应对不确定性和风险、从创新性活动中获利、分享经济增长的成果等方面无能为力"(张克中,2012)。

王曙光(2012)认为"能力贫困"应该划分为"可行能力贫困"和"先天型能力缺乏"两种。虽然两者都表现为贫困群体个体的某种能力的缺失,但前者的主要原因最终主要的根源是个体性的,如因为受教育程度低而导致的人力资源不足。这类贫困可以通过针对性提升贫困群体的能力而帮助其脱离贫困。后者主要是个体因为智力或体力上的先天缺陷而导致的生产能力完全或部分缺失而引发的贫困。如肢体残缺或精神病患者,这类贫困很难通过提升其可行能力来解决。

3. 权利贫困说

权利贫困(entitlement poverty)是指个体缺少本应享有的公民权、政治权、文化权和基本的人权;而且,个体如果被排斥在主流经济、政治以及公民、文化的活动之外,那么即便拥有足够的收入、足够的能力,他也依然处于"权利贫困"的状态(UNDP,1997)。从社会排斥的角度来看,贫困是个人、家庭和群体因为缺乏社会资本,以致他们被排除在社会群体可以接受的最低限度的生活方式之外(UNDP,2000)。阿马蒂亚·森也认为,贫困的根本原因在于贫困群体应该享有的基本权利往往被系统性地剥夺,从而使他们陷入贫困的恶性循环。此后脆弱性、风险和孤立无助等也被引入范围,构成权利贫困的概念。我国学者李守经(2000)提出了"发展权利"的概念,认为发展主体没有认识到或误解权利,导致错过运用发展权利的机会而致贫。

(四)文化贫困论

1959 年,奥斯卡·刘易斯通过对贫困家庭和社区的调查后首次提出"文化贫困"理论,认为贫困者之所以贫困与其所拥有的贫困文化有关。贫困文化论认为贫困群体具有独特的生活方式,并具有诸如人际关系、生活习俗、心理定式、价值观念、消费模式等显生特征,导致与社会主流文化脱节的贫困亚文化,并由此产生贫困文化的群体默认与代际传承。其特点包括人们对自然的屈从感、不为未来做出计划安排、听天由命的意识、自卑感、控制欲望的能力差及脱离社会主流文化等。

受贫困文化的影响,许多贫困人口还形成了"等靠要"、懒于工作、依赖福利的习惯,即"心理贫困"。心理贫困是指人的信仰、理想、价值观、习惯等精神心理状态落后于社会主要物质生产方式。心理贫困使穷人陷入"自我设限"的藩篱,扼杀了贫困群体行动的欲望和潜能(吴理财,2001)。这种贫困状态在世代人自然习得和族群交往中,通过塑造人的特点和人格等发生世代传递,强化落后观念,继而导致精神贫困(陈浩、赵君丽,2001)。

二、反贫困理论

反贫困(anti-poverty)这一概念首先由瑞典经济学家 Gunnar Myrdal 提出。反贫困包括减少贫困(poverty reduction)、缓解贫困(poverty alleviation)、扶贫(support poverty)和消除贫困(poverty elimination)四个维度的含义。其中,消除贫困是反贫困的最终目标。

根据贫困主因,空间贫困是由于特殊的地理、自然环境所导致的,很难改变;而文化贫困依赖于一定的社会经济和文化的发展才能有效纾解。因此,下面主要从促进金融资本形成和基于社会排斥两个视角来构建农村地区反贫困理论,以作为本书的理论依据。

（一）促进金融资本形成的反贫困理论

1. 贫困恶性循环理论

贫困恶性循环理论（vicious of poverty）是以纳克斯（1953）为代表的传统经济学家提出的，认为发展中国家普遍存在"经济发展停滞不前、人均收入水平低、生活贫困"的问题；之所以存在长期的贫困，是因为这些国家的经济存在着一个相互作用和反作用，并使贫困维持的"多种力量的循环集"。在这个多种力量的循环集中，最重要的障碍是经济落后国家资本积累长期存在由供给与需求构成的贫困恶性循环。其中，供给面方面表现为：收入低——储蓄能力弱——资本形成率低——生产率低——产出低——收入低；需求方面表现为：收入低——购买力弱——投资引诱不足——资本形成率低——生产率低——产出低——收入低。纳克斯因此得出一个著名的命题："一国穷是因为它穷。"纳克斯这里所讲的资本，包括物质资本和金融资本。而落后中国家要把恶性循环转变为良性循环，就必须增加储蓄和投资，促进资本的形成。

董积生、杨学锋（2003）以及张自强、伍国勇和徐平（2018）等学者运用贫困恶性循环理论解释了金融空洞化导致经济欠发达地区经济发展滞后的状况难以改善的问题，由此导致落后地区与发达地区经济发展差距进一步扩大，反过来又导致金融资本更大幅度地从经济欠发达地区流出，进而导致贫困地区更加贫困的"贫困恶性循环"。

2. 微型金融视角下的反贫困理论

作为最新的反贫困工具，微型金融的减贫机制除了提供资本以外，还集中体现在金融赋权上。金融赋权（Finance empowerment）是指通过为个人（特别是贫困群体）提供适当的金融产品和服务，从而帮助他们实现经济独立的金融支持策略。尤努斯认为，每个人包括乞丐都应该具有获得金融服务的权利。只有每个人拥有获得金融服务的机会，才能让每个人有机会参与经济的发展。此后，学术界逐渐将金融赋权纳入贫困的研究框架。

金融赋权意味着个人能够独立自主地使用金融资源,并能够借助金融资源来提高家庭的经济和社会福利,从而提高个人在家庭和集体中的地位。微型金融对客户的赋权主要表现在以下四个方面:选择、尊重、倾听和服务。选择是为客户提供足够的信息并灵活经营,让客户能做出正确的选择。尊敬是尝试创建更具包容性的环境,包括简化金融服务的手续和程序,让客户感觉到受到尊敬。倾听是认真听取客户的意见和建议,了解客户的真实金融需求并更好地满足客户的真实需求。服务是提供客户所需要的金融产品和服务,帮助他们管理自己的财务生活。金融赋权的实质是在"穷人经济学"的命题下,承认和保护贫困群体享受金融服务的权利,主张通过提供金融资源,提高贫困群体可行能力为路径,构建并完善弱势群体的内生性金融生成机制,从根本上解决贫困群体所遭遇的生存与发展困境。

(二)消除社会排斥的反贫困理论

1. 人力资本投资

美国芝加哥大学教授西奥多·舒尔茨(1960)最早提出人力资本概念,被西方学术界誉为"人力资本之父"。舒尔茨认为,人的能力和综合素质是决定贫困的主要原因。世界各国的经验也表明,许多国家农业落后的原因并不在于自然资源的贫瘠或所谓的懒散而无效率的"民族性",关键在于人口素质的低下限制了人们的经济活动,导致对各种资源不能够进行充分而高效的运用,从而过度依赖单一而落后的自然经济(王洋、王大超,2006)。

张友琴和肖日葵(2012)认为人力资本投资的反贫困机理是,通过提高贫困人口的健康、知识,开发和培育其他资本的能动性,从而改善贫困群体的生存能力;并将个人、家庭和国家等不同层面的利益和目标有机地结合起来,以保障反贫困政策效应的可持续性。并认为投资健康、教育尤其是投资基础教育和非正规教育、促进就业是人力资本投资的主要途径。图登克珠等人(2014)发现,人力资本低下、人力资本投资利用率低是西藏农牧区人力资本致贫的重要影响因素,并提出增加人力资本投资和人力资本投资利用率要遵循以市场需求为导向,政府、家庭和社会以市场化、合理化和均衡化为原则进行人力资本投资。张霞和胡建元(2017)对新疆的人力资本和农户人均收入之间的关系进行实证分析的结果表明,农村地区劳动力文化素质过低,医疗设施建设不健全,制约了扶贫开发模式的效应,并从增加教育、医疗、劳动力迁移等方面的投资,是提升新疆农村劳动力人力资本素质,有效推动喀什地区农村经济和社会健康发展的重要途径。

2. 构建社会资本

社会资本的减贫作用体现在以下三个方面:一是贫困群体可以通过动用自己的社会关系网络获得资源和动用资源,从而找到脱离贫困的渠道。二是贫困群体可以从社会关系网络中获得利益(Flores,2003)。三是社会资本通过发挥制度性的作用,为贫困群体的集体行动、合作提供便利,增加信任程度,从而提高反贫困行动的效率(Narayan,1999)。周晔馨和叶静怡(2014)在梳理了相关文献后指出,贫困的成因有多种维度,社会资本也有多种维度,因此不同维度的社会资本对不同类型的贫困就可能影响不同:信任有助于减少绝对贫困;社会资本通过非正式保险的机制平滑消费、减轻暂时贫困,通过促进融资和创业、保护产权、促进公共品提供和劳动力流动,有助于消除长期贫困。

社会资本是可以创造的(Coleman,1988)。在如何为贫困群体创造社会资本方面,Narayan(1999)认为,一方面是对贫困群体的组织能力进行投资,如直接对贫困群体参与一些群体给予资金支持;另一方面是通过一些机制的建设,如信息机制、冲突管理机制、教育和价值观形成机制等7个方面的机制,帮助贫困群体培育相互交错的社会关系网络。

3. 实现包容性增长

包容性增长形成和发展源于北京大学林毅夫等学者所做的研究,以及亚洲开发银行和世界银行等机构所出版的相关报告中。早在2003年,林毅夫在其发表的学术论文"Development Strategy, Viability and Economic Convergence"

中阐述了包容性增长思想;2004 年,林毅夫在亚洲开发银行"杰出学者演说"会上,发表了题为《发展中亚洲国家利益及所有人民的增长方式的发展战略》的演讲,提出"包容性增长"的概念。同年,亚洲银行的减贫战略中,先后将"包容性社会发展"和"强化包容性"作为其战略支柱和优先战略。此后,亚洲组建国际著名经济学家的名人小组对"包容性增长"展开研究,并在 2007 年率先提出了包容性增长的增长模式和理念。与此同时,2004—2008 年间,世界银行也在其每两年出版一次的《世界发展报告》中体现了包容性增长的思想。2009 年和 2010 年,时任国家主席胡锦涛同志两次在亚太经合组织会议上强调要实现包容性增长,从而使得包容性增长这一概念在我国迅速受到广泛关注。

　　杜志雄等人(2010)归纳了包容性增长三方面的减贫激励:一是通过高速、有效和可持续的发展促进经济增长,从而增加贫困群体的收入和就业机会,减缓和缩小贫困差距;二是增加和改善贫困群体接受基础教育、基本医疗卫生服务,以及其他基本公共社会服务等方面的机会和质量,从而革除贫困群体的权利贫困和所面临的社会排斥;三是构建良好的制度机制,保障贫困群体在发展过程中享有平等机会,促进广泛的共享性和共享的公平性,从而确保贫困群体最低限度的福利水平。理论上,包容性增长强调通过成果共享和机会均等来缓解贫困(文雁兵,2014);实践中,我国的包容性增长对贫困缓解已经出现地区偏向和结构偏向,因而文雁兵(2015)提出包容性增长减贫策略是:通过持续的经济增长和合理的二次分配"自上而下"发挥增长的"利贫性"的同时,通过提高个体自生能力和社会流动性"自下而上"发挥增长的"包容性"。

　　以上分析表明,尽管贫困成因纷繁复杂,但空间贫困、物质贫困、社会排斥和文化贫困是贫困的主要原因。其中,空间贫困是特殊的地理、自然环境导致的,减缓空间贫困受地理禀赋的制约;文化贫困则依赖于一定的社会经济和文化的发展才能有效纾解。因此,从制度层面,笔者提出,立足于促进金融资本形成和消除社会排斥是构建反贫困的重要理论基石。

进一步的理论分析表明,微型金融视角下的反贫困理论不仅能促进贫困地区金融资本的形成,还能通过金融赋权来提高贫困群体的可行能力,从而从根本上解决贫困群体所遭遇的生存与发展困境。基于社会排斥的三个反贫困理论则彼此支撑:人力资本不足制约了反贫困政策,包括金融扶贫政策的效应,增加人力资本投资可以改善贫困群体生存能力,从而保障反贫困政策效应的可持续性;构建社会资本可以帮助贫困群体找到更好地脱离贫困的渠道,获得利益并提高反贫困行动的效率;包容性增长理论则表明,在促进经济增长的同时,要通过构建良好的制度机制,通过成果共享和机会均等来缓解贫困。

第二节　微型金融的反贫困机制和反贫困效应

一、微型金融在我国的发展演变及主要形式

（一）微型金融在我国的发展研究

我国的微型金融起源于小额信贷项目。1981 年,由联合国国际农业发展基金(IFAD)在内蒙古八旗(县)开展的北方草原与畜牧发展项目是我国最早的小额信贷项目。1993 年 10 月,经国务院办公厅、中国人民银行和国务院扶贫办批准,在中国社会科学院农村发展研究所、美国福特基金会、孟加拉乡村银行和河北省易县人民政府的共同支持、资助下,易县扶贫经济合作社正式成立。易县扶贫经济合作社是我国最早以民间组织形式运行的小额信贷项目。同年,著名经济学家茅于轼和汤敏还在陕西省临县湍水头镇建立龙水头基金。此后,联合国开发计划署(UNDP)、澳大利益国际开发署(AusAID)、加拿大国家开发署(CanAID)以及国际农业发展基金会等国际组织也在我国先后资助了多个小额信贷项目。这些项目的主要特征是:由国际组织提供资金和技术援助;由国内的非(半)政府组织以 NGO 形式运行;以信贷扶贫为核心理念;

复制孟加拉 Grameen 的小额信贷模式。由于这一阶段的小额信贷项目主要目标是扶贫和社会发展,没有将小额信贷机构的可持续发展作为项目的重点,因此小额信贷的扶贫广度和机构的可持续发展都受到限制。

政策性金融扶贫推进了小额信贷项目在我国的扩张。20 世纪末至本世纪初期,为实现千年扶贫攻坚计划和新世纪扶贫任务,由中国农业银行和中国农业发展银行主导的政策性小额扶贫项目开始在山西、云南、广西等地迅速发展起来。这一期间小额信贷的主要特征是:以央行再贷款、中央地方财政资金和扶贫贴息贷款为资金来源;项目主要以政策性小额信贷项目方式运行;主要采用 Grameen 的小额信贷模式。整体来看,这一时期的政策性小额扶贫信贷在一定程度上解决了部分农户资金短缺难题;但由于资金不具有持续供给性且贷款质量不高,从全国范围看,这类小额信贷项目基本上在 2000 年前后都停止了。

正规金融机构的加入引领了小额信贷向微型金融的发展。从 2000 年开始,在中国人民银行的指导下,我国正规金融机构开始介入小额信贷业务。其中,特别是以 2003 年农村信用合作社推出小额信用贷款和农户联保贷款为代表,标志着微型金融在我国初步形成。① 此后,微型金融在我国进入全面快速发展时期:2005 年,小额贷款公司试点;2007 年,村镇银行、农村资金互助社等农村新型金融机构先后成立;中国农业银行和中国邮政储蓄银行也先后成立"三农事业部"而介入微型金融。这一时期微型金融的特点是:由国家金融管理部门(中国人民银行或原中国银行业监督管理委员会)主导推动;初步形成了涵盖国家开发银行、中国农业银行和中国邮政储蓄银行、农村信用合作社或农村商业银行、农业合作银行以及由社会组织/国际组织/非政府组织操作的多层次的微型金融体系;试图在金融扶贫和可持续发展之间寻求均衡。

---

① 2013 年开始,农村信用合作社开始改制为农村商业银行。截至 2018 年 1 月,已有部分省市已全面或总体完成改制,全国已组建农商行超过 1200 家。本书根据调研或获得资料的实际情况,选择使用农村信用合作社或者农村商业银行。

普惠金融的提出为微型金融的发展明确了定位。2013年,我国在十八届三中全会《中共中央关于全面深化改革若干重大问题的决定》中首次明确提出"发展普惠金融"的目标。此后,在《关于全面做好扶贫开发金融服务工作的指导意见》(银发〔2014〕65号)以及《国务院办公厅关于金融服务"三农"发展的若干意见》(国办发〔2014〕17号)等纲领性文件中,也都着力强调大力发展普惠金融体系,以帮助贫困群体早日脱贫致富。2015年1月,中国银行业监督管理委员会新设银行业普惠金融工作部,具体牵头推进银行业普惠金融工作。这些标志性文件或事件实际上是对微型金融未来的发展做了明确的定位。

(二)我国微型金融的主要形式

1. 小额信贷

小额信贷是一种信用贷款,无须实物作为抵押,它的贷款额度一般等于或小于一国的人均国民生产总值,其贷款利率一般高于商业银行贷款但低于民间的高利贷利率,具有偿还期限短、方式灵活等特点。小额信贷是微型金融机构的核心业务,是我国乡村振兴战略的重要金融支持。

2. 储蓄服务

储蓄是居民把闲置的资金存入金融机构,以便预防突发事件或获得收益的经济活动。由于传统观念的影响,我国居民储蓄要远大于居民贷款。但在贫困地区,由于受风俗、文化习惯以及消费理念的影响,再加上农村微型金融机构信用度相对较低、储蓄产品和服务比较单一,贫困群体的储蓄则小于贷款。

3. 小额保险

小额保险是面对低收入人群,为预防风险事件的一种经济服务,是为低收入人群规避风险的一种保险服务。目前,我国小额保险业务还处于初始发展阶段,道德风险和逆向选择、交易成本高、合同执行难等问题仍较严重。主要产品包括健康和意外保险、农业保险等。

4. 农民工汇款服务

农民工汇款是指农民工将自己在城市工作的一部分收入汇回农村老家的行为。目前我国城乡二元经济结构特征比较明显,越来越多的农民工涌入城市,农民工的汇款量也越来越大。但由于贫困地区受到网点等诸多因素限制,汇款农民工汇款服务供给相对不足、效率相对较低。

5. 非金融服务

非金融服务是银行为了维系客户、满足客户需求,为客户提供的关于衣、食、住、行、健康、文化等方面的优质资源和渠道,为客户打造的系统化、层次化、差异化、顶级化的全方位服务平台。由于贫困地区社会化程度低、平均受教育程度低等特点,微型金融机构的非金融服务主要是提供技术咨询服务、教育平台、行业协会、支付结算系统以及征信服务等。

二、微型金融的反贫困机制

微型金融不仅是一种反贫困的制度创新,更是一种反贫困的有力工具。通过为贫困群体提供金融产品和服务,补充和完善现有金融体系,微型金融有助于提高贫困群体的收入和福利,促进经济增长并缩小贫富差距。通过梳理国内外文献可以发现,小组贷款是微型金融反贫困的组织机制,社会资本是保障微型金融反贫困的运行机制,而缓解贫困群体信贷约束,帮助贫困群体平滑收入波动,以及提高人力资本和创造社会资本则是微型金融反贫困的影响机制。

(一)微型金融反贫困的组织机制

组织机制是指组织的全体成员必须遵守的行为准则,包括组织机构的各种章程、条例、守则、办法和标准等。微型金融中的组织机制是指微型金融机构的组织成员——主要是指微型金融的客户在接受金融产品和服务时必须遵守的行为准则。"贷款小组"是微型金融最具特色的组织形式:通过贷款小组的建立,微型金融将单个、自利、缺乏社会责任感的个人纳入到彼此互惠、信任、利益攸关的共同体之间,从而使那些没有抵押担保、个人信息匮乏的高风险、高成本的贫困群体被纳入金融服务范畴。从组织形式的演化来看,微型金融的组织机制主要有小组联保贷款和个人贷款两种模式。

小组联保贷款曾经被认为是保障微型金融成功的最核心要素。第一代Grameen采取的就是这种组织机制。这种组织机制要求具有相同经济与社会背景、具有相似目的的5—10人组成小组,这些小组成员之间存在连带责任(joint liability),即小组成员要相互担保还款责任。同时,管理者通过建立一些约束机制,如组内次序贷款(sequential lending within group)、递增贷款(progressive lending)、分步贷款(step lending)和停贷威胁(non-refinancing threat)来激励小组成员互相监督,以确保高的贷款偿还率。

但尤努斯教授认为,"小组"的主要功能并不是在保障贷款偿还上,而是建立在创建社区意识上的社会功能,即激励小组成员时时与贷款项目的大目标保持一致,并在各自的营生中互相帮助取得成功(Dowla,2006)。因此,在第二代Grameen中,小组联保贷款演变为自担责任的小组贷款。这种组织机制实质上就是个人贷款,但这种贷款模式仍然不需要为信贷做任何的抵押,仍然要求每位会员加入一个5人的小组,"小组"只用来监督同伴的行为是否合规。而且虽然允许小组成员替其他未偿还贷款的成员还款,但并不是必须这样做,替人还款的期限最长也不超过四个星期。如果小组整体上表现良好,小组将为他们的良好表现获得奖励。这种组织机制为贫困群体创造了良好的信息传递介质,使小组成员之间能比较畅通地交流信息、经验和情感,促进了成员间的高度信任。并且,虽然小组成员之间并不存在相互偿还贷款的担保,但个人是否能获得贷款以及贷款的额度取决于小组和中心的支持,而小组和中心的评级(将决定小组和中心的信用价值)又和组内每个成员的表现相关。因而,尽管约束违约贷款成员还款的社会惩罚机制变得更为松散(如信誉效应和罚金的影响），系统仍然能激励小组内成员相互监督。因此，从小组联保贷款转为自担责任的小组贷款后，Grameen 的贷款偿还率并没有发生明显改变。研究人员以及业界人士都曾高度赞扬这种小组责任或集体责任，认为这是 Grameen 以及其他类似微型金融机构维持高还款率的主要原因。

我国现行的微型金融的信贷模式主要是小组联保贷款和个人贷款，除此以外，还发展出"金融机构+公司+农户"和"金融机构+信用村+农户"等多种信贷联盟组织，通过将众多关系主体链接成一个紧密联系的"贷款小组"，从而使得贫困群体能更好地获得金融服务。

（二）微型金融反贫困的运行机制

社会资本是保障微型金融在信息约束和抵押担保约束下得以有效运转的关键因素。微型金融中社会资本作用机制主要体现在以下方面：充当社会担保抵押（social collateral）、通过社会制裁（social sanctions）和/或社会关系（social relations）保证贷款合约得以顺利实施。

1. 充当社会抵押或替代性抵押

抵押是"借款人向贷款人承诺的一项资产，如果借款人到期不能偿还贷款，贷款人将有权没收抵押品并卖掉来偿还贷款"（Balkenhol and Schutte，2001）。抵押的重要性在于"保护银行对抗风险"并"筛选潜在的借款人"（International Labor Office，2001）。传统的抵押包括固定资产、个人担保、动产以及与贷款相联系的储蓄。贫困群体因为无法提供传统的实物抵押而被排除在金融服务范畴之外。但在微型金融中，特别是在小组贷款中，只要借款人认识到作为特定的社会成员所带来的情感和价值意义，产生保护"小组成员"或社区成员身份的激励，社会资本充当担保抵押就可以行之有效，从而使之前无法承诺还款因而被边缘化的借款人能够获得贷款。社会资本因此也成为"成功执行连带责任贷款项目的催化剂"（Kugler and Oppes，2005），并"为体系内的成员之间为实现共同利益的协作和合作成为可能"（Van Bastelaer，2000）。

2. 通过社会制裁和/或社会关系保障贷款合约执行

微型金融中的社会制裁(social sanctions)是指当贷款人不按时偿还贷款时面临的可置信威胁,如信誉损失、递减贷款等(Hermes and Lensink,2007)。作为一种潜在威胁,社会制裁会促使贷款人将贷款真正运用于贷款项目并努力工作,以确保贷款项目的成功并按时偿还贷款(Hermes and Lensink,2007)。因此,在小组贷款中,社会制裁是保证贷款项目成功的关键因素(Dufhuesa et al.,2013)。同时,高贷款偿还率能使更多的微型金融项目得以存活,从而让贫困群体有机会继续获得贷款、继续运作贷款项目而带来收入的增加(Griffin and Husted,2015)。

微型金融中的社会关系(social relations)则是指借款人之间通过社区活动或小组会议所建立起来的相互学习、相互帮助、信息共享的一种和谐的人际关系(Griffin and Husted,2015)。现有很多文献中都将社会关系和社会资本等同使用,但 Griffin 和 Husted(2015)首次在一个统一的框架中分析了社会关系和社会制裁对贷款偿还率及微型金融效应的影响,此后,Haldar 和 Stiglitz(2017)也比较了社会关系和社会制裁对微型金融发展的不同影响。因此,笔者认为,社会关系与社会制裁一样,是社会资本发挥作用的一种机制。尤努斯(2006)曾经指出,建立小组贷款模式的初衷并不是希望通过社会制裁机制来保障微型金融的运行,而是希望在贷款人之间建立和谐的社会关系,通过相互学习、相互帮助来确保贷款项目的成功。Karlan 和 Valdivia(2007)认为,强的关系网能为贷款人带来更多的贷款并保证贷款人按时偿还贷款。Mokhtar et al.(2009)发现,那些更多参与活动的贷款人更有能力偿还贷款,并且更有可能从贷款项目中获得利润。Griffin 和 Husted(2015)将管家理论应用于微型金融领域得到的结论是:和谐的社会关系有助于提高微型金融的贷款偿还率并获得更多的贷款。Haldar 和 Stiglitz(2017)认为,Grameen 的成功内核就在于通过社会关系和社会制裁建立起良好的合同执行机制:第一,是相互的感情(mutual affection),这些感情是基于小组成员之间的相互照顾。第二,是亲社会倾向(pro-social disposition),是基于互惠的规则,可能是在社会化的过程中自动形成的。第三,相互强化(mutual enforcement)。在小组会议和中心会议中,借款人通过长期的、反复的接触已经建立起稳定的社会关系,他们害怕来自于这些社会关系的惩罚。

(三)微型金融反贫困的影响机制

微型金融反贫困的影响机制是指微型金融通过哪些途径实现反贫困,也即微型金融与反贫困之间的内在逻辑是什么。上一节的文献梳理表明,贫困群体的致贫根源往往是综合性的,但金融资本短缺、人力资本和社会资本不足是贫困的三种最主要原因。其中,金融资本是抑制贫困群体脱贫致富的前提条件。没有金融资本,贫困群体就没有脱贫致富的客观基础。人力资本是贫困群体脱贫致富的主观条件,个人人力资本大小决定了贫困群体脱贫致富的可能。而社会资本决定了贫困群体脱贫致富的途径和机会,是贫困者脱贫致富的必要保障。因此,贫困群体要实现永久性脱贫,需要三种资本协同作用、相互促进。下面,本书将从金融资本效应、人力资本效应和社会资本效应三个维度,分析微型金融反贫困的影响机制。

1. 增加贫困群体的金融资本

金融资本短缺是贫困的最直接表现,增加贫困群体的金融资本也是反贫困的最强大力量。通过为贫困群体提供信贷资金,微型金融可以缓解贫困群体资本短缺局面,使其能够进行更多生产经营活动,从而增加收入;而收入增加又可以带来消费支出的增加,包括居住环境,以及食品、医疗、教育等方面的消费支出增加。因此,微型金融在提高贫困群体物质生活水平的同时,又能提升贫困群体的人力资本。此外,微型金融还可以通过储蓄、保险等多种金融服务,帮助贫困群体提供应急的资金支出、帮助贫困群体积累生产资金及抵御意外风险等,从而为贫困群体的生产和生活提供稳定的保障,也有利于贫困群体通过自身努力积累更多的物质资本。

2. 提升贫困群体的人力资本

微型金融在为贫困群体提供信贷资金、促进贫困群体物资资本增加的同时,还可以通过技能培训、提高妇女社会活动参与率,以及提高儿童入学率及改善家庭成员健康状况等方式来提升贫困群体的人力资本。

首先,微型金融能提高贫困群体的知识技能。在提供金融服务过程中,微型金融还会通过各种非金融服务,如对贫困者进行专业技能培训,以帮助贫困群体获得谋生的技能。而在小组会议和中心会议,微型金融通过让贫困群体有机会相互交流、学习以及共享信息,从而获得更多实用知识。并且,微型金融还通过各种手段,促进贫困群体,特别是贫困妇女的生产活动参与率。如通过"金融机构+公司+农户"或"金融机构+能人+贫困户"等方式,帮助贫困群体实现非农就业,让贫困群体在实践中提高自身知识和技能。

其次,微型金融能提高儿童入学率。贫困家庭的子女往往因为无力承担教育成本或被迫辍学去工作以增加家庭收入而没有机会获得教育。而微型金融通过提高贫困家庭收入、提升妇女在家庭决策中的地位,以及提供专门针对教育投入的无息或低息贷款,可以帮助贫困家庭将适龄儿童送往学校,从而提高整个家庭的平均受教育水平。此外,还有一些微型金融项目把送子女上学作为参与项目并获得贷款的强制性条件,也有助于提高儿童入学率。

再次,微型金融有助于改善家庭成员健康状况。受收入限制及健康知识缺乏的限制,贫困群体往往还面临着严重的营养短缺和疾病缠身的折磨,导致健康水平低下,直接制约了贫困群体脱贫致富的可能。因此,许多微型金融机构都特别重视改善贫困群体的健康状况。如 Grameen 在其著名的"十六条村约"中就有四条规定直接与健康相关:"我们要一年四季种菜。我们要吃青菜,把剩余的卖掉";"我们要保持我们的孩子干净,环境清洁";"我们要引用从管井中打出的水,如果没有管井的水,我们要把水烧开,或是使用明矾把水纯净"以及"我们要在我们所用的中心引入体育锻炼活动。我们要集体参加所有社会活动"。而且,贫困群体家庭收入和妇女地位的提高,也都有助于提高生活消费水平和医疗健康状况。

3. 为贫困群体创造社会资本

根据重复博弈理论和网络理论，重复的交互作用可以创造社会资本（Karlan et al.，2009）。因此，提供微型金融服务的过程中也就是创造社会资本的过程。1999年，Colemen提出，微型金融机构也能创造社会资本。此后，Dowla（2006）和Basargekar（2010）分别以孟加拉国和印度为研究对象，证实微型金融对创造社会资本具有显著作用。微型金融将贫困群体看作改变其自身命运的主体，特别强调贫困主体通过社会参与来提高其拥有的社会资本。社会资本又能将其他各种资本紧密结合在一起，从而有效提高贫困群体的生产能力。Haldar和Stiglitz（2017）甚至认为，能够为贫困群体创造社会结构和规则，从而改变贫困群体的机会主义偏好而更倾向于合作和互惠，正是微型金融机构取得成功的最主要动因；并且，Grameen的广泛影响并不在于经济方面，而是在心理和社会文化方面——真正地改变了借款人的想法。微型金融为贫困群体创造社会资本主要体现在以下两个方面：

一是微型金融可以创造社会结构。微型金融可以从水平和垂直两个维度为贫困群体创造社会结构。水平型社会结构是指借款人之间所建立起来的社会连接。微型金融为借款人搭建了社交联系的平台，借款人可以借助这个平台与其他借款人进行情感交流、信息共享和互帮互助，从而与其他借款人之间构建起强大的社会网络联系，并通过嵌入在这种社会网络联系而形成新的社会资本。垂直型社会结构是指微型金融机构及信贷员与借款人之间所建立起来的社会连接。基于对贫困群体能力和信用的信任，微型金融机构以提高贫困群体经济收入和社会福利为目标，通过提供适合贫困群体实际需求的金融产品和服务，从而获得贫困群体的接纳和使用。信贷员是维系微型金融机构和借款人良性互动关系的关键桥梁，通过向借款人及时传达金融机构产品、服务，并向微型金融机构反馈借款人的需求、当地借贷规则和存在的问题，从而进一步加强微型金融机构和借款人之间良好的信任关系。

二是微型金融机构可以创造良好的社会规范和信用意识。社会规范是社会资本的一个重要内容,诸如及时还款、金融交易透明等良好的社会规范一旦形成后,就能潜移默化为借款人的行为偏好。微型金融机构非常重视为贫困群体建立良好的社会规范。比如,信贷员坚持在小组会议中收取偿还贷款,既可以防止信贷员的腐败,增强借款人对信贷员的信任,又可以帮助借款人逐步建立公正透明的社会交易规范。微型金融也非常重视培养借款人的信用意识。如尽管 Grameen 规定对于真实的不能偿还贷款的借款人不追究责任,但无论借款人是因为遭遇到什么灾难不能偿还贷款,Grameen 都不会划销借款人的贷款,而是把他们的贷款转为长期贷款,以便贷款者可以更缓慢地以更小额的分期付款来偿还,哪怕一周只还半分钱。制定这一原则的目的在激发借款人自力更生的意识,增强他们的自尊和自信。因为如果一旦免除一位借款人的偿还责任,则可能要花上好几年的艰难工作,才能恢复他们对自己的自信。

此外,微型金融还能增强贫困群体的自尊心和自信心。微型金融是一种陪伴式发展模式,更加强调贫困群体在脱贫过程中的主体作用。一般来说,微型金融机构并不会干预贫困群体如何使用贷款,而只是要求他们能及时偿还贷款。贫困群体能够自由申请获得贷款资金;能够在小组会议或者月度会议中勇敢地表述自己的问题和意见;能够向信贷员和微型金融机构反馈自己的真实信贷需求而获得更好的金融产品和服务;能够自主使用资金带来家庭收入的提高和生活的改善,这些改变都能极大地增强贫困群体的自尊心和对自身能力的自信,让他们在今后能有更大动力去追求更加美好的生活。

三、微型金融的反贫困效应

微型金融的反贫困效应是指微型金融对贫困群体在经济和社会方面带来的积极影响。国外文献中常用"effects of microfinance"或"impacts of microfinance"来表示。2005 年联合国世界峰会中,微型金融有助于减缓贫困、帮助成员国实现"消灭极端贫穷和饥饿;普及小学教育;促进男女平等并赋予妇女权利"等千年发展目标(MDGs)①成为普遍共识。②

微型金融的反贫困效应包括微型金融的经济效应和微型金融的社会效应。前者是指微型金融对接受金融产品和服务的贫困群体在收入、就业和消费等方面带来的改变。其中,收入变化是研究微型金融经济效应时最常使用的一个指标。后者是指对接受金融产品和服务的贫困群体在教育、健康和医疗以及妇女赋权等方面带来的积极影响。

侯赛因(Hossain)是较早对微型金融经济效应进行严谨评估的学者。1988 年,侯赛因比较了向 Grameen 贷款的实验组与对照组的情形,发现 Grameen 为那些被商业银行等机构拒绝的贫困群体③提供了贷款;并且,获得贷款的贫困群体收入显著增加。侯赛因还发现完全无地的群体收入增长最快。接着,世界银行调查了 1991—1993 年间,从 Grameen、孟加拉国农村促进委员会或孟加拉国农村发展署贷款的 72 个项目村庄的 1798 个家庭以及 15 个对照村庄的情形。研究发现,贷款恒借款人的消费增加,贫穷程度下降。其中,向 Grameen 贷款每增加 10%,家庭的支出增长 0.4%(借款人为女性)和0.2%(借款人为男性)。大约 21%的 Grameen 的借款人在成为银行会员后的4.2 年内摆脱了贫困。该研究还认为,年均约 5%的 Grameen 的借款人通过借款摆脱了贫困。

近年来,有关微型金融经济和社会效应的文献大量涌现。Mahjabeen(2008)利用一般均衡模型,通过孟加拉国 1999 年和 2000 年两年的数据,以Grameen 作为微型金融机构的代表,对微型金融机构对家庭收入、消费和福利的影响进行了实证分析。得到以下结果:(1)增加了所有家庭的收入;(2)增

---

① 2000 年,联合国倡议全国 191 个国家千年发展目标的八个目标为:到 2015 年,消灭极端贫穷和饥饿;普及小学教育;促进男女平等并赋予妇女权利;降低儿童死亡率;改善产妇保健;与艾滋病毒/艾滋病、疟疾和其他疾病作斗争;确保环境的可持续能力;全球合作促进发展。

② 2005 年因此也被联合国称为小额信贷之年。

③ 孟加拉国当时只有 4.2%的贷款对象有超过半英亩的土地。

加了所有家庭的所有商品的消费;(3)创造了就业;(4)降低了收入不平等;(5)增加了社会福利。今井等人(2010)利用印度小型工业发展银行(SIDBI)收集的5260个客户和20个隶属于SIDBI的小额信贷机构的非客户的横截面数据显示了小额信贷对减贫的影响。他们的研究表明,小额生产性贷款对家庭福利结果具有显著的积极影响,这种积极影响在农村地区比在城市中心地区更为深远。Bhuiya et al.(2016)通过准实验调查方法,对孟加拉国4个区20个村的439户进行了调查问卷,并与特征相似的非客户进行比较,以家庭收入和消费作为经济福利的代理变量,结果表明,微型金融机构并没有出现选择性偏好,仍然优先服务于更为贫困的群体,并且,参与微型金融项目的贫困群体在经济福利方面有很大改善。特别是,经济福利改善程度与参与微型金融项目持续时间相关。结果显示,在微型金融持续的时间每增长1%,收入相应增长0.19%,消费支出增长0.16%,降低贫困发生概率7%。Agbola et al.(2017)选择了位于菲律宾东北方棉兰老岛的一家偏远地区的微型金融机构,CBI和它的105位客户作为研究对象,并选择了当地的106位非客户作为参照组,[①]通过客户自评与统计分析方法来研究微型金融机构是否能降低客户的贫困程度。结果发现,以收入、食物支出、健康支出、教育水平和生活水平作为衡量指标,微型金融对客户的贫困降低有温和的正向影响。

不过,Lensink和Mersland(2009)认为,仅仅获得资本并不能对抗贫困。他们认为微型金融在服务过程中还应该提供诸如读写能力训练,保健服务,或者商业培训等非金融服务。他们发现,与那些仅仅只专注于微型金融的同行相比,提供社会服务的微型金融机构能够更好地渗透到更为贫困的客户。

此外,还有学者从宏观层面研究了微型金融通过促进国家经济增长而增加贫困群体的收入。如Katshshi,Thankom和Samuel(2010)运用印度国内家庭层面的数据,考察了微型金融与家庭减缓贫困之间的关系,结果证实微型金

---

① 研究组和对照组整体都为贫困户,且除年龄和户主不同外,其余人口学特征,包括教育、家庭规模,以及到中心县城的距离,没有显著差异。

融机构提供的生产性贷款(如农业投资或贫困家庭的非农经营性贷款)对收入等多维指标具有显著的积极效应;并且,相对于城市地区,生产性贷款的积极效应在农村地区表现更为显著。

但是,微型金融并不必然能改善贫困群体的福利。一些文献指出,微型金融经济效应在不同国家和地区并不相同,可能是正的、没有,甚至是负的(Angelucci et al.,2013;Ganlea et al.,2015)。Bateman(2010)认为,微型金融的福利影响工具——收入和创造就业机会,平滑消费,性别赋权和帮助赤贫群体——都是神话;而且,"在很大程度上建立在炒作和重要的事实真相之上"。他甚至认为,微型金融是贫困陷阱和反发展政策,"在很大程度上与可持续的经济和社会发展以及可持续的减贫是相互对立的。简而言之,微型金融不起作用"(Bateman,2010)。Imai 和 Aza ̄(2012)以孟加拉国为例,分析了微型金融对参与者和非参与者的影响,发现生产性贷款对贫困群体家庭收入有显著影响,而一般性贷款则没有。并且,微型金融提升家庭收入的能力随着时间的推移而不断降低。而导致微型金融经济效应不同的因素可能是人口密度、对债务的态度、小组的凝聚度、企业发展、金融素养(financial literacy)、金融服务供应商以及其他(Armendáriz et al.,2005)。

四、微型金融的反贫困效应和可持续发展

20 世纪 80 年代,微型金融主要以反贫困为目标。这一特性使其能够通过捐赠和政府支持获得资金并以低于市场利率的成本向赤贫群体(poorest-of-the-poor)提供信贷支持。但补贴所带来的低利率以及小额贷款所导致的高成本导致了广泛的腐败和很高的违约率,使得这一时期的微型金融机构既不能收取弥补事实成本的利率以实现可持续发展,也不能扩大规模而真正发挥社会扶贫功能(Roninson,2001)。因此,20 世纪 80 年代后期,理论界强调,一个不可持续发展的机构肯定无法长期服务于贫困群体,微型金融机构需要更多地聚焦于财务绩效的提升。微型金融机构社会扶贫和可持续发展双重目标

(double bottle line)由此形成。然而,对财务绩效的重视所引发的使命漂移案例同时带来对微型金融机构可能降低其反贫困效应的担忧。如 Bateman (2010)认为,微型金融机构的经营实践已经远远脱离了其社会扶贫宗旨,使命漂移已经成为一个严重到不容忽视的问题。

但是,也有学者认为,微型金融机构的可持续发展与社会扶贫之间是互补关系,存在协同效应。Mosley 和 Hulme(1998)比较了 13 家微型金融机构后得到的结论是,机构的可持续性越强,其反贫困效应也越大。这些机构制定的利率水平相对更高,从而可以阻止那些收益率较低的贷款人贷款。Paxton (2003)使用社会扶贫广度指标,发现财务可持续发展能力越大的微型金融机构,可以秉持最大限度到达贫困群体的承诺。Mersland 和 Strom(2010)也发现,成本效率高的微型金融机构有更小额度的贷款。长期而言,他们不能找到微型金融机构使命漂移的证据。Quayes(2012)发现,除信息披露程度低的微型金融机构外,社会扶贫深度与财务自足率之间显著正相关。

也有学者认为,追求可持续发展的微型金融机构有强大动力去降低成本和提高效率,从而使得这些 MIFs 为更多的贫困群体提供服务而不是发生使命漂移(Rhyne,1998;Mersland and Strom,2010;Quayes,2012;Louis et al.,2013;Cinca and Nieto,2014)。例如,Mersland 和 Strom(2010)的研究发现,如果用平均贷款规模作为衡量使命漂移的代理指标,则平均贷规模与平均利润正相关,与平均资产费用率(成本代理指标)负相关;并且,平均资产费用率的影响程度更大。这意味着降低成本可抑制微型金融机构使命漂移。而随着客户信用档案的建立,微型金融机构的成本确实会不断降低。因此,他们认为,长期而言,微型金融机构并不会发生使命漂移。Cinca 和 Nieto(2014)基于长尾理论视角,运用反复迭代法对 1000 家 MIFs 2006—2012 年间的数据展开实证研究。结果也证实,每员工负责的贷款笔数越多(效率代理指标),微型金融机构使命漂移(以平均贷款额度、妇女贷款占比和农户贷款占比 3 个指标平均加权合成新指标作为代理指标)的概率越小。熊芳(2017)利用 94 个国家

1654家微型金融机构2006—2014年间的7113个样本数据所做的实证分析表明,只要秉持反贫困的重大责任和使命,通过采取积极措施降低成本、提高效率。如更好地运用社会资本、实施批量作业、加快信息和通信技术的运用等,微型金融机构可以实现社会扶贫和可持续发展的双重目标。

以上理论分析表明,只要秉持社会扶贫的宗旨,微型金融机构也可以实现社会扶贫和可持续发展的双重目标。因此,微型金融理应是贫困地区反贫困的重要工具。

第三节　农村社会资本的反贫困机制和反贫困效应

一、农村社会资本定义及特征

Pierre Bourdieu(1980)基于微观层面,把社会资本看作是"与群体成员相联系的实际的或潜在的资源的总和"。James Coleman(1988)基于中观层面,认为社会资本表现为社会结构的资产财产,为人们特定行为提供方便。Robert Putnam(1993)则从宏观层面定义了社会资本,认为社会资本是一种组织特点,能提高政府绩效和促进国家经济发展。可见,学术界对社会资本的研究视角包括微观、中观和宏观三个层次。

(一)农村社会资本的概念

农村社会资本既可以指农村个体村民的社会资本,即微观社会资本,也可以指村庄层面的社会资本,即中观层面的社会资本。刘平和何怡平(2015)认为农村社会资本就是农村社会关系网络资源,包括农村社会关系中的互惠、信任等,可以细化为农村个人社会资本、村落邻里社会资本、农村区域性社会资本三个层次。中国农村社会是以血缘关系和地缘关系为中心的传统亲属关系占据重要地位的熟人社会,这种较强的特殊信任关系使农户相互信任、互利合作,并由此衍生出普遍化的互惠规范。贫困地区,由历史传统、习俗、血缘、地缘和亲缘等构成的关系网络,是农村社会资本的主要表现形式。因此,笔者认为,农村社会资本是指农村社会成员因为长期交往、互惠合作以及历史传统、文化习俗等原因而形成的社会关系网络,以及维持这种关系网络的信任、互惠、团结、合作、参与、规范等价值理念和行为规范。其中,社会网络、信任、互惠、规范和参与是农村社会资本的核心。

(二)农村社会资本的特征

农村社会资本具有一般社会资本的普遍特征:第一,以血缘和地缘关系为核心。农村社会资本是以家庭、家族等血缘关系和地缘关系为基础,构建人际关系网络的。这种社会资本凝聚力强,整合度高,对农村社会资本的发展具有重要作用。第二,无形性。源于血脉和宗族的传统农村社会资本具有比任何一种"抵押物"都更权威的说服力。于是拥有的关系多,可能占有较多的社会资本、社会资源和成功机会。由此,社会资本转化为互惠、普遍信任、合作、参与等可感觉到,却又无法直接看得到、摸得着的无形资产。第三,地理"根植性"。农村社会资本是一种基于血缘、地缘、业缘之上形成的制度、网络、信任与承诺等的合作关系,这种社会网络关系具有地理"根植性",社会成员彼此间的信任和承诺及往来关系深深扎根于区域环境中,而且迁移的机会成本高。第四,准公共产品性。农村社会资本对关系网络之外的社会成员具有一定的排他性和竞争性。关系越靠近家族血缘关系的中心,就越容易被人们接纳,形成合作、亲密的人际关系。相反,则容易被排斥,继而形成疏远的人际关系。但同时,社会资本植根于人际关系中,是关系人共有的一种社会结构资源,关系人共有共享,任何个人无法单独占有。第五,农村社会资本分布的非均衡性。主要表现在:在一些地区存在并发挥着重要功能的农村社会资本构成要素在另一些地区可能就很少或不存在;在一些地区处于重要地位的要素在另一些地区并不一定重要(郑晓云,2003)。以上非均衡性是客观存在的,但若超过一定的界限,社会的正常流动将会受阻,人们的被剥夺感也会加深,并由此而引发社会秩序混乱等社会问题。第六,农村社会资本也具有负面效应。亚历山德罗·波茨(1995)首次提出"积极的社会资本"和"消极的社会资本"。积极的社会资本促进社会普遍信任等,而消极的社会资本则具有排斥性等(诺斯,1990)。社会资本的负面效应体现在以下几个方面:排斥圈外人;对团体要求过多;限制个人自由;以及用规范消除有差异的成员,产生向下的压力。此外,为维持和增加社会资本还涉及各种成本,如投入的时间,以及人情往来等。

马红梅、陈柳钦(2012)指出,农村社会资本还表现出"仁""礼""信"等独特的乡土特色。因此,与城市社会资本相比,我国农村社会资本在主要表现形式、结构、文化等显现出独有的特征,如表1-1所示。

表1-1 农村社会资本和城市社会资本的区别

	主要表现形式	现状	稳定性	分化程度	关系	运作风险
农村社会资本	关系网络和非正式制度	乡土特色	同质性和稳定性	内部分化小、村域之间分化大	血缘、地缘等初级关系为主,规模相对较小	在强大的特殊信任基础支撑下,运作风险相对较低
城市社会资本	法人组织和正式制度	现代特征	异质性和易变性	内部分化大、城市之间分化小	业缘和趣缘等次级关系为主,规模相对较大	特殊信任基础丧失,普遍信任还未形成的前提下,运作风险相对较高

二、农村社会资本的反贫困机制

社会资本具有"福利效应"(welfare effects),即社会资本能够增进家庭福利,尤其能够增进贫困家庭的福利(Grootaert,2001)。分析社会资本的减贫机制,主要体现在以下几个方面:

（一）节省交易费用、提高资源配置效率

个人和群体之间的信任、合作可节省交易费用、产生规模经济，有效解决准公共物品问题及提高资源配置效率。并且，通过重复交易而逐渐形成网络声誉有利于减少搭便车现象，降低资源冗余和浪费，即较高的信任和社会资本水平促进协调集体行动。王朝明（2013）指出，重复交易通过产生一种承诺—信任双边关系来降低交易成本，声誉则使那些拥有承诺—信任、义务—期望关系的人得到更多的其他交易，并获得相关利益。因此，在制度化关系网络中生成的信任、合作、参与、互惠等农村社会资本元素，具有明显的行动协调功能，加之农户共同的意识形态、道德、习惯等，能节省制度实施的费用，从而提高经济运行效率，实现资源的有效配置。

（二）共享信息

共享信息是社会资本的重要表现形式，组织和制度可以为贫困群体提供共享信息、协调行动和集体决策的机制和平台，进而推动贫困群体的反贫困进程。相关农村社会资本的构建将有助于向贫困群体传播充分和正确的信息，以便他们做出合理有效的决定，从而推动其脱贫。同时，通过信息传递促进知识溢出效应。Granovetter（1995）通过考察社会关系网络对信息传播的作用，发现弱关系有利于从异质性网络成员那里获取高质量的求职信息，即"弱关系的力量"，说明了社会资本与就业及个人收入状况相关联。

（三）影响个人行为和心理

社会资本通过影响个人行为、心理的机制而为贫困群体提供精神上和情感上的关怀与支持。随着市场化和商业化进程加快，农村原有的社会关系格局被打破，而新的社会关系网络尚未有效建立，必然有一部分人的社会支持网络缺失，乃至精神慰藉、心理诉求得不到满足，并陷入封闭性和边缘化的社会生存困境中。此时,社会关系网络就为个人的交往需求的实现提供了重要渠道。这种密切的社会关系网络以及包含的信任、互助关系可以促进邻里守望相助,使农村社区成为一个充满温暖与关爱的共同体。它不仅使人们产生对集体的认同感和归属感,从而消除心理隔离,而且有助于减少其社会排斥、促进其社会融入。

（四）充当非正式保障

信任、参与、合作等文化道德规范作为非经济因素,能够带来社会效益和社会价值。这些社会资本要素还有利于充分发挥公共品的作用,促进集体决策的非正式制度得到长期有效实行,进而减少长期贫困。类似地,农村社会资本对贫困者发挥保障功能的空间主要是非正式支持网络的覆盖领域,包括家庭、家族、亲戚朋友、团体中包含的支持关系以及与民间组织建立的信任和支持关系所涉及的领域。

三、农村社会资本的反贫困效应

研究表明,以社会关系网络、信任,以及互惠互助等为要素的社会资本,不仅能强化贫困群体的内部联系,还能使其与来自不同社会经济背景下的个人、机构与制度建立联系,提高其在经济、社会和文化生活中的参与度,促进参与式发展（Participatory development）,从而改善贫困治理效果。

（一）提高贫困群体收入

一系列实证研究都证实,社会资本能够有效地减少贫困。王恒彦等（2013）将社会资本划分为 12 个维度并探究不同维度对农户收入的影响机制,结果表明社会资本有 8 个维度直接影响农户收入。刘倩、胡必亮（2017）也证实,社会资本对提供农户收入、增进农户社会福利具有显著正向作用。刘源（2018）基于中国综合社会调查（CGSS 2012）的调查数据,实证分析了农村社会资本对农户收入的影响。结果证实,基于血缘和地缘的传统关系型社会资本在市场化进程中并没有失去作用,对农户收入仍然具有显著的正向影响;组织型社会资本中劳动者组织参与度也对农户收入具有显著正向影响。

(二)增加就业机会和支持

郭云南、姚洋(2014)发现传统的家庭宗族网络强度会影响农民外出就业的可能性。围绕着宗族网络而产生的往来礼金和礼物关系,为宗族成员的劳动力流动提供了一种社会保险,从而促进外出就业。朱志胜(2015)的研究则证实,"整合型"社会资本有助于促进农民工实现地段就业;而"跨越型"社会资本对农民工职业发展有显著正向影响。沈诗杰(2018)对新生代农民工问卷调查数据所进行的实证分析结果表明,社会资本显著正向影响新生代农民工就业质量;其中,社会网络质量显著促进新生代农民工的就业质量;社会网络规模显著提升新生代农民工的工作满意度和职业声望。

(三)促进微型金融的发展

信任是金融活动必不可少的前提,如果金融交易双方缺乏信任,金融活动就很难进行下去。社会资本有助于建立良好的声誉和地位机制,从而有助于建立信任关系。社会资本的互惠性和外部性,又能降低金融交易成本,提高金融市场运行效率。价格机制是市场经济交易的基本机制,由于信息不对称、外部风险等因素,市场存在交易成本。交易成本过高,将会影响市场运行效率。虽然国家可以强制性降低交易成本,但国家干预手段只会短期有效,具有较大的局限性。而社会资本的社会结构属性,能通过人与人交往、信任等方式有效降低经济行为中的交易成本,减少成本浪费。同时,社会资本中的社会关系网络能够形成有效的道德规范,从而减少个体在金融活动中的"机会主义"倾向和"道德风险",提高金融交易成功率。

张爽(2007)、赵剑治和陆铭(2009)都认为,微型金融不仅可以创造贫困农民的社会资本,而且借助社会资本这个中介有助于缓解贫困。同时强调我国农村居民的社会网络不仅能够明显地增加家庭收入,而且社会网络的差异对农民收入水平的差距存在较强的影响。国外金融机构关注注入外部社会资本对小额信贷实际应用中的反贫困效应,如巴西所有商业银行吸收的存款25%—30%用于农业项目贷款,同时实行低息。这一小额信贷政策有效地缩小了由城乡二元结构带来的收入差距问题。

(四)改善贫困群体的福利水平

Grootaert 等人(2001)提出社会资本的"福利效应"(welfare effects),即社会资本能显著提升穷人的福利水平,减缓贫困。家庭层面的社会资本通过社会网络获取资源,从而影响就业、福利(用家庭人均收入或人均支出来度量)和贫困。具体而言,社会资本越丰富,越有利于积累物质资产,家庭应对收入波动的风险的能力越强,进而拥有更多的家庭储蓄和更多的获取贷款的机会。周玉龙、孙久文(2017)研究发现,国贫县贫困人口的社会资本脱贫效应更强,应将提高贫困人口社会资本水平作为改善贫困人口自生脱贫能力的重要举措。

此外,社会资本还通过促进人力和物力资本、平滑消费、融资和创业、保护产权、促进劳动力流动、新技术采纳等途径达到反贫困效应。

微型金融和社会资本的反贫困机制及效应分析为构建微型金融与社会资本互动机制提供了理论依据:一方面,社会资本通过影响贫困群体贷款可获得性、贷款偿还率以及贷款项目成功率来影响微型金融的发展;另一方面,微型金融在提供金融服务过程中又可以为贫困群体创造社会资本。既然微型金融和社会资本都具有反贫困功并能彼此促进。因此,构建农村微型金融和社会资本良性互动机制既是提升贫困地区农村微型金融反贫困效应的必然要求,也是增强贫困地区反贫困效应的必然选择。

第四节 微型金融与社会资本的
互动机制及影响因素

一、社会资本影响微型金融的机制

(一)对贷款可获得性的影响

社会资本通过影响农户贷款意愿、农户获得贷款的机会、农户获得贷款的渠道等三个方面影响农户贷款可获得性。

陈芳(2018)运用社会资本理论和行为经济学理论,通过 Logit 模型实证分析了社会资本对农户贷款意愿的影响,证实社会资本通过影响农户借贷心理从而影响农户的借贷决策,并最终影响其贷款可获得性。童馨乐等人(2011)研究了社会关系网络对贷款机会的影响,发现农户的社会关系网络规模越大,与社会网络中主要成员的交往亲密程度越高,农户获得贷款的机会就越大。并且,许多学者的研究也都表明,微型金融机构正是利用社会资本来进行信息甄别,从中筛选出真正符合贷款条件的农户。因此,农户社会资本越多,金融机构对农户放贷的意愿也越强,从而农户获得贷款的机会也越大(童馨乐,2011)。此外,不同维度的社会资本还会影响农户获得贷款的渠道。米运生(2018)发现,以血缘和宗族关系为代表的结构型社会资本促进了农户的民间借贷,而以经济组织参与和社会信用为代表的认知型社会资本,促进了农户在银行等正规金融部门的贷款可得性。樊文翔(2018)也认为,"友缘"社会资本使得农户更偏好于通过亲友、民间借贷组织等非正规渠道获得借贷,削弱了农户对正规金融的借贷偏好。

(二)对贷款还款率的影响

Karlan(2010)认为是社会资本的成功运作使小额信贷机构保持了较高的

还款率。那么社会资本如何影响还款率呢？在我国农村小额信贷市场，社会资本主要表现为信任、互惠、规范、参与、网络等特征。一方面，信任与合作成为农户和微型金融机构双方最优的选择，并形成无形抵押品，可有效控制违约现象的发生，进而提高农户还款率。另一方面，农村微型金融机构拥有的信息、互惠、信任等社会资本，决定了其良好的履约机制，在解决信贷中的逆向选择和道德风险问题方面更有效（张龙耀，2013）。例如社会资本可传递金融机构需要的农户信息来保障预期偿还率。由于信息不对称，金融机构搜寻信息和监督农户信用行为的成本很高，但对于特定区域的农户而言，其信息却非常充分，借助机构与借贷者、借贷者间、借贷者与信贷员的社会关系网络等社会资本，金融机构可通过农户团体贷款业务、还款安排、后续贷款激励机制等，将单一的外部监督转化为内外双重监督并重，通过组织内部的制度压力和社会压力，提高农户还款率，降低监督和交易成本。再如宁夏盐池县惠民小额信贷模式，采用社会资本嵌入的联保贷款模式来保障高贷款偿还率（孙宁茹等，2008）。以上社会资本对还款率的正面作用同样被国际经验事实所证明（Hassan，2010；Haldar and Stiglitz，2017）。

此外，在农户生活的村庄及关系网络中，农户对个人口碑、名声、社会评价、家族声誉等社会资本高度关注，能严格遵守信用，农户私人借贷大多不需要凭证即是例证（褚保金等，2009）。当微型金融机构与借贷者的联系日益紧密时，借贷者在维护自身良好社会声誉和持续获得贷款的驱动下就会自觉保持高的贷款偿还率。林源和芮训媛（2012）也指出，在乡村熟人社会里，社会资本逐渐嵌入具备互保互助传统功能的农村场域并成为农户投资的对象。一个信用不好的人在和别人交易时是处在信息完全公开的环境里的，考虑到社会声誉和较高的违约成本，理性的"人情受惠者"是不会违约的，便会随着时间的推移返还对方更大的人情。因此，社会资本运用声誉机制也能间接提高还款率。

(三)对贷款项目成功率的影响

Seibel(2000)等人的研究表明,菲律宾小额信贷之所以运营良好,主要原因是运用了社会资本要素。Haldar 和 Stiglitz(2017)通过对 Grameen 和 SKS 的比较研究,说明了正是 Grameen 建立、扩大并加深与客户的社会关系,有助于微型金融融入项目所在地的生计策略,从而使贷款项目能得到当地贫困群体的接纳和使用,而客户间的社会关系交换,有助于形成客户的互惠互助并为客户创造新的社会资本。Yunns(2006)也强调,他采取小组贷款机制的目的并不是为了通过社会惩罚来提高贷款偿还率而保障微型金融机构的可持续发展,而是希望小组成员以建立社区意识为基础,以道德准则和相互义务来塑造小组成员的共享观,通过互助互惠来帮助小组成员提高贷款项目成功并改善自身经济社会福利。①

侯彩霞等人(2014)以甘南藏族自治州、临夏回族自治州和张掖市为研究对象,考察了社会资本对不同农户信贷行为的影响,结果表明信任、网络和规范等社会资本,与农户的信贷发生率呈正相关关系。熊芳、潘跃(2015)基于对新疆维吾尔自治区农户的调研数据,采用定序 logit 模型,实证分析了社会资本对农户联保贷款效应的影响。研究发现:垂直型社会资本中,对信贷员的满意度、获得联保贷款次数、对贷款额度的满意度和对贷款利率的满意度与联保贷款效应显著正相关。这些因素在一定程度上促使社会资本对贷款项目成功率发生积极正向的作用。

二、微型金融创造社会资本的机制

任何个人必定生活在一定的社群之中,个人不能离开社群;并且,社群也能培养个人美德,例如利他、团结、互助、诚信等美德,都是通过社群形成的。

---

① 见 https://www.nobelprize.org/nobel_prizes/peace/laureates/2006/yunus-lecture-en.html。

因此,社会资本深深地根植于社会群体与社会关系中。根据"重复博弈"理论,只要有反复的机会,成员间就可能逐渐拥有信任,并逐步建立较稳固的社会关系网络。因此,如果一个共同体能提供一种机制,让成员有一种重复的、稳定而持久的交往,就能创造出一种"重复博弈"的处境,从而有助于成员间的相互信任与合作,更有助于社会资本的产生。

学界比较一致的观点是,只要贫困群体有更多机会建立起社会联系就有可能建立起新的社会资本。微型金融通过小组贷款机制和小组会议机制,在为贫困群体建立一种新的社群的同时,也为他们创造了重复的、稳定而持久的交往机会,从而使贫困群体利用社会资本并创造社会资本提供了可能。

(一)小组贷款机制

小组贷款模式是微型金融体系中最重要的技术创新,也一直被认为是Grameen成功的关键(Haldar and Stiglitz,2017)。Grameen最初采用的也是个人贷款和每日还款的模式,但这种模式很难保留还款记录;于是,Grameen设计了每周例会来使得分期还款成为可能。然而即使这样,还款记录保留仍然很混乱。最终,Grameen设计了小组贷款机制,将小组按照贷款功能(贷款的用途相似)进行分组,如"chicker group"就是小组成员的贷款用于饲养家禽;而"cow group"就是小组成员的贷款用于饲养牛群。但有时候,贷款用途会被改变,此时又会带来新的混乱。而且这种模式下,小组成员彼此并不认识,以及小组成员与小组领导之间的距离也是问题。最终,Grameen取消了按照贷款功能进行分组的做法,而是依据"自愿组合,亲属回避,互相帮助"以及"5—10人"的原则自主形成小组,以此消弭小组成员和小组领导(group leader)之间的隔阂。自愿组合可以让生活在相同村庄、拥有不同生计本领的个体组成一个小组;而亲属回避可以避免小组成员之间逼迫隐瞒违约的状况。小组成员可以有不同的借款目的,但需要有相似的社会经济背景。这是因为,大体相同的社会经济背景更易于沟通、办事,也更值得信赖,也可以防止某一小组成员利用隐性的社会影响来控制小组其他成员。同时,Grameen 引入"小组主席"(chairperson of group)机制,小组主席需要举荐一名小组成员但并不需要负责贷款偿还的责任。

在第一代 Grameen 体系中采取的是小组联保贷款模式,这种模式要求小组成员互作担保共同承担还贷责任。但尤努斯教授认为"小组"的功能是"社会的"(social),即小组的作用在于创造社区意识(creating a sense of community)而不是被用于作为保障贷款偿还的预设战略(premeditated strategy for ensuring repayment)(Haldar and Stiglitz, 2017)。因此,在第二代 Grameen 体系中采用了自当责任的小组贷款模式:仍然采用信用贷款方式,小组成员不再为其他小组成员的贷款负责,但每位小组成员还是必须参加每周会议。此时,"小组"只用来督促小组成员合规使用贷款。自担责任的小组贷款模式可以避免小组联保贷款使成员间需要相互承担还款责任而存在的潜在敌意,更有利于小组成员间建立良好的社会关系。

虽然小组机制在开始设计时只是为了便于收取贷款,并在一定程度上起到筛选潜在借款人的作用:加入贷款小组的烦琐和压力将"有助于确保只有那些真正有需要,而且对此十分严肃的人,才能够真正地成为 Grameen 的成员"(尤努斯,2006)。但随着时间的推移,小组贷款机制的更多作用被发现:利用贫困群体间的社会资本,不仅很好地解决了贫困群体没有抵押和担保的高风险,而且通过"小组"形式为贫困群体建立起一种新的社会组织形式,为他们建立新的社会关系搭建了信息传递的介质。

(二)定期会议机制

Grameen 的小组有两种形式,一种是由 5 名借款人组成的贷款小组;一种是由本村 8 个贷款小组组成的中心大组。每周中心大组会在约定地点与银行的工作人员开会,即为中心例会。所有的小组成员都必须参加中心例会并在小组例会上偿还贷款;如果不能偿还贷款,也要在小组会议上向大家说明情况。小组会议由所有小组成员选出的组长负责管理中心的事务,帮助解决任何单个小组无法独立解决的问题 并与银行指派到这个中心的工作人员密切协作。小组成员新的贷款申请也是在小组会议中提出,银行工作人员通常会咨询中心的贷款小组组长和中心负责人的意见来决定是否批准贷款申请及贷款额度。因此,即使贷款模式从小组联保贷款模式转向了自担责任的小组贷款模式,个人的经济命运依然与所在贷款小组和中心大组紧密联系。决定贷款小组和中心大组信贷可靠性的评级又取决于每个小组成员的表现,因而即使制裁机制在自担责任的小组贷款中变得更为松散,但小组成员依然会紧密监视其他小组成员的行为。

中心会议坚持所有业务都公开的原则,不仅降低了信贷员的腐败、管理不当和误解的风险;而且,随着时间的推移,小组成员越来越多地承担起管理自身事务的责任,他们不断提出更具革新性的方法来预防和解决问题,从而变得越来越自信。更为重要的是,中心会议为小组成员之间的社会关系交换提供了机会。社会关系承载着穷人家庭价值观念、社会信仰、信任和互惠方式、风俗习惯等。嵌入在长期持续交易过程中的社会关系交换,能够发挥信任、互惠交换、价值内化和动态团结的作用。并且,社会关系交换还有助于连接和维系关系紧密的人们之间的情感,是提升人们幸福感的必要途径。因此,通过社会关系交换使小组成员相互交流信息、经验和情感,促进了小组成员间的信任和合作;小组成员信任和合作的加深又进一步增加了对彼此的义务感,从而进一步促进小组成员的信用意识和还贷积极性。而当借贷双方的关系交换取得了积极效应时,借贷双方就能发展出按时偿还贷款的社会规范(Goodman,2017)。

三、微型金融与社会资本良性互动的影响因素

(一)所在地的道德经济

道德经济的概念在 20 世纪 70 年代就已出现并引起广泛讨论(周丹,

2017），但运用道德经济框架分析贫困群体经济行为并用来解释微型金融发展实践则尚处于起步之中，道德经济对微型金融发展的影响在于以下两方面：

一是道德经济能改变微型金融的发展。道德经济认为人既是"经济人"，也是"社会人"，因而仅靠物质手段来维持生存是不够的，还需要社交联系、娱乐以及自我道德价值感来使生活更有价值（Appadurai，2004；Nussbaum，2006）。Graeber（2014a）认为，在提供资金的同时，通过社会关系交换来给予情感、信息和技能等方面的交流与支持，可以帮助人们建立起一个健全的社会经济安全圈。Goodman（2017）也认为，通过借贷、接受朋友和邻居的帮助，贫困群体在满足生活需求的同时也实现他们的情感、社会和文化需求。因此，尽管人们一直相信，贫困群体都面临着信贷约束，并且资金短缺驱动了信贷需求。但越来越多的学者意识到，道德价值和社会关系等因素也会影响和改变信贷需求和资金使用。Guerin et al.（2014）提出，即使微型金融机构采取小组联保贷款模式并制定信贷规则和监管机制，借款人经沟通和互动建立共享互惠的规范与价值观后，还是会以他们认为合乎当地社会规范和文化习俗的方式来使用贷款，而如果微型金融项目不能适应这些规范和习俗，潜在借款人就可能拒绝参与这样的项目。Guerin et al.（2012，2014）和 Kar（2013）分析了社区已存在的借贷实践对微型金融融入的影响，发现跟制裁相关的借款规范和利益相关方的社会活动与人们对微型金融的需求和用途紧密相关。

二是遵循道德经济的社会关系交换是微型金融成功的内核。社会关系承载着穷人家庭价值观念、社会信仰、信任和互惠方式、风俗习惯等，因而社会关系交换能够发挥合作信任、互惠交换、价值内化和动态团结的作用。遵循道德经济的社会关系交换对微型金融发展的影响主要体现在以下两个方面：

微型金融机构建立、扩大并加深与借款人的社会关系，有助于微型金融融入项目所在地的生计策略，从而使微型金融项目被当地人所接纳。Haldar 和 Stiglitz（2017）认为，微型金融机构通过精心设计的小组制度和灵活的信贷安排，可以更好地适应贫困群体的需求，增加贫困群体对微型金融机构的信任；

而每周或每月的例会,以及技能培训等活动,既可以强化客户的身份及其对机构的认同感,又能不断培育客户的规则意识。同时,当微型金融机构不断介入其他能影响到客户的市场且这些市场的联系日益紧密时,客户在维护自身良好社会声誉和持续获得贷款的驱动下就会自觉保持高的贷款偿还率。Goodman(2017)基于扎根理论,历时18个月对印度Kumaonis的一家非政府微型金融组织所作的调研表明:Kumaonis的生计策略是通过与家人、朋友和邻居进行关系交换以获得物质的、社会的和心理的满足;当地的道德经济是社会关系交换的双方或多方之间应该相互帮助并确保交换的平衡。于是,这家微型金融组织和其员工通过积极调整微型金融项目使其适应当地道德经济,从而加入这种社会关系交换并变成其中的一个节点,最终成功融入当地并发挥了积极作用。如果微型金融机构只主重发放和收回贷款而忽视借款人福利和缺乏对借款人社会关系交换建设的投资,就会使微型金融机构与借款人间的社会关系交换出现断裂。Khandker et al.(2016)利用孟加拉国1991—2011年家庭层面的面板数据证实,微型金融机构与借款人缺乏社会关系交换导致借款人对微型金融机构信贷机制、偿还机制和保险机制不熟悉或迫于社会压力而产生过度负债、多头借贷或"重叠会员"[1]等不负责行为,最终落入债务陷阱。

借款人之间的社会关系交换有助于形成借款人的亲社会行为(pro-social behavior)并为借款人创造新的社会资本,从而促进微型金融的发展。微型金融中的亲社会行为是指借款人在社会关系交换中基于互惠原则,采取更为合作的行为,互帮互助并把贷款偿还激励和外部监督内化,从而保持较高的贷款偿还率。Yunus(2006)强调,采取小组贷款机制的目的并不是为了通过同行监督和社会惩罚来提高贷款偿还率,而是希望帮助小组成员建立社区意识,以道德准则和相互义务来塑造小组成员的共享观,通过互助互惠来帮助小组成员提高贷款项目成功概率从而改善其经济社会福利。研究也显示,在自担责

---

① 这里的重叠会员是指个人或家庭基于同种或相似借贷目的从一个以上微型金融机构借款。

任的小组贷款中,任何小组成员都不用为他人承担责任,"小组"只用来监督同伴的行为是否合规。这种机制设计为小组成员创造了信息传递的介质,便于小组成员之间相互交流信息、经验和情感,有利于强化小组成员的集体认同感和归属感,培育小组成员诚信合作、互助互惠的社会规则意识,从而使他们在有能力偿还贷款的情况下内化不还款的社会后果,并在经济的和社会的双重考量下做出还款的决策。这一逻辑正是 Grameen 成功的内核(Haldar and Stiglitz,2017)。Goodman(2017)也认为,小组自助(Self-Help Groups,SHGs)成员在诸如传统和法定节日、婚礼、生日宴会和每周例会中,通过分享资金、社交娱乐、食物、情感支持和就业机会,以及共同解决贷款问题等形式进行社会关系交换,可以在成员之间创造更强的义务感,有利于成员进行良性的组内借贷并增加向机构借贷和偿还的意愿。

(二)微型金融产品和服务

与传统的销售一样,Grameen 在发展过程中要为穷人提供贷款,尤其是为妇女提供贷款,同样面临如何让顾客相信自己,并购买自己的产品的问题。Grameen 为了获得穷人的信任,他们耐心细致地向每一个需要贷款的人介绍自己的"产品",并制定了严明的纪律要求银行的每一位职员,同时在挑选职员时会选拔那些"不仅了解穷人,而且愿意付出努力来改变贫穷"的员工。Grameen 站在贫困区群体的角度设计了适合贫困户的贷款产品,例如,Grameen 的会员无须到柜台去申请贷款,银行的信贷员会准备好书面文件来到他们的门前签收,同样,还款也不需要亲自到银行还款,信贷员会定期到会员的家中上门服务收取还款和利息。

Grameen 的服务也是一直将"不用到银行,贷款送到家"作为实践理念。抛弃金融机构一般存在的"嫌贫爱富"现象,Grameen 始终坚持社会扶贫的目标,坚持信任穷人、关爱客户,Grameen 还对最下层的乞丐也提供特殊服务,截至 2015 年 8 月 Grameen 乞丐成员 78180 人次。显然,这种运营模式和理念给贷款者带来了极大的方便,特别是那些没有社会地位的贫困户尤其是目不识丁的妇女,减少了她们对普通金融机构的恐惧感。根据 Grameen 提供的数据,Grameen 借款人中,摆脱贫困的会员客户所占比例正逐年递增:从 1997 年的15.1% 上升至 2005 年的 58.4%。

在信贷产品设计方面,Grameen 会充分考量贫困群体的实际情况,例如 Grameen 将基本贷款的期限定制为从 3 个月到 3 年不等。Grameen 也不会收取提前还款违约金,如果一个客户提前偿还了所有的贷款,他仅需支付实际使用贷款期限的利息。在贷款利率方面,Grameen 也以灵活多样的利率向贫困群体提供贷款,例如以创收为目的贷款的利率是 20%,住房类贷款利率为8%,学生借贷利率为 5%,困难成员贷款免除利息。

(三)信贷员的服务意识

信贷员是建立和维系微型金融机构与借款人良性互动关系的关键桥梁。信贷员的地位很模糊,他们既需要维护金融机构的利益,又需要维护借款人以及自身的利益,还需要在建立微型金融机构和借款人的信任关系中扮演核心角色。因此,信贷员对微型金融项目的成立、合理性以及伦理都有重要影响。Kar(2013)历时 14 个月对印度加尔各答的一家微型金融机构的调研表明,通过信贷员拜访以及其他非正式社交活动所进行的社会关系交换,可以拉近信贷员与借款人之间的距离,帮助信贷员排除不合格的潜在客户,使信贷员能更好地向微型金融机构反馈借款人的需求、当地借贷规则和存在的问题,从而使微型金融机构和借贷者的商业关系成为真诚的乡情关系。Guerin et al.(2014)对摩洛哥的一家微型金融机构的调研进一步说明,通过社会关系交换融入当地是信贷员理解本地问题的关键因素,可以帮助信贷员确认和评估潜在客户信息披露的可信度和道德状况以避免信誉差的客户,激励有德望的人来扮演领头羊的角色,以及劝说人们贷款,或者在客户延迟偿还情况下激励借款人偿还贷款。而 Karim(2011)和 Shrestha(2006)在南亚的研究则表明,当地一些信贷员认为自己的地位高于村民的地位,甚至采取恐吓和威胁等不道德的暴力催收手段,使村民不能有尊严的进行贷款,导致村民对微型金融机构的抵制。

(四)贫困群体的金融素养

金融素养是指个人为保证自身福祉,对其金融状况进行阅读、分析、管理和交流的能力。早在 1995 年,斯坦福大学经济学教授 B.Douglas Bernheim 就曾对金融素养理论进行研究,但并没有引起学者和社会太多关注。2003 年 12 月,美国为保障其养老金改革能顺利实施而正式成立美国金融素养与教育委员会(Financial Literacy and Education Commission),将面向美国国民的金融素养教育正式纳入国家法案。此后,金融素养教育和普及开始被英国、俄罗斯等国家陆续提高到国家层面。

Marcolin 和 Abraham(2006)通过在金融教育需求模型中输入金融素养参数,并观察个人借贷、储蓄和投资行为等金融产出的变化,得到金融素养与金融产出正相关的结论,金融素养低将导致个人在金融活动中做出不利于自身金融福祉的金融行为。而 Chandran 和 Manju(2010)的研究也发现,受教育程度较低、金融知识与技能欠缺的人更容易处于金融排斥状态。Atkinson(2013)、Heenkkenda(2014)倡议通过金融知识教育提高贫困群体的金融知识水平,并以此促进包容性金融的发展。国内方面,武巍等人(2007)首先提出,金融素养与地区金融发展存在正向相关关系。此后,黄祖辉(2009)、李似鸿(2010)、田霖(2012)等人指出金融素养更容易导致怀疑心理和反学习性,从而影响金融产品的推广和使用。而吴丽霞(2011)、任春森(2012)等人发现,部分农户因金融素养不高,对金融知识不了解而导致对金融产品和金融服务的排斥,由此放弃或错失了获得金融支持的机会。

(五)小额信贷和小额保险的协同机制

为什么微型金融对家庭福利的影响存在争议呢? Ganle et al.(2015)和

Rooyen et al.(2012)等学者认为,单独的小额信贷对贫困群体并不一定存在积极的经济社会效应,特别是对极端贫困群体;小额信贷只有在结合小额保险的情况下才能对贫困群体产生积极效应。贫困陷阱不仅仅是因为信贷不足,还是因为生命周期和经济风险对贫困群体所造成的风险。如果只是给予贫困群体信贷而不保障他们不受风险的冲击,那么信贷的作用就会很小或者没有积极作用。因为严重的健康问题和经济冲击对于穷人是很难以承受的,在没有保险的情况下,要么是小额信贷,要么是大部分资产都被用于解决风险事件。因此,只有将小额信贷和小额保险结合起来,才能真正帮助贫困群体摆脱贫困(Akotey et al.,2016)。现有研究认为,将小额信贷与小额保险结合起来有以下好处:可以使微型金融产品更加丰富多样,从而更好地满足贫困群体的金融需求;可以提高微型金融机构的生产率和可持续性;可以提高贷款还款率;可以确保收入和消费平稳。并且,微型金融机构还可以通过整合客户管理来避免多头管理的成本,从而降低交易成本,拓展客户范围和提升客户忠诚度。此外,Akotey et al.(2016)等人还认为,通过小额保险来覆盖贫困群体面临的健康、丧葬、火灾、盗窃、干旱和经济风险后,再通过小额信贷来使他们拥有新机器、改良种子培育和牲畜饲养,以及扩大微型企业,就能提高贫困群体的创收能力。他们通过郝克曼、处理效应和工具模型所做的实证分析结果都表明,与小额保险相结合后,小额信贷更能提升贫困群体家庭福利。

(六)其他因素

Quidt et al.(2012)和 Feigenberg et al.(2013)验证了利率水平、不同频率的小组会议等机制设计可诱寻贫困人群主动建立社会资本。Feigenberg et al.(2013)发现,小组会议的频度以及小组成员的社交距离(social distance)①都会影响微型金融创造社会资本。他们将小组贷款成员随机地分为两组:一组

---

① 这里的社交距离是指小组成员之间的熟悉程度。小组成员越熟悉,则认为社交距离短。

是每周聚会一次；一组是每月聚会一次。结果发现，在为期 10 个月的观察期内，这种强制性的聚会对小组成员的知识以及与其他小组成员的接触产生持久性的不同：进入贷款周期 5 个月后，每周聚会的小组成员比起每月聚会的小组成员，更有可能去其他小组成员家里拜访（90%）。并且，贷款周期结束以半年后，他们也更可能一起参与社会事务（40%），以及更有可能在小组会议后拜访彼此（19%）。不仅如此，改变社交距离也会对小组成员之间建立新的社会关系产生影响。在实验中，每周聚会一次的小组成员自称，他们更有可能与直系亲属之外的其他小组成员产生财务往来（19%），以及陷入健康困境时也更愿意找其他的小组成员寻求帮助（29%）。并且，他们在随后的贷款违约率也更低（在随后的贷款周期中，不管他们之前是每周聚会还是每月聚会，他们现在的聚会频率是相同的）。

Field et al.（2013）则证实，缺乏灵活性的还款机制将阻碍贫困人群企业家精神的培养。同时，尽管多数学者认为小组贷款机制是微型金融创造社会资本的前提，但 Margrethe 和 Nielsen（2012）以秘鲁为例，证实个人贷款也能创造社会资本。Kanak 和 Iiguni（2007）和 Haque（2010）进一步提出，微型金融是否能创造积极正向的社会资本，不仅取决于微型金融机制设计，还取决于国家层面的制度因素和社会层面的结构因素。

第二章　贫困地区农村微型金融与社会资本良性互动的必要性分析

　　既然加大贫困地区微型金融扶贫力度是既定的政策选择,提升微型金融扶贫效应是反贫困的必然要求,而微型金融和社会资本都是反贫困的重要工具且两者存在良性互动关系,因此,构建两者的良性互动是提升反贫困效应的必然选择。这一部分对农村金融发展现状和反贫困绩效、社会资本发展现状和特征进行了梳理和分析,认为金融资本和社会资本"双缺"的现实是导致贫困的重要成因,由此得到应该加快构建贫困地区农户微型金融与社会资本良性互动机制,以提升微型金融反贫困效应的基本结论。

第一节　农村地区贫困现状

　　由于历史、自然、经济和文化等因素,民族农村地区一直是我国农村贫困人口最集中的地区。

一、民族地区仍然是国家贫困县的重点分布地区

　　2016 年,国务院更新了国家扶贫重点县名单,592 个国家扶贫重点县分布

在 21 个省(区)。其中,位于民族七省区(不包含西藏①)的有 232 个,占全国的比重为 39.2%;在其他民族地区②的有 67 个,占全国的比重为 11.3%。两者合计占全国的比重为 50.5%。具体分布如表 2-1 所示。

表 2-1　国家重点扶贫县分布情况

地区	个数	占全国比重(%)
内蒙古	31	5.2
广西	28	4.7
贵州	50	8.4
云南	73	12.3
青海	15	2.5
宁夏	8	1.4
新疆	27	4.6
民族七省区合计	232	39.2
其他民族地区合计	67	11.3
民族地区合计	293	49.5
全国合计	592	100

注:以上数据根据国家扶贫开发领导小组办公室公开信息整理。

表 2-1 数据显示,不包含西藏在内的民族七省区,国家重点扶贫县 232 个,占全国重点扶贫县的比重为 39.2%;其中,云南有国家重点扶贫县 73 个,是民族七省区重点贫困县最多的地区,占全国重点扶贫县比重为 12.3%;加上民族八省区以外的其他民族自治州和民族自治县,民族地区国家重点扶贫县数量达到 293 个,占全国比重的 49.5%,表明民族地区确实是我国国家重点扶贫县的集中地。

民族农村地区同时也是集中连片特困县以及深度贫困县的主要分布地

① 2017 年,西藏自治区全区 74 县全部处于深度贫困地区;2018 年 10 月 1 日,西藏自治区人民政府批准波密县等 25 个县(区)退出贫困县(区)。

② 其他民族地区指除民族八省区以外的、位于其他省份的民族自治州和民族自治县。

区。在国家公布的 14 个集中连片特殊困难地区中,680 个集中连片特困县分布在 21 个省(区)。其中,位于民族八省区的有 292 个,占总数的 42.9%;位于其他民族地区的 129 个,占总数的 19.0%;两者合计占总数的 61.9%。而在国家公布明确实施特殊扶持政策的 175 个深度贫困县市中,74 个县市位于西藏;24 个县市位于新疆;其余 77 个县市则分布在云南、甘肃、四川和青海等四省藏区。

二、民族地区仍然是农村贫困人口分布集中地

按年人均纯收入 2300 元(2010 年不变价)的国家农村扶贫标准,2013—2017 年的贫困标准依次为 2736 元、2800 元、2855 元、2952 元、2952 元,相应的,2013—2017 年民族地区农村贫困人口数量和贫困发生率如表 2-2 所示。

表 2-2 数据显示,2013—2017 年的五年间,民族八省区农村贫困人口从 2562 万人减少到 1032 万人,脱贫 1530 万人,脱贫率为 59.7%;贫困发生率也由 17.1% 降低为 6.9%,总共降低了 10.2 个百分点。因此,从脱贫人口数量、脱贫率,以及贫困发生率 3 个指标来看,近 5 年来,民族八省区贫困状况得到较大幅度缓解,反贫困战略取得了较大胜利。

然而,民族八省区的反贫困状况仍然严峻,反贫困的难度越来越大。截至 2017 年,民族八省区农村贫困发生率比全国贫困发生率仍然高出 3.8 个百分点。而且同期来看,全国农村贫困人口从 8249 万人减少到 3046 万人,总共减少 5203 万人,脱贫率为 63.1%,高于民族地区同期脱贫率;贫困发生率从 8.5% 下降到 3.1%,总共下降了 5.4 个百分点。脱贫率高低一定程度上反映了脱贫的难易。因此,数据表明,民族八省区的反贫困难度较全国贫困水平而言更难。更值得关注的是,5 年间,民族八省区贫困人口占全国贫困人口比重,也从 31.1% 逐步上升到 33.9%,也表明农村贫困进一步集中到民族地区。

表 2-2 民族八省区农村贫困人口和贫困发生率

单位:万人、%

地区	2013 年		2014 年		2015 年		2016 年		2017 年	
	贫困人口	贫困发生率	贫困人口	贫困发生率	贫困人口	贫困发生率	贫困人口	贫困发生率	贫困人口	贫困发生率
内蒙古	114	8.5	98	7.3	80	5.6	53	3.9	37	2.7
广西	634	12.0	538	9.8	452	10.5	341	7.9	246	5.7
贵州	745	21.3	623	18.0	493	14.7	402	11.7	295	8.5
云南	661	16.4	574	13.4	471	10.9	373	8.0	279	7.5
西藏	72	28.8	61	23.7	59	18.6	34	13.2	20	7.9
青海	63	16.4	52	13.4	52	10.9	31	8.0	23	6.0
宁夏	51	12.5	45	10.8	37	8.9	30	7.2	19	4.5
新疆	222	19.8	212	18.6	185	15.8	147	12.9	113	9.9
合计	2562	17.1	2205	14.7	1813	12.1	1411	9.3	1032	6.9
全国	8249	8.5	7017	7.2	5575	5.7	4355	4.5	3046	3.1
八省区占全国比重	31.1	—	31.4	—	32.5	—	32.5	—	33.9	—
八省区比全国高	—	8.6	—	7.5	—	6.4	—	4.8	—	3.8

注:(1)2013—2016 年分省区数据来源于《中国农村贫困监测报告 2017》;(2)2017 年分省区数据来源于 2017 年国家统计局住户收支与生活状况调查。

三、民族地区农村生活水平仍然较低

农村人均可支配收入①是指农村居民经过初次分配与再分配后的收入,这部分收入可用于居民的最终消费、非义务性支出和储蓄,反映的是居民可能

————————

① 2012 年国家统计局实施了城乡住户调查一体化改革,贫困地区开始使用农村常住居民人均可支配收入。

的消费能力。农村的人均消费支出是指农村居民用于购买商品支出以及享受文化服务和生活服务等非生产性支出,以及用于生活消费的自给性产品支出,反映的是农村居民的实际消费水平。因此,农村人均可支配收入和农村人均消费支出两个指标可以比较好地衡量农村居民的生活水平状况。表2-3是2013—2017年间民族八省区农村常住居民人均可支配收入和人均消费支出情况。

表2-3 民族八省区农村常住居民人均可支配收入和人均消费支出

单位:元、%

年份	地区	内蒙古	广西	贵州	云南	西藏	青海	宁夏	新疆	八省平均	全国平均
2013年	人均可支配收入	8985	7793	5898	6724	6553	6462	7599	7847	7233	18311
	人均消费支出	9080	6035	5291	5247	4102	7506	6740	7103	6391	13220
2014年	人均可支配收入	9976	8683	6671	7456	7359	7283	8410	8724	8070	20167
	人均消费支出	9972	6675	5970	6030	4822	8235	7676	7365	7093	14491
2015年	人均可支配收入	10776	9467	7387	8242	8244	7933	9119	9425	8824	21966
	人均消费支出	10637	7582	6645	6830	5580	8566	8415	7698	7744	15712
2016年	人均可支配收入	11609	10359	8090	9020	9094	8664	9852	10183	9609	23821
	人均消费支出	11463	8351	7533	7331	6070	9222	9138	8277	8423	17111
2017年	人均可支配收入	12584	11326	8869	9862	10330	9462	10738	10737	10489	25974
	人均消费支出	12184	9437	8299	8027	6692	9903	9982	8713	9155	18322

续表

年份\地区		内蒙古	广西	贵州	云南	西藏	青海	宁夏	新疆	八省平均	全国平均
五年增长	人均可支配收入	3599	3533	2971	3138	3777	3000	3139	2890	3256	7663
	人均消费支出	3104	3402	3008	2780	2590	2397	3242	1610	2764	5102

注:(1)2013—2016年分省区数据来源于《中国农村贫困监测报告2017》;(2)2017年分省区数据来源于2017年国家统计局住户收支与生活状况调查。

表2-3的数据显示,2013—2017年的5年间,民族八省区农村人均可支配收入由7233元增长到10489,增长了3256元,增长幅度达到45.0%。分省区看,除贵州和新疆可支配收入增长值略低于3000元以外,其他六省区5年增长值均高于3000元。其中,西藏可支配收入5年增长3777元,增长值最高;而云南5年增长幅度达到57.6%,增长比率最高。就消费支出而言,民族八省区农村人均消费支出由6391元增长到9155元,增长了2764元,增长幅度到达43.2%。分省区看,除新疆5年农村人均消费支出增长值只有1610元以外,其余七省区均高于2000元。其中,广西农民人均消费支出增长3420元,增长值最高;西藏人均消费支出由4102元增长到6692元,5年增长了2590元,增长幅度达到63.1%,增长比率最高。

以上几组数据表明,近5年,民族八省区的农村居民人均可支配收入和人均消费支出都有较大比例增长,农民生活水平有较大程度提高。但民族八省区农村居民生活水平和全国平均水平相比还有很大差距。虽然就增长率而言,2013—2017年间,全国居民人均可支配收入和人均消费支出分别增长了41.8%和38.6%,略低于民族地区农村居民人均可支配收入和人均消费支出水平的增长率。但就消费能力而言,民族地区农村居民与全国平均水平相比,仍然有非常大的差距。截至2017年,民族八省区和全国农村居民人均可支配收入分别是10489元和25974元,前者只是后者的40.3%;而民族八省区和全国农村居民人均消费支出分别是 9155 元和 18322 元,前者也仅是后者的 50.0%。就增长水平而言,5 年时间,全国农村居民人均可支配收入和人均消费支出分别增长了 7663 元和 5102 元,增长值是民族地区农村居民的 2.4 倍和 1.8 倍。

第二节　农村微型金融发展现状及其反贫困效应

一、农村微型金融发展现状[①]

为了更好地服务贫困群体,农村微型金融机构进行了创新金融产品等一系列试点改革。

(一)加快微型金融产品创新

国内外微型金融的理论与实践表明,合意的金融产品和服务能更好地满足贫困群体的真实需求,从而使贫困群体愿意申请并接受贷款,进而增加其收入并提高贫困群体的生活水平。由于政策性金融仍然是贫困地区金融服务的主体,而中国农业银行作为农村金融服务的国家队和主力军,其做法和经验在贫困地区以及全国都具有代表性。因此,下面以中国农业银行为例来分析贫困地区农村微型金融产品创新状况。

截至 2018 年 9 月,中国农业银行在全国共推出八种面向"三农"的金融产品。其中,农户小额贷款、农村土地经营权抵押贷款、农民安家贷、风险补偿基金贷款和农银 e 管家等 5 种产品都是直接针对农户的贷款;农村个人生产经营贷款、专业大户(家庭农场)贷款和农民专业合作社贷款则是通过扶持能

---

① 本节内容除特别说明外,相关数据均采自中国农业银行资料。

人大户和专业合作社而间接支持农户的金融产品。直接针对农户的 5 种贷款侧重点又各有特色:农户小额贷款是针对农户家庭内单个成员发放的小额贷款,额度 5 万—10 万元,用于基本生产及生活消费,担保方式灵活、自助可循环、随借随还,以实际使用天数计息、节省利息;农村土地经营权抵押贷款是针对 10 万元以下的小额农户贷款及 10 万元以上农村个人生产经营贷款,以农村土地承包经营权抵押,多种方式组合担保,自助可循环、随借随还,可贴息。① 农民安家贷是针对农民群体的个人住房贷款产品、还款方式灵活,仅提供收入证明书、流水或融资担保机构担保。风险补偿基金贷款主要是针对贫困地区特殊产业的金融服务。农银 e 管家主要服务于涉农生产企业、农批市场、县域批发商、农村超市和农户的一款"电商+金融"综合服务平台,以产业链上下游商户的生产经营、商贸流通场景为切入点,提供电商和金融相融合的一体化服务解决方案。

除了推出面向全国的"三农"金融产品外,中国农业银行还结合一些贫困地区特色产业和金融发展现状,推出了区域性创新金融产品。如表 2-4 所示。

表 2-4　中国农业银行在民族八省区推出的区域性创新金融产品

地区	区域性创新金融产品
内蒙古自治区	发放林权抵押贷款;33 个旗县(区)开展了耕地、林权、草牧场抵押贷款;4 个县(区)开展了农民住房财产权抵押贷款;富农贷、金穗富农贷
广西壮族自治区	助保贷、惠农贷;玉林、百色"两权"抵押贷款
西藏自治区	藏饰品质押贷款(项链、龙高、孕吾、奶钩、腰带等)、金穗财保惠农贷,"钻、金、银、铜""四卡"产品

---

① 截至 2017 年末,中国农业银行共有 31 家一级分行的 288 家支行开展了农村土地经营权抵押贷款试点;共贷款 19.1 亿元;共有 21 家一级分行的 79 家支行开展了农民住房财产权抵押贷款试点,贷款余额 10.3 亿元。中国农业银行农村居民土地经营权、农民住房财产权抵押相关做法和经验已被收入人民银行主编的《农村"两权"抵押贷款试点政策解读和典型经验》,成为农村金融机构学习的典型。

地区	区域性创新金融产品
宁夏回族自治区	农村妇女(青年)创业贷、清真产业担保牛羊养殖贷、滩羊贷、枸杞贷、苗木贷、脱贫致富贷
新疆维吾尔自治区	新疆呼图壁县、沙湾县、博乐市、阿克苏市、克拉玛依市克拉玛依区农村承包土地的经营权抵押贷款;伊宁市农民住房财产权抵押贷款
贵州省	"美丽乡村贷"分散7万多个村寨和66个片区县/国定贫困县、毕节市、黄平县、从江县 此外还有惠农脱贫贷、电商信用贷、辣农带、烟农贷、都匀毛尖贷、烟农贷、酱香白酒贷
云南省	"两权"抵押贷款、惠农e贷—核桃贷、烟农贷、茶农贷、果农贷、桑蚕贷
青海省	"两免"(免担保免抵押)小额贷款

(二)加强金融服务力度

在创新推出金融产品的同时,贫困地区还加强了现有金融机构对贫困群体的服务力度。以金融发展相对滞后的西藏为例,2016年,中国农业银行西藏分行将辖内74家县域支行和6家二级分行营业部的全部业务纳入"三农"事业部改革核算范围,对"三农"金融业务分步实施单独的营运资本管理;邮储银行西藏分行新设"三农"事业部,负责全行扶贫业务的组织、协调和推动工作,并在山南市扎囊县、日喀则市谢通门县投放产业扶贫贷。同时,以"乡乡有网点、村村有服务"为目标,下延机构网点,西藏各类银行业金融机构下沉服务重心,全年新设各类分支机构和网点21个,其中在县域及以下设立分支结构15个,使全区县乡一级营业网点达472个,占银行网点总数的69%,开通"三农"金融服务点5133个,比年初新增1431个,农牧区金融服务已基本实现全覆盖。①

(三)试点建立政府增信机制

2017年12月28日,中国农业银行推出的"政府增信+银证共管"扶贫模

---

① 资料来源于西藏银证监督管理委员局内部资料。

式被人民日报论坛杂志社评为第四届管家治理高峰论坛。该模式下,政府出资成立政策性担保公司、政府风险补偿金,为贫困户或扶贫企业提供增信,解决农户和贫困地区企业担保难的问题。同时政府利用基层组织熟悉情况、覆盖面广的优势,帮助银行进行客户筛选和管理,有利于解决管理半径过大、管理难度大的问题,有效降低了银行贷款风险。截至 2017 年末,中国农业银行已将该模式推广到 17 家一级分行、1366 家支行,累计发放贷款 1355 亿元、支持农户 240 万户。下面,以中国农业银行内蒙古分行"金穗富农贷"为例来分析"政府风险补偿基金+贷款对象"模式。

内蒙古自治区政府在 2013—2017 年间,每年下划 4.75 亿元风险补偿金至 57 个贫困旗县(其中 38 个重点县每县每年 1000 万元,19 个一般贫困县每县每年 500 万元),5 年共计投入 23.75 亿元专户存入合作金融机构,用于"金穗富农贷"的风险补偿。在此基础上,银行向农户在风险补偿基金 10 倍内发放"金穗富农贷",年末余额控制在 5 倍以内。"金穗富农贷"主要针对开展金融扶贫富民工作的旗县从事农牧业生产经营活动的普通农户、专业大户以及家庭农场,贷款用途仅限于借款人从事农林牧渔等农牧业生产经营活动,贷款额度在 1000 元至 300 万元之间。贷款方式有可循环方式和一般贷款方式。采用可循环方式的,可循环贷款额度有效期不超过 3 年,额度内单笔贷款期限不超过 1 年;采用一般贷款方式的,贷款期限原则上不超过 3 年,最高可放宽至 5 年。实行 5% 的财政贴息政策,农行按合同约定向借款人正常收取贷款利息,贴息资金经扶贫部门确认后由旗县财政划拨到支行,由支行按年支付到农户金穗惠农卡上。对贷款本金逾期超过 30 天(含),且在此期间旗县支行会同扶贫部门或政府有关部门对已逾期贷款本息进行有效追索,由旗县支行提出逾期贷款补偿申请,经旗县扶贫、财政部门审核认定,在确认中国农业银行无道德风险的前提下,旗县支行从风险补偿资金专户中进行资金划转,并出具相关凭证。对超过贷款到期日 2 个月以上,借款人仍不能偿还贷款本息的,农行填制风险补偿申请书(表)提交旗(县)扶贫办,经旗(县)扶贫办 10 个工作日内审核同意后,由担保补偿资金归还贷款本息。

(四)推出"互联网金融+"的新业态

为了更好地解决贫困群体融资难、融资贵的问题,贫困地区金融机构不断创新金融服务模式。其中,互联网金融模式最具有代表性。以贵州为例,虽然是全国欠发达省份,但在互联网快速普及推广浪潮下,贵州省政府提出打造"数字贵州",在每个县都专门设立了政府电商办,积极促进"大数据""云计算"农村电商等新业态发展,全力打造出具有贵州特色的"互联网金融+扶贫"模式。一是"网络融资+扶贫"模式。对接贵州省"扶贫云"大数据平台,梳理客户白名单,创新推出具有贵州"大扶贫+大数据"特征的"扶贫 e 贷""烟农快农贷"等网络融资产品,目前已在 20 个县成功投放。二是"电商金融+扶贫"模式。为贵州三联乳业、遵义虾子辣椒城等 1.8 万个贫困地区商户提供"惠农 e 商"平台服务,目前交易额已超过 10 亿元。已成功与全国"互联网+物流"独角兽企业"货车帮"数据系统实现对接,开启全面深度合作之门。三是"网络支付结算+扶贫"模式。抓好 6726 个"惠农通"服务点,上线"惠农 e 商"改造升级,全面提升服务能力。与总行定点扶贫县黄平县共同打造 32 个"且兰生活馆"综合金融服务站,为贫困村寨提供结算缴费等综合金融服务。贵州互联网金融的发展大大提升了金融服务"三农"的水平和能力。截至 2017 年末,全行 66 个国家扶贫开发重点县贷款、精准扶贫贷款、带动建档立卡贫困人口分别完成计划的 126%、121%、165%。

互联网金融对于西藏等地广人稀、自然地理环境差的地区,则有更为重要的意义。西藏结合"互联网+"时代特征,加大各种新工具、新平台推广运用,推动网点转型,发展网上银行、手机银行、网络通宝等网络金融产品,推出民生缴费、手机取款、医达通以及网上个人贷款等网络金融产品,全区金融电子化交易占比达 80% 以上,居全国第一。① 经过前期探索实践,农行目前在惠农 e 贷农户贷款产品体系下,形成了多种成熟有效的模式(见图 2-1)。

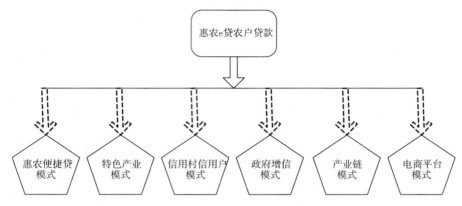

惠农e贷农户贷款

惠农便捷贷模式　特色产业模式　信用村信用户模式　政府增信模式　产业链模式　电商平台模式

图 2-1　惠农 e 贷农户贷款产品体系下各类有效模式

(五)建立小额保险和小额信贷的协同机制

贫困地区微型金融保险通过转移风险,可以提高农户防损抗灾、看病养老和再生产能力。构建小额保险和小额信贷协同发展机制可以帮助贫困群体获得信贷,增加抗风险能力。

首先,增加农户担保和风险补偿基金。如农行内蒙古分行开办农户保证保险贷款业务,具有和保证担保方式相近的增信功能,能够起到较好的风险缓释作用。农户在少量增加贷款成本的情况下,即可有效解决担保能力不足问题。同时,保险公司独立对借款人开展资信调查,能够对银行贷款调查信息进行校验,从而提高贷款信息的真实性和准确性。如为解决贫困农牧户没钱缴纳养老保险这一问题,内蒙古农户积极创新推广"农户养老贷"金融服务模式,帮助贫困农牧户参加养老保险。截至 2018 年 6 月,赤峰分行 12 家支行全面启动了"农户养老贷"工作,已有 6 家支行与当地社保局签署了"农户养老

---

① 资料来源于西藏银证监督管理委员局(原银行业监督管理委员会)内部资料。

贷"协议。2016 年宁夏农行贺兰支行与贺兰县政府签订了风险补偿基金,加大小额贷款投放力度,以抵押担保+风险补偿基金组合,拓宽农户贷款的担保渠道。截至 2017 年 6 月末,贺兰支行农户贷款余额 7694 万元,计划完成率 155.9%。其次,小额保险机构不断增多,开发了一系列适合低收入人群、残疾人等特殊群体的小额人身保险及相关产品。针对建档立卡贫困户,云南省推动咖啡价格指数保险,在大理开展财产人身组合保险、在昭通开展民政医疗救助团体补充保险、在楚雄开展"扶贫保"家庭综合保险等。最后,农业保险的覆盖面不断扩大,保额逐渐提高。西藏自治区已有大棚蔬菜、马铃薯、小麦、油菜、青稞、水稻、藏系牛羊等 14 个承保品种。宁夏(人民银行)首创"扶贫保",[①]以建档立卡贫困户为服务对象,原则上政府补助承担保费金额的 80%,贫困户个人只承担保费的 20%。

二、农村微型金融反贫困效应

(一)农村相关贷款总额保持稳定增长

贷款增长,一方面表明该地区经济运转良好,从而贷款需求出现增长;另一方面也表明银行机构对当地经济支持力度增加。表 2-5 描述了 2013—2016 年民族八省区农村相关贷款情况及年均增长率。

表 2-5　民族八省区 2013—2016 年农村相关贷款统计表

单位:亿元、%

省份	项目	2013 年	2014 年	2015 年	2016 年	年均增长率
广西	农村(县及县以下)贷款	3078	3526	3972	4528	11.8
	农户贷款	1224	1481	1751	2250	21.0
	涉农贷款	4777	5479	6005	6765	10.4

---

①　"扶贫保"包括家庭意外伤害保险、大病补充医疗保险、借款人意外伤害保险和优势特色产业保险四大类产品。

续表

省份	项目	2013 年	2014 年	2015 年	2016 年	年均增长率
贵州	农村(县及县以下)贷款	3231	4171	5166	6357	24.2
	农户贷款	1261	1687	2038	2448	23.5
	涉农贷款	3835	4848	6003	7258	22.3
内蒙古	农村(县及县以下)贷款	3930	4512	5173	5918	12.6
	农户贷款	983	1205	1371	1574	15.0
	涉农贷款	4881	5579	6559	7492	13.4
宁夏	农村(县及县以下)贷款	1193	1368	1409	1518	6.8
	农户贷款	439	483	513	581	8.1
	涉农贷款	1421	1626	1685	1817	7.0
青海	农村(县及县以下)贷款	938	1063	1186	1298	9.6
	农户贷款	87	101	133	161	21.3
	涉农贷款	1320	1543	1825	1995	12.8
西藏	农村(县及县以下)贷款	126	176	214	259	26.4
	农户贷款	95	126	155	179	22.1
	涉农贷款	150	297	413	860	118.3
新疆	农村(县及县以下)贷款	4292	4987	5388	5864	9.2
	农户贷款	966	1116	1229	1322	9.2
	涉农贷款	4695	5451	5821	6359	8.9
云南	农村(县及县以下)贷款	4452	4986	5747	6436	11.1
	农户贷款	1373	1518	1734	1943	10.4
	涉农贷款	5591	6234	7134	8006	10.8
合计	农村(县及县以下)贷款	21241	24789	28255	32178	12.9
	农户贷款	6427	7717	8924	10458	15.7
	涉农贷款	26671	31057	35445	40552	13.0
全国	农村(县及县以下)贷款	172939	194383	216055	230092	8.3
	农户贷款	45031	53587	61488	70846	14.3
	涉农贷款	208851	236002	263522	282336	8.8

数据来源:2013—2016 年数据根据同年《中国金融年鉴》整理计算得出。

表 2-5 所示表明,2013—2016 年间,广西等八省区银行业相关贷款余额

呈现平稳增长态势,年均增长率均超过全国同类平均水平。其中,农户贷款由2013年的6427亿元增长到2016年的10458亿元,年均增长率达到15.7%,超过全国农户贷款年均增长1.4个百分点;农村(县及县以下)贷款由2013年的21241亿元增长到2016年的32178亿元,年均增长率12.9%,超过全国平均水平4.6个百分点;涉农贷款由2013年的26671亿元增长到2016年的40552亿元,年均增长率13.0%,超过全国平均水平4.7个百分点。

分地区来看,除了宁夏外,其他七省区农村贷款都实现了较快增长,农村(县及县以下)贷款、农户贷款和涉农贷款的年均增长率都超过了全国平均水平。其中,贵州和西藏的增长速度最快,年均增长率都超过了20%。特别是贵州,是在基数较大的情况下实现了快速增长,农村(县及县以下)贷款、农户贷款和涉农贷款在2016年分别为6357亿元、248亿元和7258亿元,年均增长率依次为24.2%、23.5%和22.3%。

(二)深度贫困地区金融服务质量不断提升

2017年6月,习近平总书记指出,目前脱贫攻坚的重点是研究解决深度贫困问题。此后,中国人民银行、中国银监会、中国证监会、中国保监会联合印发了《关于金融支持深度贫困地区脱贫攻坚的意见》。从金融机构服务实践来看,贫困地区深度贫困地区基础金融服务力度和服务质量有较大程度提升。以中国农业银行为例,通过广泛构建"物理网点+自助银行+惠农通服务点+互联网金融服务平台"四位一体的金融服务渠道,农业银行基本实现了在深度贫困地区农村基础金融服务全覆盖。截至2017年末,农业银行在"三区三州"扶贫开发重点县贷款余额1638亿元,其中精准扶贫贷款558亿元,服务带动贫困人口90万人。一些案例能较好地展示深度贫困地区金融服务所取得的成绩。

墨脱县位于西藏自治区林芝市东南部,与印度毗邻,是藏东南最偏远的县,平均海拔1200米,有7乡1镇45个行政村1700余户农牧户。墨脱不仅资源丰富,而且景色秀丽,气候宜人。这里虽被誉为西藏的"西双版纳",但是交通极为不便,尤其是每年长达三四个月的封山期,阻断了墨脱与外界的联系,使其成为名副其实的高原孤岛。中国农业银行墨脱县支行是墨脱县唯一一家国有股份制商业银行分支机构,是墨脱县最重要的农村金融服务机构。为确保人财物资源优先配置到基层一线,农行墨脱支行将80%以上的员工配备到基层营业所、80%以上的财务资源倾斜到乡村,重点对农牧民从事建筑建材业、药材采集、外出务工、民族手工业、绘画装饰业、农(牧)家乐、小城镇旅游等民生项目优先给予金融信贷支持,成功实施了"政府增信+担保公司+银行""基地订单+农户+银行"等融资模式。同时,为加快实现自治区提出的"乡乡有网点、村村有金融服务"的总目标,墨脱县支行大力实施"金穗惠农通"工程,成功推广了"便利店+惠农卡+电子渠道""村政府+惠农卡+电子渠道"等服务模式,建立财政涉农直补资金"直通车",使广大农牧民足不出村便能享受到存款、取款、汇款、查询、理财等基础金融服务。截至2016年11月末,墨脱县各项贷款余额40836万元,其中,涉农贷款余额32921万元,年均增幅30%以上,占全行贷款的80.62%。累计带动1249户农户走上脱贫致富之路,累计支持20余家涉农经济组织发展壮大。累计向农户发放扶贫贷款10617万元,余额5863万元,以钻、金、银、铜四卡为信用标识的发卡量达到1559张,发证面达98.58%,使用率达98.52%,惠及1557户农牧户,促进农牧民人均年增收5000多元。同期,墨脱县支行在行政村设立"三农"金融服务点45个,实现乡(镇)全覆盖,行政村覆盖率达到97.83%,先后为4242万户农牧民累计代理发放涉农补贴资金1.83亿元。惠农卡总量达2328张,已覆盖全县7乡1镇46个行政村,基本实现户户持有农行惠农卡,累计发生业务量1.68万笔,交易金额达2446万元,年均为农牧民节约费用成本50万元。2012—2016年,中国农业银行墨脱县支行已连续五年被自治区和农行系统授予各类先进荣誉称号。

此外,还有四川省凉山彝族自治州昭觉县的阿土列尔村,因为通向外部世界的"路"是 17 条 218 步藤(绳)梯,也被称为"悬崖村"。但这里有全县最好的青花椒,土豆亩产也超出全凉州水平一倍。而全村 72 户都只能通过一条长约四公里的"天梯之路"下村,导致阿土列尔村民出行困难,更难接收到金融服务。为此,中国农业银行在该村设置了"银讯通"服务代办点,并在服务点现场开展金融知识宣讲;启动产业幸存计划,对全村 45 户建档立卡贫困户授信 135 万元,发放贷款 79 万元,用于支持农户发展脐橙、青花椒等优势产业。

三、农村微型金融发展存在的问题分析

(一)金融机构体系尚不完善,金融机构服务便利度仍然较低

我国仍然是以银行融资为主的金融体系,因此,银行业金融机构的类型和数量在很大程度上体现了金融服务的宽度、广度和质量。表 2-6 显示了 2017 年广西等八省区金融机构类型和数量。[①]

表 2-6　广西等八省区 2017 年银行业金融机构情况

单位:个

	广西	贵州	内蒙古	宁夏	青海	西藏	新疆	云南	合计
大型商业银行[①]	1982	1103	1601	510	430	565	1258	1601	9050
政策性银行[②]	66	72	87	16	27	(2)	97	89	454
股份制商业银行[③]	206	119	210	39	39	6	125	411	1155
城市商业银行	437	523	576	141	82	4	226	230	2219

---

① 李海霞:《西藏现有银行业金融机构 15 家》,2017 年 9 月 27 日,见 http://www.tibet.cn/finance/news/1506474943183.shtml)。截至 2017 年 9 月,西藏应有开发性银行 1 家(国家开发银行西藏分行)、政策性银行 1 家(农业发展银行西藏分行)、1 家信托投资公司、1 家金融租赁公司。

续表

	广西	贵州	内蒙古	宁夏	青海	西藏	新疆	云南	合计
农村合作机构④	2392	2347	2320	386	353	0	1137	2306	11241
财务公司	2	5	6	1	1	0	1	5	21
信托公司	0	1	2	0	1	(1)		1	5
邮政储蓄银行	969	963	810	202	178	89	665	855	4731
外资银行	4	1	1	0	0	0	2	7	15
农村新型机构⑤	238	202	204	58	6	1	138	132	978

注:(1)八省区数据由各省金融运行报告整理得出;(2)①包括中国工商银行、中国农业银行、中国银行、中国建设银行和交通银行。②包括国家开发银行、中国农业银行和中国进出口银行。③包括中信银行、中国光大银行、华夏银行、广东发展银行、深圳发展银行、招商银行、上海浦东发展银行、兴业银行、中国民生银行、恒丰银行、浙商银行和渤海银行。④包括农村信用社、农村合作银行和农村商业银行。⑤包括村镇银行、贷款公司和农村资金互助社。(3)西藏括号中的数据表示修正后的数据。

表2-6显示,截至2017年底,大部分银行业金融机构①均在广西等八省区建立了营业网点,表明这些地区已经初步建立起多层次的银行业机构体系。同时,从机构数量来看,农村合作机构、大型商业银行、邮政储蓄银行是农村地区营业网点分布最多的3类银行机构。而信托公司、财务公司和外资银行在农村地区的网点分布还较少,农村新型金融机构也相对较少。以上数据表明,国家对农村金融支持政策倾斜明显,农村合作金融机构和政策性金融机构仍然是农村地区金融服务的主力军。具体来看,广西、内蒙古和云南三省区的银行业金融机构体系发育较为完善,已出现全部10类银行业机构营业网点,且营业网点数量较多;而青海、宁夏和西藏三省区银行业金融机构体系尚不完善,营业网点数量过少,并且也主要是以国有性质的银行业金融机构体系为

① 中国人民银行在2012年发布的各省、市、自治区的金融运行报告中将全部银行机构划分为大型商业银行、政策性银行、股份制商业银行、城市商业银行、小型农村金融机构、财务公司、信托公司、邮政储蓄银行、外资银行和新型农村金融机构10类。

主,特别是西藏自治区,尚没有农村合作机构、财务公司和外资银行,也只有 1 家新型农村金融机构。

值得指出的是,尽管整体而言,农村银行业金融机构的类型和服务网点都有一定程度增加,但和全国平均水平相比,仍然有较大差距,农村地区金融服务便利度仍然较低。以银行网点乡镇覆盖率为例,截至 2017 年末,全国银行网点乡镇覆盖率达 96%,平均每万人拥有银行网点 1.59 个,全国有 70% 的省份银行网点乡镇覆盖率已达到 100%。但有些地区的农村,如西藏、青海由于地广人稀、基础设施尚不健全,银行网点乡镇覆盖率仍然较低,分别只有为66.72% 和 57.61%。①

(二)贫困地区金融人才匮乏,金融服务能力亟待增强

金融体系的发展和完善依赖于高素质人才,而金融扶贫效应的发挥更是需要专业人才发挥创新引领作用。自 1998 年以来,由于大量国有商业银行从县域撤并,农村金融机构数量大幅减少,相关专业金融人员数量也呈现逐年下降的趋势。而且,从机构人员的学历来看,农村金融机构工作人员的学历相对较低。新型农村金融机构,如村镇银行、农村资金互助社等机构的工作人员多数来自本地,在一定程度上制约了工作人员的学历。贫困地区生活环境和条件更为艰苦,也很难留住优秀的金融人才。因此,金融人才匮乏制约了贫困地区金融发展和金融扶贫效应的发挥。以青海省农业银行囊谦支行为例,该行在职 15 名员工,内设两部一室,即客户经理部、综合管理部、营业室。行长 1人、副行长 2 人;综合管理部 1 人、客户经理部 4 人(含待退休 1 人)、风险经理兼委托住房公积金管理 1 人,运营主管 1 人、柜员 5 人。其中,取得大学本科学历 9 人,占比 60%,大专学历 4 人,占比 26%,高中级中专学历 2 人,占比14%;平均年龄 36.5 岁;聘任专业技术人员 11 人,其中聘任初级职称 4 人,占

---

① 中国人民银行金融消费权益保护局:《2017 年中国普惠金融指标分析报告》,2018 年8 月。

比 22%,聘任中级职称 7 人,占比 39%,未聘任职称 4 人,占比 26.66%。前台客户经理 2 人,平均年龄 53.5 岁,均为内地"派来干部",存在语言沟通障碍(本县域服务对象 100%为居住偏远的藏族群众,基本不懂得汉语言),且不同程度患有四肢痛风、高原性疾病等,尤其是客户部经理常年缺氧、呼吸不畅致其身患严重的高原性心肺疾病仍坚守岗位,承担着繁重的贷款发放、贷后管理与清收工作。显然,无论是从支行整体而言,还是从客户经理而言,囊谦支行都存在业务量大、超繁重、人员老化现象突出、人员数量亟须加强等问题,严重影响了金融服务质量。

第三节　农村社会资本的发展
现状及特征

社会资本是一个民族、一个地区实现发展目标的重要保证,是发展中不可缺少的资本。刘桂英(2018)认为,社会资本可以进一步划分为民族社会资本、民族间社会资本和一般意义上的社会资本。本书重点研究一般意义上的社会资本。

一、农村地区一般社会资本发展现状

本书则主要从网络、信任、互惠和参与四个维度来测度一般社会资本的发展现状。相关数据来自中国综合社会调查(Chinese General Social Survey,CGSS)2012—2013 年数据。通过剔除残缺值、离群值等异常值情况最终获得两年的有效样本共 249 个。① 其中,2012 年 134 个,2013 年 115 个。

(一)社会关系网络

社会关系网络是指个人与个人、个人与团体、团体与团体之间所构成的

———————

① 这里的数据主要选取了广西等八省区的相关数据。

具有社会结构和社会关系的联系,是个人获取资源的重要途径。衡量社会关系网络常用指标有:关系网络规模、网络中的位置、关系网络异质性及从中获取资源的能力等。其中,网络规模是家庭平时交往的人数数量,也是衡量社会关系网络最常用指标。此处选取与邻居和其他朋友进行社交活动的农户频繁程度来刻画农户社会关系网络。具体数据见表2-7和表2-8。

表2-7　与邻居进行社交活动的频繁程度

统计特征	分类指标	频率	百分比(%)
与邻居进行社交活动的频繁程度	几乎每天	38	15.3
	一周1到2次	48	19.3
	一个月几次	33	13.3
	大约一个月1次	16	6.4
	一年几次	14	5.6
	一年1次或更少	19	7.6
	从来不	81	32.5
	合计	249	100.0

表2-7数据显示,有32.5%的农户"从来不"与邻居进行社交活动,而"几乎每天"和"一周1到2次"的农户占比依次为15.3%和19.3%,表明34.6%的农户与其他邻居经常进行联系,而有时联系("一个月几次""一个月1次")和较少联系("一年几次""一年1次或更少")的比例分别为19.7%、13.2%。以上数据表明,虽然与邻居经常联系的农户占一定比例,但整体而言,民族地区农户在日常生活中的联系并不紧密。

表 2-8 与其他朋友进行社交活动的频繁程度

统计特征	分类指标	频率	百分比(%)
与其他朋友进行 社交活动的频繁程度	几乎每天	24	9.6
	一周 1 到 2 次	44	17.7
	一个月几次	55	22.1
	大约一个月 1 次	22	8.8
	一年几次	42	16.9
	一年 1 次或更少	25	10.0
	从来不	37	14.9
	总计	249	100.0

表 2-8 数据显示,14.9% 的农户"从来不"与其他朋友进行社交活动,而"几乎每天"和"一周 1 到 2 次"与其他朋友进行社交活动的农户占比分别为 9.6%、17.7%,说明 27.3% 的农户经常与其他朋友进行社交活动;而有时联系("一个月几次""一个月几次")和较少联系("一年几次""一年 1 次或更少")的比例分别为 30.9%、26.9%。以上数据表明,被调查农户与其他朋友进行社交活动的频繁程度整体较低,在日常生活中的联系也不紧密。

（二）信任

信任是社会资本的一个重要的文化规范。信任被定义为一种依赖关系,依赖的双方存在交换关系,使得双方有着共同的利益关系。信任关系可分为个人的诚信度和对他人的信任度。前者取决于自身的思想和行为,而后者取决于他人的行为、地位和声望等。通常,每个人的信任水平能通过他对社会道德规范的重视和遵守程度得出。比如,主动遵守当地民约民俗,或有严格的宗教信仰的人,对自己的约束能力就更高,因而自身的诚信度就更好。

黎珍(2015)认为,社会变迁和市场经济的迅速发展导致农村地区利益关系格局急剧变化,农村地区社会信任体系遭到了巨大冲击,原有的信任关系和互信机制不断减弱,而与现代社会相适应的以契约和公平为基础的普遍信任尚未完全建立。因此,农村地区以"信任"为维度的社会资本有所下降。根据数据的可获得性,这里选取对社会的普遍信任和对社会环境的普遍信任两个指标来刻画民族地区的"信任"。测量通过以下问题完成:总的来说,您同不同意在这个社会上,绝大多数人都是可以信任的;您同不同意在这个社会上,您一不小心,别人就会想办法占您的便宜。相关数据见表2-9。

表 2-9　对社会上其他人的普遍信任

统计特征	分类指标	频率	百分比(%)
绝大多数人都是可以信任的	非常不同意	21	8.4
	比较不同意	64	25.7
	说不上同意不同意	41	16.5
	比较同意	108	43.4
	非常同意	15	6.0
您一不小心,别人就会想办法占您的便宜	非常不同意	23	9.2
	比较不同意	64	25.7
	说不上同意不同意	37	14.9
	比较同意	106	42.6
	非常同意	19	7.6

表2-9数据显示,对前两个问题的回答有五个选项,其中49.4%的农户明确表明绝大多数人都是可以信任的,可以解读为人们相信好人占绝大多数,主观上都有与周围人群合作的意愿;50.2%的农户认为别人会想办法占便宜,可能因为人们对理性与利益在人际交往中的重要性的认知;认为当今社会公平的农户仅占35.7%,以上反映了受访者对所生活的社会环境中的普遍信任评价一般。

（三）互惠

互惠是协调人际关系的一项重要原则或重要的文化规范,是社会交换能持续发生的基础。互惠具有潜在的交换机制,即当一个人受到另一个人的帮助或资源上的赠予时,就产生了一种义务,即在未来某时间对别人进行相同价值或更高价值的回报。因此,互惠的存在使人际之间的互助存在着投资关系。互惠的存在满足了人们的感情需要,也为个人提供了初始的社会资本。

马红梅、陈柳钦(2012)对农村社会资本中的互惠指标包括两个维度:帮助他人和接受帮助。王天琪和黄应绘(2015)采取同样的指标体系,以农村家庭社会资本与村庄社会资本为基础来搭建农村社会资本的测度框架,认为互惠指的是日常交往中亲友之间互帮互助的程度。CGSS 设置了"您见面会打招呼的邻居数量"以及"需要时您可以寻求帮助的邻居数量"等两个问题来收集农户之间的互惠程度,但由于这两个问题的有效数据量较少,不便于展开分析。但王天琪,黄应绘(2015)对广西、云南、宁夏等八省(区)的 717 份农户的调查问卷表明,在家庭遇到麻烦时,64.1%的农户会找亲戚帮忙,23.4%的农户表示会找同村村民帮忙,而在遇到麻烦时向合作伙伴与村干部寻求帮助的比例仅占 2.7%与 9.9%。并且,在询问农户家庭在 2012 年是否义务帮助亲友出过工的问题时,75.3%的农户表示帮助其亲友出过工;而在被调查农户中,73.5%的农户表示 2012 年其亲友义务帮助其家庭出过工。以上数据表明,民族地区同村村民和亲友之间的互惠程度仍然处于相对较高的水平。

（四）参与

参与即个人在各种社会关系网络中的参与程度,参与才能使个体融入社会团体,成为个人实现和团体认同的前提。参与是使得社会资本不断增强的途径。个人通过参与加入到社会关系网络,团体间的相互认同增进了相互的信任。对社会资本中参与的测度主要从加入的社团组织和与亲友的联系两个方面进行测度。一般而言,加入了更多社团组织的人,其社会资本相比没有加入或者加入的社团组织较少的人会更多。同样的,经常能与亲友保持交流联系的人,能持续获得更多的信息。CGSS 设置了"上次居委会选举/村委会选举,您是否参加了投票?"这一问题来测度村民的参与程度。相关数据见表2-10。

表 2-10　村民参与情况

统计特征	分类指标	频率	百分比(%)
上次居委会选举/村委会选举,您是否参加了投票	是	38	15.3
	否	186	74.7
	没有投票资格	25	10.0
	总计	249	100.0

积极参加居委会或村委会选举的政治参与行为与态度,能够实现农民关注公共事务的意愿和培养团结合作的能力,是社会资本的重要来源与表现。表 2-10 的统计结果显示,没有参加投票的农户最多,达 186 人,占 74.7%,主要是没有投票意愿或不知道有投票活动;其次是参加投票的数量,共 38 人,占15.3%;甚至有 23 人没有投票资格,可见群众政治参与的积极性一般。实际上,村干部等领导班子的宣传活动与办调工作的缺乏直接影响农户的政治参与行为,易导致农民与地方政府沟通信息不对称、参与政策的执行滞后和监督成本增高,进而降低了地方政府政策执行的效率。黎珍(2015)认为,参与网络的滞后、参与成本高、参与渠道单一、权利意识薄弱,以及缺乏制度保障是导致民族地区居民参与不足的主要原因。

二、民族社会资本发展现状

吴开松(2012)认为,民族社会资本主要有以下三类:宗教资源、民间权威、传统规范制度。综合相关文献,本书将从宗教文化、民间权威和社团组织、习惯法等三个层面对民族社会资本展开分析。

(一)宗教文化

韩月香(2011)认为,借助于信仰、感情、仪式、教义来约束和规范人们行为的宗教及其信仰体系,具有社会资本的一切特征,是一种不可或缺的社会资本。黎珍(2016)也认为,宗教文化是少数民族社会资本中最具特色的组成部分,在各民族人民的精神生活中发挥着巨大作用。

贫困的民族地区,人们普遍信仰宗教。例如,新疆就是伊斯兰教、喇嘛教(藏传佛教)、佛教、基督教、天主教、东正教和萨满教等多种宗教并存的地区。其中,伊斯兰教对新疆的社会生活中有着较大影响。而藏传佛教在门巴族、珞巴族、纳西族等少数民族中有着广泛而深刻的社会基础,对西藏社会生活的许多方面产生了极其深刻的影响。

宗教文化作为连接教徒之间相互关系的一种社会资本,已成为人们思想文化的中核,渗透到教育、生活和传统习俗的各个领域,并通过教义、宗教活动、宗教团体和个人行为对教徒的意识形态、生活方式和行为规范等方面产生影响,从而对民族地区经济、社会的发展产生重要作用。比如,藏传佛教"重谋生,非谋利",藏民们因而重视农牧业而轻视手工业和商业,生活上追求稳定,不愿冒风险扩大再生产;藏传佛教又提倡"慈悲为怀,与人为善",体现在生产生活中则是藏民们互相帮助,团体协作,相互信任。另一方面,日常生活中,教徒们的各种宗教活动也必不可少,因而会占用教徒们一定的时间和财力。此外,通过参与经济活动、参与调解生产和生活关系甚至是家庭关系,宗教权威依然在很大程度上主导着教众的日常生活,对教众的行为规范产生巨大影响。不仅如此,宗教文化还通过价值观念和伦理道德,乡规民约来影响教众的行为习惯,继而对民族地区经济金融制度的选择、变迁和创新产生一定的影响。

总之,宗教文化通过强调家庭本位、伦理本位、睦邻友好、和睦相处等原则来形成一定的道德情感认同,能在一定程度上规范和约束教众的行为,起着凝聚人心、整合社会、稳定社会的作用。但宗教文化也有消极因素,主要体现在亲缘体系的弊端和社会资本的封闭理念等方面。

(二)"民间权威"和社团组织

在民族农村地区,一些大家族后裔、退休干部、致富能手或德高望重的人,都有可能因为在某方面的优势而受到村民的尊崇而成为"民间权威"。其中,最有影响力的"民间权威"是宗教权威。教众对宗教的信仰往往转化为对宗教权威的崇拜,从而使宗教权威在组织、协调民众的日常纠纷中的声望甚至超过基层政府权威和文化权威的声望(吴开松,2012)。一般来说,宗教权威通过宣扬教规教义和严格宗教禁忌以强化传统道德观念和村庄整体观念,并能制造村庄舆论,间接地影响村庄政治。在云南、四川等民族杂居地区,可以明显感受到藏族村庄"民间权威"的威信。同时,在很多地区,老年人作为"长辈"所具有的道德权威与舆论权威,也构成"民间权威"的基础。

在一些民族农村地区,还会自发形成各种民间社团,以集大家之力来应付生产活动、宗教活动和抗击灾害的需要,具有组织、协调、管理地方事务的职能(蒋霞,2015)。由于许多事务和宗教交织在一起,这些"民间权威"和社团也往往与宗教事务联系在一起。这些民间社团,不管是宗教性地方社会组织,还是非宗教性的民间团体,完全由民众自发组建,互助互利,对于促进生产,保障生活,发扬传统文化、维护宗教的信仰等方面具有非常重要的作用。即使在当代人口流动加剧、科学技术观念冲击的情况下,"民间权威"依然发挥着维系社区秩序的重要作用,各类民间权威不仅解决生产生活中的实际问题,而且通过营造社区文化氛围,对公共服务供给形成了强有力的"文化支持",成为正式制度的补充,以及道德观念的传播者和捍卫者。

（三）习惯法

少数民族习惯法是指在民族地区自发形成的、通过组织化的权威保障机制规整成员的行为、处理相互之间纠纷的行为准则。作为一种根植于民间社会的传统规范制度,习惯法具有对民族传统风俗、习惯、禁忌和宗教礼仪的保障,具有强烈的地域性和民族认同感等特征。习惯法以历来的传统习俗为根据,直接或间接地调控人们的思想和行为。

不同地区不同民族的人们具有不同的习惯法,表现在语言、服饰、节日、禁忌、宗教仪式,以及宗法和思想观念的不同。习惯法往往通过保障一个民族的道德规范来维持该民族的社会运行次序,而这些道德规范则是以民俗民约、乡规法规等形式用文字确定下来。例如可以考据的有明文规定的白族乡规法规是刻录在石碑上的《洗心泉戒》。碑中明确写出了49条不允许做的事情,同时列出了16条应遵守的规范,这样的明文的社会道德规范,是一种村级制度化的规范,是在家族的规矩之上的。还有的道德规范虽被人们所接受并被一致认同,但因没有民族的文字而口头相传。比如对长者的尊重,体现在长者吃饭的座位,对待长者的说话方式,以及路过遇到的问候等。乡规法规等也有明文规定要求人们互帮互助,在某家有难或者农忙时出钱出力,互帮互助,不计得失与回报。

总之,各民族的习惯和习俗,从细节上约束着少数民族群体的经济行为,确保了个人行为能遵循集体利益,使社会资本的因素在经济交往中得以体现。

三、农村社会资本总体特征

结合以上分析,可以得到农村地区社会资本总体特征如下:

一是农村地区一般社会资本发展不足。表现为社会关系网络不紧密、互信机制受损和参与度不足。一方面,农村经济社会在市场化和现代化的转型过程中,利益关系格局急剧变化,农村社会信任体系遭到了巨大冲击,原有的信任关系和互信机制逐渐消失,与信贷社会相适应的以契约和公平为基础的普遍信任尚未完全建立。另一方面,由于参与意识不强、参与网络滞后、参与成本高以及参与渠道单一等原因,农户对公共事务和村级活动普遍参与不足。

二是农村地区社会资本受非正式制度或规范的影响突出,农村社会资本的作用在下降。在宗教观念、伦理道德以及社会和经济环境或其他因素的影响下,宗教、传统道德和习惯习俗在农村地区发挥着更重要的作用。但"民间权威"的缺失,特别是农村地区社会精英流失严重的背景下,通过传统道德和习惯习俗来约束和规范农村地区发展的效力出现下降趋势,表现为商业、政治和社会精英的现代性权威的作用在农村地区尚不明显。

三是农村地区建构现代社会资本较为困难,需要外力助推。农村地区的社会资本具有明显的社区特征,社会关系网络更依赖于血缘和地缘关系,传统社会资本丰富。但严峻的地理禀赋、相对落后的经济社会发展现状和生产经营方式阻碍更具广泛和异质性的社会网络的形成,农村地区建构现代社会资本将较为困难。而社会关系网络松散,社会信任感不强,以及社会参与度低都使得农村地区群众缺乏实践和学习社会资本建构的机会。因而,建构农村社会资本需要外力助推。

第四节　社会资本与微型金融的良性互动:微型金融实现双重目标的保障

根据帕累托(Pareto)的 30/20 法则,大多数公司的主要利润都来自于极少数的优质客户,因此,这些极少数的优质客户才是公司应该服务的主要对象。该法则说明,人们只需关注重要的人或事。传统金融机构将这一法则运用于其客户管理系统,并依据系统给出的评估结果仅为其认为有利可图的客户提供服务,结果导致贫困人群的"金融排斥"(Peppard,2000)。微型金融则基于长尾理论进行运营。该理论认为,在网络时代,成本下降和效率提升使得那些需求和销量不高的产品共同所占据的市场份额,可以和主流产品的市场份额相比,甚至更大。因此,只要成本足够低,效率足够高,关注"尾部"所产生的总体效益甚至会超过"头部"。① 根据该理论,由于贫困群体在财富分布曲线中恰好占据着厚厚的尾部,所以,如果满足成本—效率条件,贫困人群也应该成为银行等金融机构服务的对象。

本节利用 94 个国家 1654 家 MFIs 2006—2014 年间的 7113 个样本数据实证分析了微型金融机构"使命漂移"的影响因素,发现微型金融机构发生使命漂移的概率与经营可持续之间呈现负相关;在追求可持续发展成为既定目标前提下,降低成本和提高效率是抑制微型金融机构使命漂移(实现社会扶贫)的重要因素。在此基础上,通过进一步讨论深入分析了微型金融利用社会资本来降低成本、提高效率的必要性和可行性,由此得到社会资本与微型金融的良性互动是实现微型金融双重目标必要保障的基本结论。

一、微型金融的双重目标及其关系

微型金融机构(microfinance institutions,MFIs)的社会绩效(social performance)是指 MFIs 实现其社会扶贫使命(如帮助贫困群体及其家庭增加收入、积累财产以及抵御外部冲击等)的过程(Small Enterprise Education and Promotion,2006)。财务绩效(financial performance)则是指不论项目或机构的财务稳定如何实现,MFIs 拥有的可持续地提供贷款的能力(Vento and Torre,2006)。

20 世纪 80 年代,MFIs 主要以实现社会绩效为目标。这一特性使其能够通过捐赠和政府支持获得资金,并以低于市场利率的成本向赤贫群体(poorest-of-the-poor)提供信贷支持。但补贴所带来的低利率以及小额贷款所导致的高成本导致了广泛的腐败和很高的违约率,使得这一时期的 MFIs 既不

---

① 本节数据截至 2016 年 4 月 30 日。2015 年因数据量过少而没有进入样本。

能收取弥补事实成本的利率以实现可持续发展,也不能扩大规模而真正发挥社会扶贫功能(Roninson,2001)。因此,20世纪80年代后期,理论界强调,一个不可持续发展的机构肯定无法长期服务于贫困群体,MFIs需要更多地聚焦于财务绩效的提升(Morduch,1999;Rhyne and Otero,2006)。MFIs社会绩效和财务绩效双重目标(double bottle line)由此形成。然而,对财务绩效的重视所引发的使命漂移案例同时带来对MFIs可能降低其社会绩效的担忧。如Bateman(2010)认为,MFIs的经营实践已经远远脱离了其社会扶贫宗旨,使命漂移已经成为一个严重到不容忽视的问题(Bateman,2010)。而Srivastava,Bharadwaj-Chand和Sinha et al.(2010)在研究安德拉邦小额信贷危机时甚至指出,正是发生使命漂移的MFIs为了进入有潜力的信贷市场而采取强硬措施收回原有贷款导致了自杀和社区驱离事件的发生。

如此,MFIs社会绩效与财务绩效之间存在怎样的关系,即MFIs是否能同时实现社会绩效与财务绩效双重目标这一命题得到学者们的广泛关注(Otero and Rhyne,1994;Von Pischke,1996;Morduch,2000;Gueierrez-Nieto,Serrano-Cinca,and Mar Molinero,2009;Merslard and Strom,2010;Hermes,Lensink,and Meesters,2011;张正平、王麦秀,2012;徐淑芳等,2014)。目前,主要形成三种有代表性观点:两者是权衡关系(trade-off relation),存在替代效应(substitution effect);两者是互补关系(Complementary relation),存在协同效应(synergistic effect);两者不存在绝对的关系。

有学者认为,社会绩效与财务绩效之间是替代关系,两者不能同时实现(Von Pischke,1996)、Conning(1999)、Schreiner(2002)。这些学者的主要观点为:额度小、无抵押无担保的贷款使得MFIs服务于贫困群体的风险大、成本高,从而导致财务绩效差。如Von Pischke(1996)提出,贫困群体既没有良好的信用记录,也不承诺到期偿还,因此,社会绩效和财务绩效应该存在权衡关系。后续的实证研究也支持了这一观点(Cull,Demirguc-Kunt,and Morduch,2007;Copestake,2007;Hermes et al,2011)。Cull et al.(2007)以49个国家124

家 MIFs 1999—2002 年间的数据证实,Hermes et al.(2011)运用随机前沿分析法研究了 435 家 MFIs 的数据,结果也显示两者之间确实存在显著的负相关性。

但也有学者财务绩效与社会绩效之间是互补关系,存在协同效应。Mosley and Hulme(1998)比较了 13 家微型金融机构后得到的结论是,机构的可持续性越强,其社会影响也更大。这些机构制定的利率水平相对更高,从而可以阻止那些收益率较低的贷款人贷款。Paxton(2003)使用社会扶贫广度指标,发现财务可持续发展能力越大的微型金融机构,可以秉持最大限度到达贫困群体的承诺。Gueierrez-Nieto et al.(2009)认为,覆盖力大的微型金融机构其财务效率也高,很少微型金融机构是能在财务不可持续的情况下还可以有很高的覆盖力的。Mersland 和 Strom(2010)也发现,成本效率高的微型金融机构更小额度的贷款。长期而言,他们不能找到微型金融机构使命漂移的证据。Quayes(2012)则证实,除信息披露程度低的微型金融机构外,覆盖深度与财务自足率之间存在显著正向关系。Montgomery 和 Weiss(2011)以巴基斯坦的 Khushhali 银行为例发现,尽管该银行为了摆脱对捐赠者的依赖,开始将财务可持续性作为经营目标,但其提供的微型信贷仍然对农村地区的贫困家庭产生了积极作用,使其在家庭基本的消费、教育等支出上都有所改善。Louis 和 Seret(2013)运用自组织映射图法(self-organizing maps)对 650 家 MFIs 的研究指出,MFIs 的社会绩效和财务绩效具有正相关性。张正平、王麦秀(2012)以四家国际知名微型金融机构为例,对其在 2002—2009 年覆盖低收入人群和财务可持续能力情况进行比较分析发现,四家微型金融机构的目标并没有明显的冲突;不同模式的微型金融机构均可以兼顾双重目标,只是在双重目标上各有侧重;全球小额信贷机构总体上较好地兼顾了双重目标。

此外,还有一些学者认为 MFIs 双重目标之间的关系并不是绝对的,在不同条件下存在差异。Manos 和 Yaron(2009)认为,机构的可持续性和覆盖深度之间的冲突可能在短期内存在,但是如果能够拓展 MFIs 的经营规模和创新经营模式,双重目标在长期可同时实现。Quayes(2012)采用三阶段最小二乘法分析了 702 家 MFIs 数据,发现对于具有较高信息披露程度的机构,财务可持续性和覆盖深度之间有正向互补关系;但是对于信息披露程度较低的机构,覆盖深度和财务可持续性之间存在冲突。

国内研究学者对社会绩效与财务绩效两者之间存在的关系虽然做出了不少研究,但还有待继续深层次的探索。一些学者认为社会绩效与财务绩效不存在权衡关系,张正平、王麦秀(2012)以四家国际知名小额信贷机构为例,对其在2002—2009 年覆盖低收入人群和财务可持续能力情况进行比较分析发现,四家小额信贷机构双重目标并没有明显的冲突:不同模式的小额信贷机构均可以兼顾双重目标,但在双重目标上各有侧重;全球小额信贷机构总体上较好地兼顾了双重目标。张正平、郭永春(2013)认为中国对微型金融机构经营年限非常敏感,与平均贷款额(AL)、妇女客户比例(FEM)和有效客户数量(BOR)显著正相关。

另外有些学者持相反的观点,认为社会绩效与财务绩效存在权衡关系。张世春、杨芝(2011)认为在财务绩效指标约束下,小额信贷行业出现了忽视穷人利益、偏离社会绩效目标的现象和趋势,提出应该建立社会绩效考核指标体系,协调好社会绩效和财务绩效目标之间的矛盾。卢亚娟、孟德峰(2012)利用江苏省 57 家小额贷款公司的调查数据,考察小额贷款公司的盈利能力和支农广度以及支农深度均为正相关,盈利和支农目标可以兼容,目标上移现象不存在。许淑芳(2014)在可能影响样本机构覆盖深度的机构性质方面,机构的目标市场与 ALG 在 99%的统计水平上有着显著的正相关性。实证研究充分表明 MFIs 的财务绩效和覆盖面之间存在权衡关系,这意味着微型金融机构的财务绩效和社会绩效双重目标存在冲突的可能。

二、影响微型金融双重目标的因素

作为一种将贫困群体包含在内的制度安排,"社会扶贫"是 MFIs 的初始使命(Yunus,2006)。然而,20 世纪 90 年代初,随着商业化浪潮渐次展开,部分 MFIs 开始着重强化"可持续发展"的重要性,呈现出偏离贫困群体的使命漂移倾向。1992 年,玻利维亚一家非政府 MFI,PRODEM 转变成股份制商业银行首次揭示了 MFIs 存在使命漂移的风险(Rhyne,1998)。此后,有关 MFIs 使命漂移的案例陆续涌现(CGAP,1999;Christen and Cook,2001;Coleman,2006)。印度的 SKS 公司以及墨西哥的 Compartamos 公司是两个较为极端的例子,这两家公司因过度追求利润而发生严重的使命漂移(Lutzenkirchen and Weistroffer,2012)。

不断暴露出来的使命漂移案例对整个微型金融行业产生负面影响:公众对 MFIs 给出负面评价;专注于社会扶贫的捐赠者不再对发生使命漂移甚至是所有的 MFIs 进行捐赠(唐柳洁,2012)。Lascelles 和 Mendelson(2012)也指出,因为一些 MFIs 呈现出过度追逐利润的倾向,微型金融行业正面临着失去社会信誉的风险。并且,印度安德拉邦的小额信贷危机表明,MFIs 过于关注财务效应而发生使命漂移,对机构自身的可持续发展也极为不利(徐淑芳、彭馨漫,2013)。因此,商业化演进中,哪些因素影响 MFIs 使命漂移、如何抑制 MFIs 使命漂移引发学者广泛关注。

部分学者的研究表明,商业化演进中,追求可持续发展是 MFIs 使命漂移的重要动因。这些学者认为,可持续发展与社会扶贫目标之间存在冲突,追求可持续发展的结果将导致使命漂移的结局(Schreiner,2002;Cull et al.,2007;Hermes and Lensink,2011;徐淑芳等,2014)。Copestake(2007)用无差异曲线和有效前沿边界分析了两者之间的关系后也得到同样结论:可持续发展与社会扶贫之间存在权衡(trade off)关系,难以同时达到最优。随后的实证研究也支持了这一观点。Hermes 和 Lensink(2011)运用随机前沿分析法对 435 家 MFIs 1997—2007 年间的数据所做实证研究表明,机构的可持续发展(以经营自足率为代理指标)与社会扶贫(分别以平均贷款余额和妇女客户数量占比作为社会扶贫代理指标)显著负相关。由此他们给出结论:MFIs 只有减少对贫困群体的服务才能提高可持续发展能力(Hermes and Lensink,2011)。

但也有学者提出,商业化演进中,追求可持续发展的 MIFs 有强大动力去降低成本和提高效率,从而使得这些 MIFs 为更多的贫困群体提供服务而不是发生使命漂移(Rhyne,1998;Mersland and Strom,2010;Quayes,2012;Louis et al.,2013;Cinca and Nieto,2014)。例如,Mersland 和 Strom(2010)通过研究发现,如果用平均贷款规模作为衡量使命漂移的代理指标,则平均贷规模与平均利润正相关,与平均资产费用率(成本代理指标)负相关;并且,平均资产费用率的影响程度更大。这意味着降低成本可抑制 MFIs 使命漂移。而随着客户信用档案的建立,MFIs 的成本确实会不断降低。因此,他们认为,长期而言,MFIs 并不会发生使命漂移。Cinca 和 Nieto(2014)基于长尾理论视角,运用反复迭代法对 1000 家 MIFs 2006—2012 年间的数据展开实证研究。结果也证实,每员工负责的贷款笔数越多(效率代理指标),MFIs 使命漂移(以平均贷款额度、妇女贷款占比和农户贷款占比 3 个指标平均加权合成新指标作为代理指标)的概率越小。不过,与 Mersland 和 Strom(2010)认为降低资产费用率是抑制使命漂移的唯一重要因素不同,Cinca 和 Nieto(2014)得到资产费用率与使命漂移不相关的结论。

还有学者认为,可持续发展与成本效率因素如何影响使命漂移与 MFIs 经营目标显著相关(Bos and Millone,2015)。Bos 和 Millone(2015)运用投入产出法对 1146 家 MIFs 在 2003—2010 年间的数据展开计量分析后发现,可持续发展(以资产收益率作为代理指标)和社会扶贫(分别以平均贷款余额/人均 GNI 和贷款笔数作为社会扶贫深度和社会扶贫广度代理指标)之间存在显著权衡关系,但成本效率(分别以单笔贷款成本、单位客户成本和财务费用率、人工费用率作为代理指标)高的 MIFs 受这种权衡关系影响较少。他们同时指出,秉持社会扶贫与可持续发展双重底线的 MIFs 就是效率较高的 MIFs。

此外,学者们较为一致的意见是:商业化演进下,驱动 MFIs 使命漂移的主要因素还包括:追求更高的利润(McIntosh and Wydick,2005;Hermes and Lensink,2011);扩大规模,向较富裕的客户提供更大额度的贷款(Hishigsuren,2007);正规化(mainstreaming),表现为 NGOs(Non-government organizations,

NGOs)向正式的法律组织形式转变和接受更为审慎的监管(Copestake,2007;Chahine and Tannir,2010),以及风险(Mersland and Strom,2010;Louis et al.,2013;Cinca and Nieto,2014)。

综上可以发现,现有文献普遍承认,商业化演进下追求可持续发展、成本和效率因素对 MIFs 使命漂移具有重要影响,并进行了针对性研究。但这些文献大多都是通过探讨"可持续发展"与"社会扶贫"双重底线的关系来判断使命漂移是否发生,直接研究使命漂移的文献很少,得到的也是混合结论(mix findings)。解析原因,一种可能是现有文献尚未对研究样本中的 MIFs 是否发生使命漂移进行明确界定,使得发生使命漂移与未发生使命漂移状态下,MIFs 的成本效率水平将呈现何种变化出现分歧;另一种可能是使命漂移与影响因子的统一分析框架尚未形成,现有文献大多都是从单一的成本或效率视角展开探索性分析。基于此,本节运用94个国家1654家MIFs 2006—2014年间的7113个样本数据,围绕两个方面展开研究:其一,运用百分位数法(percentile)对研究样本中的 MIFs 是否发生使命漂移进行明确界定并进行探索性检验,统计刻画发生使命漂移与未发生使命漂移的 MIFs 的主要特征;其二,将影响 MIFs 使命漂移的重要因素纳入整体分析框架,建立使命漂移与影响因子基本模型展开实证分析。其中,重点分析可持续发展、成本及效率对使命漂移的影响。本文样本数据全部来自于小额贷款信息公告网(http://www.mixmarket.org/),使用分析软件为 Stata 12.0。

三、研究假设、指标选取及模型设定

(一)研究假设

文献综述表明,可持续发展、成本及效率是影响 MFIs 使命漂移的重要变量,但现有文献对于这三个变量如何影响使命漂移还存在较大分歧。因此,给出本书的3个待检验假设:

H1：发生使命漂移的 MFIs 比未发生使命漂移的 MFIs 可持续发展程度更高。

本书以经营自足率作为可持续发展的代理指标。经营自足率是 MIFs 实现可持续发展的初始阶段，能较好地反映 MIFs 商业化演进中经营目标的变化。假设检验中，如果发生使命漂移的 MFIs 比未发生使命漂移的 MFIs 经营自足率更高，则接受原假设。否则，拒绝原假设。

H2：发生使命漂移的 MFIs 比未发生使命漂移的 MFIs 成本更高。

本书以单位客户成本作为成本变量的代理指标。单位客户成本＝操作费用/贷款客户数量，是衡量 MFIs 变动成本的重要指标，能较好地反映商业化演进对 MFIs 经营成本带来的影响。假设检验中，如果发生使命漂移的 MFIs 比未发生使命漂移的 MFIs 的单位客户成本更高，则接受原假设。否则，拒绝原假设。

H3：发生使命漂移的 MFIs 比未发生使命漂移的 MFIs 效率更低。

本书以每员工服务贷款客户数量为效率的代理指标。每员工服务贷款客户数量＝贷款客户数量/员工数量，是衡量 MFIs 人力生产率的重要指标，能较好地反映商业化演进对 MFIs 生产效率带来的影响。假设检验中，如果发生使命漂移的 MFIs 比未发生使命漂移的 MFIs 每员工服务贷款客户数量更低，则接受原假设。否则，拒绝原假设。

（二）指标选取

1. 因变量指标选取

本节以使命漂移为因变量。平均贷款规模是衡量使命漂移最常用的指标之一，平均贷款规模增加就意味着 MFIs 发生使命漂移（Mersland，2009）。但有学者指出，平均贷款规模既不能反映 MFIs 的战略选择、进入微型金融市场的时期，以及对目标群体的自然演进（Christen and Cook，2001），也不能反映贷款对贫困群体的累积正向影响（Mersland and Strom，2010）。因此，相对于平均贷款规模，平均贷款余额/人均 GNI 能更好地反映 MFIs 使命漂移的动态变化

（熊芳,2011;Quayes,2012）。基于此,文中以平均贷款余额/人均 GNI 作为使命漂移的代理指标。

本节借助于百分位数法对 MFIs 是否发生使命漂移进行明确界定。方法是:将各 MFIs 的平均贷款余额/人均 GNI(记为 MD)作为使命漂移的代理指标,按照 MD 从小到大的次序进行排序,并计算相应的累计百分位,结果如表 2-11 所示。表 2-11 数据显示,排名前 10%的 MFIs MD 值均小于 7.89%,排名后 10%的 MFIs MD 值均大于 119.86%。显然,排名前 10%的 MFIs 目标市场为低端市场,而排名后 10%的 MFIs 的目标市场主要为中高端市场(micro-banking bulletin,2009)。[①] 因此,本节取排名前 10%的 MFIs 作为未发生使命漂移的 MFIs 的代表,赋值为 0;排名后 10%的 MFIs 作为发生使命漂移的 MFIs 的代表,赋值为 1。

表 2-11　微型金融机构 MD 端点值

年份	数据总量	第 10%位排名	MD 值	第 90%位排名	MD 值
2006	693	69	7.74%	625	135.97%
2007	847	85	7.89%	763	149.59%
2008	903	90	6.12%	814	155.52%
2009	957	96	6.88%	862	137.32%
2010	941	94	6.48%	848	146.40%
2011	866	87	5.93%	780	128.87%
2012	702	70	6.14%	633	119.86%
2013	604	60	6.07%	545	136.32%
2014	600	60	6.20%	541	150.01%

2. 自变量指标选取

根据文献综述,本节将同时引入可持续发展、成本、效率、利润、规模、风

---

① 　微型银行通讯(micro-banking bulletin,2009)认为,如果用平均贷款余额/人均 GNI 作为衡量 MFIs 目标市场的指标值,则低端市场的指标值<20%;中端市场的指标值在 20%—150%之间;高端市场的指标值大于 150%而小于 250%;小商行的指标值>250%。

险、是否 NGOs 和是否受监管为自变量。表 2-12 为自变量名称、含义及与因变量的预期关系。

表 2-12　自变量定义及与因变量的预期关系

变量名称	指标简称	代理指标	与因变量的预期关系
可持续发展	OS	经营自足率	+
成本	CP	单位客户成本	+
效率	BP	每员工服务贷款客户数量	—
利润	RY	实际收益率	—
规模	AS	资产规模	+
风险	WO	坏账率	+
法律状态	CL	是否 NGO,否=0;是=1	—
监管状态	RE	是否受监管,否=0;是=1	+

(三)模型设定

由于因变量是否发生使命漂移是一个二分类变量,因此需要采用 Logit 回归分析方法。通过此方法,可以分析不同特征的 MFIs 发生使命漂移的概率,以及发生使命漂移与未发生使命漂移的 MFIs 的特征。Logit 模型如(1)所示:

$$Logit(p) = \beta_0 + \beta_1 X_1 + \cdots + \beta_p X_p \tag{1}$$

根据 Logit 变换定义,可以得到函数(2):

$$Logit(p) = \ln\left(\frac{p}{1-p}\right) \tag{2}$$

上式中,$\left(\frac{p}{1-p}\right)$ 为某一事件出现与不出现的概率之比,在本文中为 MFIs 使命漂移与未使命漂移的发生概率比。通过进一步转换,可得到 Logit 预测模型的表达式(3):

$$p = \frac{EXP(\beta_0 + \beta_1 X_1 + \cdots + \beta_p X_p)}{1 + EXP(\beta_0 + \beta_1 X_1 \cdots + \beta_p X_p)} \tag{3}$$

其中,各自变量的偏回归系数 $\beta_i(i = 1, \cdots, p)$ 表示自变量 X_i 每改变一个单位,MFIs 使命漂移与未使命漂移的发生概率比的自然对数值的改变量,$EXP(\beta_i)$ 为事件发生比率,表示自变量 X_i 每变化一个单位,MFIs 使命漂移与未使命漂移发生概率的比值是变化前相应比值的倍数。

四、实证分析过程及结果解释

(一)探索性分析及假设检验结果

本节通过曼-惠特尼 U 检验(Mann-Whitney test)和卡方检验(对是否是 NGO 和是否受监管两个虚拟变量检验)对发生使命漂移和未发生使命漂移的 MFIs 的数据差异进行探索性分析。由于篇幅限制,此处仅给出必要检验结果。

1. U 检验结果

U 检验结果表明:(1)经营自足率在 2009 年、2010 年和 2014 年未通过数据差异的显著性检验,其余年份虽然通过数据差异的显著性检验,但总体差异并不大。2006—2014 年,发生使命漂移的 MFIs 经营自足率均值分布在 109.58%—119.08% 之间,未发生使命漂移的 MFIs 这一数据分布在 100.92%—113.05%之间。表明发生使命漂移的 MFIs 比未发生使命漂移的 MFIs 平均经营自足率更高。(2)单位客户成本很好地通过了数据差异的显著性检验。同一样本期间,发生使命漂移的 MFIs 单位客户成本均值分布在 449.72—897.72(美元)之间,未发生使命漂移的分布在 85.39—164.50(美元)之间,表明发生使命漂移的 MFIs 比未发生使命漂移的 MFIs 平均单位客户成本更高。(3)每员工服务贷款客户数量很好地通过了数据差异的显著性检验。同一样本期间,发生使命漂移的 MFIs 这一数据均值分布在 38.07—57.10(位)之间,未发生使命漂移的分布在 143.57—172.85(位)之间,表明发生使命漂移的 MFIs 比未发生使命漂移的 MFIs 的效率更低。因此,本节做出接受 H1、H2 和 H3 的判断。

此外,实际收益率和资产规模这两个指标也很好地通过了数据差异的显著性检验。坏账率在 2008 年、2010—2014 年通过数据差异的显著性检验,并且未发生使命漂移的 MFIs 的坏账率均值均高于发生使命漂移的 MFIs。其余年份两者的坏账率相似,且未通过数据差异的显著性检验。

2. 卡方检验结果

卡方检验结果表明,是否 NGOs 和是否受监管很好地通过了数据差异的显著性检验。其中,2006—2014 年间,NGOs 形态的 MFIs 只有约 20% 发生使命漂移;非 NGOs 形态的 MFIs 约 65% 会发生使命漂移。就是否受监管而言,受监管的 MFIs 约 80% 会发生使命漂移;不受监管的 MFIs 只有约 15% 会发生使命漂移。

综合上述检验结果,可以得到发生使命漂移和未发生使命漂移的 MFIs 的主要特征。其中,前者的主要特征是:单位客户成本更高、每员工服务贷款客户数量更多、实际收益率更低、资产规模更大、以非 NGOs 形态存在且受到更多监管。后者的主要特征是:单位客户成本更低、每员工服务贷款客户数量更多、实际收益率更高、资产规模更小、以 NGOs 形态存在且更少受到监管。

(二)Logit 回归分析及结果解释

通过多元逐步回归模型,剔除可能存在的多重共线性变量,最终得到精简模型(parsimonious model)。回归结果如表 2-13 所示。

表 2-13　影响微型金融机构使命漂移因素的 Logit 回归结果

	Expected sign	Parsimonious model		
		B	S.E	Sig.
OSS	+	3.301935***	0.5940561	0.000
ln(CP)	+	1.922744***	0.303247	0.000

	Expected sign	Parsimonious model		
		B	S.E	Sig.
ln(BP)	−	−3.529334***	0.524276	0.000
RY	−	−15.26677***	1.556891	0.000
ln(AS)	+	0.42945***	0.1289671	0.001
CL	−	−1.500937***	0.5367873	0.005
RE	+	0.9233212**	0.4606486	0.045
Constant		0.4387786	2.866026	0.878

注:(1)n = 1422;LR chi2(7)= 1797.32;Prob > chi2 = 0.0000;Log likelihood =−86.994795;Pseudo R^2 = 0.9117;(2)预测准确率:发生使命漂移=90.86%;未发生使命漂移=90.01%;整体=90.44%;(3)*:p < 0.1;**:p< 0.05;***:p < 0.01。

表2-13结果显示,Prob > chi2 = 0.0000,Pseudo R2 =0.9117,表明模型很好地通过了检验,并且回归拟合效果良好。从预测准确率来看,MFIs 发生使命漂移的预测准确率为 90.86%,未发生使命漂移的预测准确率为90.01%,整体预测准确率为 90.44%,表明模型预测效果良好。因此,在保持其他变量不变情况下,可以得到以下结论:

1. 提高经营自足率增加使命漂移发生概率

表2-13结果显示,经营自足率与使命漂移在1%水平上显著正相关,表明提高经营自足率将增加 MFIs 使命漂移发生概率。但需要注意是,探索性检验中,发生使命漂移与未发生使命漂移的 MFIs,两者经营自足率总体差异并不大。说明追求可持续发展确实会增加使命漂移发生概率,但影响程度不大。

2. 降低成本减小使命漂移发生概率

单位客户成本的对数值与使命漂移在1%水平上显著正相关,表明单位客户成本增加,MFIs 使命漂移发生概率增大。由于未发生使命漂移的 MFIs 的单位客户成本更低,因此,降低单位客户成本可以减小使命漂移发生概率。

3. 提高效率降低 MFIs 使命漂移发生概率

每员工服务贷款客户数量的对数值与使命漂移在1%水平上显著负相

关,表明每员工服务贷款客户数量增加,MFIs 使命漂移发生概率降低。由于未发生使命漂移的 MFIs 每员工服务贷款客户数量更多,因此,可以通过增加每员工服务贷款客户数量来降低使命漂移的发生概率。

4. 提高实际收益率降低 MFIs 使命漂移发生概率

实际收益率与使命漂移在 1% 水平上显著负相关,表明提高实际收益率有助于降低使命漂移发生概率。增加实际收益率的一个有效途径是提高贷款利率(Cinca and Nieto,2014)。而且,一个合意的贷款利率水平本身可以起到"自动筛选器"的作用,将寻租的富人排除在外而防止使命漂移的发生(Mersland and Strøm,2010)。但过高的贷款利率将降低贫困人群的贷款需求,反而有可能导致使命漂移的发生(姜美善等,2015);同时,过高的贷款利率会增加坏账率而最终不利于机构的可持续发展(W.B.Bos and Millone,2015)。因此,通过提高利率来抑制 MFIs 使命漂移的作用有限。

5. 其他变量回归结果

与理论预期一致,增加资产规模,向正式的法律组织形式转变,以及接受更为审慎的监管将增加 MFIs 使命漂移发生概率。值得注意的是,一般认为,缺乏抵押担保及其他还款来源(Christen and Cook,2001);缺乏投资机会及与之相适应的能力,项目失败概率更大(Coleman,2006),这些因素都会导致服务于贫困群体的 MFIs 要承担更大风险。然而,与 Louis et al.(2013)和 Cinca和 Nieto(2014)的研究结果相同,在本节中,坏账率既没有通过数据差异的显著性检验,也没有通过变量的显著性检验,因此,不能判断风险这一变量是否对 MFIs 使命漂移产生影响。

五、研究结论

上述结果表明:(1)未发生使命漂移的 MFIs 的主要特征是:单位客户成本更低、每员工服务贷款客户数量更多、实际收益率更高、资产规模更小、以 NGOs 形态存在和更少受到监管。(2)追求可持续发展、增加资产规模、向正式的法律组织形式转变,以及接受更为审慎的监管都将增加使命漂移发生概率。(3)降低单位客户成本,增加每员工服务贷款客户数量,以及适当提高利率可以降低使命漂移发生概率。因此,成本和效率的改善将使 MFIs 服务贫困群体的利润增加,从而使得即使在商业化背景下,以追逐利润为宗旨的 MFIs 也仍然愿意为贫困群体提供金融服务而不必然发生使命漂移。

社会扶贫和可持续发展是微型金融机构发展的既定选择。那么,在商业演化背景下,微型金融机构如何降低成本、提高效率呢?一种观点是,应该加快现代信息通信技术(information and communication technology,ICT),如移动银行、会计信息系统(Accounting information system,AIS)和管理信息系统(Management Information System,MIS)在微型金融领域的广泛应用(Kauffman and Riggins,2012;Amran et al.,2014)。但在贫困地区,信贷信息通信技术的使用受到地区经济发展条件、信息化程度、人才条件,以及借款人自身素质等多重条件的制约而很难在短期内实现。因此,另一种可行的办法是,加强对当地"社会资本"的运用来降低 MFIs 的经营成本和风险成本(Shoji et al.,2012;Cinca and Nieto,2014;Goodman,2017;Haldar and Stiglitz,2017)。Haldar 和 Stiglitz(2017)通过对孟加拉 Gramee 和印度 SKS 的比较分析还表明:充分运用社会资本并通过聚焦于贫困群体的经济和社会福利、信贷员定期拜访,以及帮助贫困群体建立社区意识等措施为贫困群体创造新的社会资本和规则,正是驱动 Gramee 成功的内核;而仅仅通过信贷技术和/或信息化技术来增加每位信贷员所负责的借款人数量,忽视对社会资本的利用以及对贫困群体建立社会关系的投资则正是 SKS 发生危机的根源。

第三章　贫困地区农村微型金融与社会资本互动现状评价

　　构建贫困地区农村微型金融与社会资本良性互动机制是提升贫困地区微型金融效应的必然选择。但从理论上讲,社会资本是否是贫困地区农村微型金融正常运转的保障机制? 贫困地区农村微型金融与社会资本是否存在互动关系? 社会资本的作用机制不同,贫困地区农村微型金融与社会资本的互动关系是否发生变化? 在理论分析农村微型金融与社会资本互动机制的基础上,本章将进一步利用微观调研数据,实证分析社会资本对农户贷款可获得性和微型金融效应的影响、社会资本对微型金融效应及贷款偿还率的影响路径及机制,以及微型金融与社会资本的互动机制。

第一节　社会资本对农户贷款可获得性的影响

　　这一节将运用云南省昭通市昭阳区小龙洞回族彝族乡的调研数据,实证分析社会资本对农户贷款可获得性的影响。小龙洞回族彝族乡位于云南东北部,地处一般山区,地势复杂,山大坡陡,沟谷纵横,是一个典型的高寒贫困山区。2015年1月,项目组对小龙洞回族彝族乡的小龙洞村、米村大蒿地、小垴

贫困地区农村微型金融与社会资本良性互动的创新机制研究

包村、中营村和龙汛村的村名,就社会资本对农村金融发展(包括社会资本对贷款可获得性)的影响进行了实地调研。本次调研采用随机入户发放调查问卷方式进行。发放调研问卷 447 份,回收问卷 447 份,其中有效问卷 405 份。

一、变量选取及模型设定

(一)数据整理

为将调研获取的变量进行实证分析,需要对所收集的变量进行分段赋值处理,以符合计量分析的数据格式。变量分段赋值举例如表 3-1 所示。

表 3-1　变量分段赋值举例

变量	分段	赋值
年龄	18—30 岁	1
	31—50 岁	2
	51 岁及以上	3
民族	汉族	1
	少数民族	0
学历	小学及以下	1
	初中	2
	高中或中专	3
	大专及以上	4
家庭总人口	1—3 人	1
	4—5 人	2
	6—7 人	3
	8 人及以上	4

表 3-1 列举说明了变量分段赋值的三种方式:一是数值型变量需要先对总体数据进行观察,然后再合理分段;二是二分类变量可以直接以"0"和"1"

赋值;三是定序变量也可以以相应数值直接赋值。

(二)模型设定

为实证分析评价社会资本对民族地区农村金融发展的影响,分别选取受访对象对银行贷款难易程度的评价作为贷款可获得性的指标。结合变量特点,本研究采用定序 Logistic 模型来进行实证分析。

Logistic 模型不要求变量满足正态分布或等方差,采用的是 Logistic 函数:

其中 y 为因变量,给各等级 y 赋值 j(j=1,2,3,4),x_i 表示影响因变量的第 i 个因素。从而建立累计 Logit 模型:

其中 P_j 是因变量属于某一分类的概率,$P_j = P(y=j)$,j=1,2,3,4,$(x_1, x_2, \cdots, x_i)^T$ 表示一组自变量,α_j 是模型的截距,β 是一组与 x_i 对应的回归系数,在得到 α_j 和 β 的参数估计之后,处于各特定情况发生的概率就可以通过以下等式得到:

(三)自变量选取

将变量逐类逐个参与定序 Logistic 模型回归,选出单自变量回归中 p 值小于 0.1 的变量。最终,选出家庭中外出打工或经商人数作为家庭特征变量,设为 x_1;选出关系密切的朋友数量和家庭成员是否有党员或干部作为社会关系网络的代理变量,设定为 x_2 和 x_3;选出对邻居的信任程度、对传统风俗的重视程度作为社会信任的代理变量,设定为 x_4 和 x_5;选出对亲戚朋友困难时的帮助作为互惠情况的代理变量,设定为 x_6;选出是否经常和熟人交流作为参与情况的代理变量,设定为 x_7。

二、实证分析过程及研究结论

计算 7 个自变量的相关系数,发现彼此之间不存在多重共线性,表明可以对模型进行 logistic 回归。结果如表 3-2 所示。'

表 3-2　社会资本对贷款可获得性影响的 logistic 回归结果

y_1	B	Std.Err.	Sig.
x_1	-0.1216974	0.0886865	0.170
x_2	0.2019508^{**}	0.0945587	0.033
x_3	-0.2594778	0.228377	0.256
x_4	0.3069315^{**}	0.1447626	0.034
x_5	0.3937435^{**}	0.1560176	0.012
x_6	0.2639846^{*}	0.1627287	0.100
x_7	0.1119623	0.1209746	0.355
LR chi2(7) = 36.60, Prob > chi2 = 0.0000, Log likelihood = -535.65999, Pseudo R2 = 0.0330			

注：*:$p < 0.1$; **:$p < 0.05$; ***:$p < 0.01$。

表 3-2 数据显示,关系密切的朋友数量 x_2、对邻居的信任程度 x_4、对传统风俗的重视程度 x_5 和对亲戚朋友困难时的帮助 x_6,均通过了显著检验。由此可以得到以下结论:

一是关系密切的朋友数量与贷款可获得性显著正相关,表明扩大社会关系网络有助于获得贷款。关系密切的朋友数量越多,社会关系网络越大,越容易形成贷款小组,也就越容易获得贷款;并且,关系密切的朋友数量越多,获得信息的渠道也更多,对获得贷款的帮助越大。

二是对邻居的信任程度和对传统风俗的重视程度与获得贷款显著正相关,表明提高社会信任程度有助于贷款获得。信任有助于合约的达成和执行,对邻居越信任,与邻居交往越多,就越有可能组成贷款小组和(或)得到更多贷款信息;而对传统风俗越重视,就会参与更多的传统活动,也就有更多的机会拓展社会关系网络和获得更多信息,也能帮助获得贷款。

三是对亲戚朋友在困难时的帮助与贷款可获得性显著正相关,表明互惠程度越高,获得贷款的可获得性也越大。对亲戚朋友在困难时的帮助 x_6 说明了农户所建立的互惠关系,是主动对于别人的帮助,是为一种隐性的投资,从而使农户获得贷款的概率更大。

值得注意的是,外出打工人数 x_1、家庭成员是否有党员或干部 x_3,以及是否经常和熟人交流 x_7 未通过显著性检验,无法说明其对农户贷款可获得性的影响。对农户的深度访谈可以对这一组结果提供合理解释:在现有家庭规模下,一个家庭中外出打工人数越多,家里剩余劳动力往往越少(大部分是老人和孩子),对贷款的需求就越少。而家庭成员中如果有党员或干部,则该家庭往往有相对好的经济基础或者有更多渠道解决小额贷款需求,因此,对于银行提供的额度仅为 1 万—2 万元的贷款需求并不大。同样,经常与熟人交流的家庭也会有更愿意采取私人借贷的方式解决资金需求,而不愿意经过烦琐的贷款程序向银行申请贷款。

以上研究结果表明,不同维度的社会资本对民族地区农户的贷款可获得性的影响不同。其中,关系密切的朋友数量、对邻居的信任程度和对传统风俗的重视程度,以及对亲戚朋友在困难时的帮助都与贷款可获得性显著正相关,说明社会关系网络越大、社会信任和互惠程度越高,农户获得贷款的概率越大。

第二节　社会资本对联保贷款效应的影响

在第二章中理论演绎了社会资本对微型金融的影响机制,并归纳了国外有关社会资本对微型金融效应影响的文献。在这一节,将以联保贷款为例,利用对新疆维吾尔自治区 192 户农户的调研数据,实证分析社会资本对微型金融效应的影响,说明建立贫困地区农村微型金融与社会资本良性互动机制是保障微型金融效应的必要前提。

联保贷款机制被认为是一种能解决穷人抵押担保不足、将金融资本渗透到贫困人群而又能大大降低金融风险的制度安排。因此,伴随着微型金融在世界范围内的迅猛发展,联保贷款机制也在世界各地得到广泛应用。1994年,中国社会科学院农村发展研究所杜晓山研究员和他的团队在河北易县试点的"易县扶贫经济合作社"在我国首次引入农户联保贷款机制;2000年,中国人民银行正式颁布《农村信用合作社农户联保贷款管理指导意见》。至此,农户联保贷款作为一种正式的金融产品,在我国得到重点推广。目前,农村信用合作社①、中国邮政储蓄银行、中国农业银行"三农"业务部和各种非政府组织的微型金融机构(组织),都重点推出了农户联保贷款产品。然而,就实际运行效果来看,与理论逻辑演绎的结论和领先型微型金融机构发展的实践不同的是,农户联保贷款机制在我国并没有取得普遍的成功。在一些地区,联保贷款业务已经开始萎缩甚至陷入经营困境。《中国金融统计年鉴》数据显示,2010—2012年,农户保证贷款余额依次为12687.5亿元、14559亿元、16224亿元,占农户贷款余额的比重依次为48.72%、46.93%、44.82%;其中,农户联保贷款余额依次为3031.6亿元、3453亿元、3542亿元,在农户贷款中的比重依次为11.64%、11.13%、9.79%,呈现逐年下降趋势。② 尽管国内学者从农户联保贷款小组的组建(熊学萍,2005;李玉杰等,2013)、农户联保贷款的风险(王沫,2012;孙文爽,2013)和农户联保贷款的机制设计(刘峰等,2006;李润平,2013)等多个表象原因探讨了制约农户联保贷款效应的因素,但尚缺乏从社会资本这一深层次视角对联保贷款效应影响的分析。

一、理论分析

关于社会资本对联保贷款的重要性,理论界已取得较为一致的共识。Bastelaer(1999)和 Karlan(2001)认为,共享的规范、小组成员间所建立起来的网络关系以及其他社会资本是联保贷款取得成功的关键。Dowla 和 Barua(2007)也强调,联保贷款模式的最大优势就是通过小组成员之间相互监督、

---

① 部分农村信用合作社已更名为农村商业银行,但仍然提供联保贷款。
② 根据《中国金融年鉴》(2011—2013年)相关数据整理计算获得。

管理、帮助,使得贷款能被恰当地使用而真正帮助到借款人。具体到社会资本如何影响联保贷款效应,现有文献主要强调三点:一是社会资本有利于降低联保贷款风险。在熟人社会、私人信息优势和连带责任约束下,同伴筛选机制和横向监督机制可以缓解贷款中的逆向选择(Ghatak,2000)和道德风险(Stiglitz,1990)。二是社会资本有利于提高贷款偿还率。熟人社会的社会制裁机制可以降低小组合谋和集体违约的可能,而连带责任下的激励结构也可以改变小组生成之后成员的还款意愿(Besley and Coate,1995);并且,再次贷款的动态激励机制或重复博弈机制可以提高违约的机会成本,从而抑制借款人在项目成功后的策略性违约(Tedeschi,2006;Dufhuesa et al.,2011)。三是社会资本有利于降低联保贷款成本,原因是基于同伴监督和交互网络的社会资本可以降低审计成本和贷款交易成本(Chatak and Guinnan,1999;Meyer,2002;Paal and Wiseman,2011)。

国内对于社会资本与联保贷款效应的研究相对较少,主要集中于社会资本与联保贷款可得性的关系。其中,鲁蔚(2008)和王杨(2012)从理论上分析了社会资本对于联保贷款机制设计的影响;王睿(2012)在综述国外文献对社会资本对联保贷款还款激励影响的基础上,提出国内微型金融机构在重视垂直型社会资本、给予信贷员激励的同时,更应该发挥水平型社会资本对于提高还款率的作用。李亚娥、马建华和于光明(2008)初步探讨了社会资本视角下小额信贷机制的重塑。实证研究方面,马九杰等人(2009)、林丽琼(2011)和范香梅、张晓云(2012)的研究证实,社会资本对确保农户联保贷款小组形成、缓解农户信贷约束的确具有显著正向影响;并且,贫困程度越深,影响越明显。

综观国内外文献可以发现,现有研究更多关注的是社会资本影响联保贷款效应的机制。而对于不同维度的社会资本如何影响联保贷款效应,现有研究尚未展开深入分析和实证研究。

二、模型及数据说明

（一）模型设定及因变量选取

某些变量被分为有次序的不同类别,但是并不连续,这些变量就被称为定序变量。以其作为因变量的模型就是定序因变量（Ordinal Dependent Variable）的 Logit 回归模型。本节要分析的因变量"联保贷款效应"就是这样的变量,因此要使用定序 Logit 回归模型进行分析。Logit 模型不要求变量满足正态分布或等方差,采用的是 Logistic 函数:

其中,y 为因变量,代表农户对联保贷款效应的评价,给各等级 y 赋值 j（j=1,2,3,4,5）。其中,y=1 代表负作用,y=2 代表无作用,y=3 代表作用很小,y=4 代表作用较大,y=5 代表作用很大（表 1 报告了因变量的基本统计）。x_i 表示影响联保贷款效应的第 i 个因素。建立有序 Logit 模型:

$$\text{Logit}(P_j) = \ln\left[\frac{p(y \leq j)}{p(\geq i+1)}\right] = a_j + \beta x \tag{2}$$

上式中,P_j 是 y 落入某一分类的概率,$P_j = P(y=j)$（$j = 1,2,3,4,5$）;$(x_1, x_2, \cdots, x_i)^T$ 表示一组自变量;a_j 是模型的截距;B 是一组与 x 对应的回归系数,在得到 a_j 和 β 的参数估计之后,落入某一分类的概率就可以通过以下等式得到:

$$p(y \leq j \mid x) = \frac{exp \mid -(\alpha_j + \beta x_i) \mid}{1 + exp \mid -(\alpha_j + \beta x) \mid} \tag{3}$$

表 3-3 描述了模型中因变量的赋值情况。

表 3-3　定序 Logit 模型中因变量的基本统计

联保贷款对您的作用（y）	负作用	无作用	作用很小	作用较大	作用很大	合计
赋值	1	2	3	4	5	—
观察值	1	30	51	73	37	192

续表

联保贷款对您的作用(y)	负作用	无作用	作用很小	作用较大	作用很大	合计
占比(%)	0.52	15.63	26.56	38.02	19.27	100

注:—表示没有数值。

(二)解释变量选取

微型金融中的社会资本可以划分为水平型社会资本和垂直型社会资本(陈军、曹远征,2008)。水平型社会资本主要是指农户之间以及小组成员间的相互关系。本节选择与农户家庭关系密切的邻居数量、对关系密切的邻居信任程度、农忙时是否帮助别人、是否有亲友担任领导职务,以及参与村级活动频率、参加过的贷款小组个数、贷款小组组织活动次数等变量作为其代理变量,以反映农户的社会关系网络,以及农户与其他农户或者小组成员之间的信任、互惠和参与等维度。垂直型社会资本主要指农户与信贷员以及提供信贷服务的金融机构之间的关系。本节以对信贷员的满意度、获得联保贷款次数、对贷款期限的满意度、对贷款额度的满意度和对贷款利率的满意度等变量来衡量。此外,这里还引入农户家庭特征(包括户主年龄、教育程度和家庭经营土地面积)作为控制变量,以更为全面反映影响农户联保贷款效应的因素。解释变量赋值及统计情况见表3-4。

表3-4 定序 Logit 模型中解释变量及其统计说明

变量名	定义	平均值	标准差	最小值	最大值
户主年龄(X_1)	实际年岁	44.854	8.865	25	70
户主受教育程度(X_2)	1—4(1 为小学,4 为大专及以上)	2.630	.682	1	4
家庭经营土地面积(X_3)	实际面积(亩)	71.370	52.509	10	400

续表

变量名	定义	平均值	标准差	最小值	最大值
与家庭密切的邻居数量（X_4）	实际数量	4.651	2.360	2	20
对邻居的信任程度（X_5）	1—4(1 为不信任,4 为非常信任)	2.911	.612	2	4
农忙时是否帮助别人（X_6）	1—4(1 为不帮助,4 为总是帮助)	2.661	.963	1	4
是否有亲友担任领导职务（X_7）	0—1(0 为无,1 为有)	.354	.480	0	1
参加村级活动频率（X_8）	1—4(1 为不参加,4 为每次都参加)	2.833	.782	1	4
参加过的贷款小组个数（X_9）	1—4(1 为 1 个,4 为 4 个及以上)	3.432	.984	1	4
贷款小组组织活动次数（X_{10}）	1—3(1 为没有组织,3 为经常组织)	1.307	.516	1	3
对信贷员的满意度（X_{11}）	1—4(1 为非常不满意,4 为非常满意)	3.038	.383	2	4
获得贷款次数（X_{12}）	1—4(1 为 1 次,4 为 4 次及以上)	2.802	.696	0	4
对贷款期限的满意度（X_{13}）	1—4(1 为非常不满意,4 为非常满意)	2.286	.593	1	4
对贷款额度的满意度（X_{14}）	1—4(1 为非常不满意,4 为非常满意)	2.281	.516	1	4
对贷款利率的满意度（X_{15}）	1—4(1 为非常不满意,4 为非常满意)	1.870	.778	1	4

（三）数据来源

数据来源于笔者 2014 年对新疆维吾尔自治区的乌苏市的哈拉苏村、苇湖村和沙枣村,以及塔城市的喀拉哈巴克乡肯杰拜村、也门勒乡的五井村和霍城县萨尔布拉克镇切特萨尔布拉克村等 6 个村中参与过或正在参与联保贷款的农户调研。本次调研方法主要是入户问卷和面对面访谈。调研人员首先通过村委会或者信贷员获得参与过联保贷款或者正在参与联保贷款农户的名单，再随机从此名单中挑选人员作为调研问卷对象。本次调研共发放问卷 208份，回收 208 份，实际有效问卷 192 份，问卷有效率为 92.31%。

三、实证分析过程及结果

本节内容使用 Stata 12.0 统计软件，采用定序 Logit 回归方法对模型（3）进行估计分析。表 3-5 报告了估计结果。由于 LR chi2(16) = 62.22, Prob>chi2 = 0.0000 < 0.05，表明模型很好地通过检验。其中，变量 X_3、X_4、X_5、X_6、X_9、X_{11}、X_{12}、X_{14}、X_{15} 都通过了显著性检验，而变量 X_1、X_2、X_7、X_8、X_{10}、X_{13} 没有通过显著性检验。

表 3-5 定序 Logit 模型估计结果

Ordered logistic regression					Number of obs = 192 LR chi2(16) = 62.22 Prob > chi2 = 0.0000	
Log likelihood = −216.33791					Pseudo R2 = 0.1257	
Y	Coef.	Std.Err.	z	P>|z|	[95% Conf.Interval]	
x_1	−.00074	.016852	−0.04	0.965	−.03378	.03228
x_2	−.00078	.22165	−0.00	0.997	−.43520	.43364
x_3	.00456*	.00270	1.69	0.091	−.00072	.00984
x_4	.32198***	.09174	3.51	0.000	.14218	.50179
x_5	.64632**	.25936	2.49	0.013	.13798	1.15466
x_6	−.33234**	.16694	−1.99	0.046	−.65953	−.00516
x_7	.25960	.30771	0.84	0.399	−.34349	.86270
x_8	.05657	.20281	0.28	0.780	−.34093	.45407
x_9	−.92344***	.24795	−3.72	0.000	−1.40942	−.43747
x_{10}	−.45168	.33781	−1.34	0.181	−1.11377	.21041
x_{11}	.83277**	.42538	1.96	0.050	−.00095	1.6665
x_{12}	1.10234***	.30758	3.58	0.000	.49949	1.70519
x_{13}	−.191539	.29259	−0.66	0.511	−.76305	.37997

Ordered logistic regression				Number of obs = 192 LR chi2(16) = 62.22 Prob > chi2 = 0.0000	
Log likelihood =−216.33791				Pseudo R2 = 0.1257	
x_{14}	.61105*	.37111	1.65	0.100	−.11631	1.33841
x_{15}	.44136*	.23061	1.91	0.056	−.01062	.89335
/cut1 /cut2 /cut3 /cut4	.93181 4.6979 6.1752 8.4871	2.51981 2.32489 2.32706 2.37755			−4.00692 .14123 1.61430 3.82720	5.87055 9.25465 10.73619 13.14701

注：*** 表示 1% 水平上显著；** 表示 5% 水平上显著；* 表示 10% 水平上显著。

（一）农户家庭特征

在农户家庭特征中，户主年龄 X_1 和受教育程度 X_2 对联保贷款效应均没有显著影响，家庭经营土地面积 X_3 对联保贷款效应有显著正向影响。产生这一结果的原因可能与调研对象的主要收入来源有关。由于调研对象的主要收入来源为传统种植业（种植棉花和种植粮食），对劳动人员的年龄和知识技能的要求并不高；相反，家庭经营土地面积越大，对贷款的需求越多，而贷款所带来的收入也应该越多。

（二）社会资本

表 3-5 结果显示，两类社会资本变量总体上对联保贷款效应都有较为显著的影响。

就水平型社会资本而言，家庭密切的邻居数量 X_4 和对邻居的信任程度 X_5 与联保贷款效应都在 1% 的水平上正相关。家庭密切的邻居数量和对邻居的信任程度分别代表着农户的社会网络和社会信任。显然，农户的社会网络越丰富，社会信任程度越大，农户就越有可能通过相互交流信息、经验而得到更多好处。对农户的访谈证实这一观点：被调研对象会经常交流各种农业生产资料信息,甚至几个人会自发组成团队进行集体购买,从而获得价格或质量上的优惠。而农忙时是否帮助别人 X_6 与联保贷款效应在5%水平上负相关。帮助别人是从互惠的维度体现农户的社会资本,之所以会出现负相关,一个可能的解释是,农忙时节,往往是一忙大家都忙,而在农忙时节能总是帮助别人的农户往往是因为其家庭经营土地面积较少,农活较少,相应地从联保贷款获得的收益也会较少。参加过的联保贷款小组个数 X_9 也与联保贷款效应显著不相关。这是因为,在被调研的乌苏市和塔城市两地,农户主要凭借参与联保贷款小组获得贷款,因此,不稳定的联保贷款小组(参与多个联保贷款小组)往往意味着被调研对象原所在联保贷款小组出现违约等纠纷,导致被调研对象需要参与新的联保贷款小组。[①] 而是否有亲友担任领导职务 X_7、参加村级活动频率 X_8 以及贷款小组组织活动次数 X_{10} 对联保贷款效应都没有显著影响。

就垂直型社会资本而言,对信贷员的满意度 X_{11} 与联保贷款效应显著正相关,说明信贷员业务能力越强、服务效率越高、服务态度越好,农户从联保贷款所获得的效应就越大。此外,获得联保贷款次数 X_{12}、对贷款额度的满意度 X_{14} 和对贷款利率的满意度 X_{15} 对联保贷款效有显著正向影响。说明贷款次数越多,贷款额度越大,贷款利率越低,联保贷款对农户的作用越大。对贷款期限的满意度 X_{13} 则对联保贷款效应无显著影响。

四、进一步的边际概率分析

为了进一步分析各解释变量单位变化对联保贷款效应概率边际变化的影响,本节将利用上节检验选择的定序 Logit 回归模型的估计计算各变量边际概率的影响效应。连续变量 x 对因变量落于5种区段概率的平均边际影响由该区段的概率函数 $P(y = j \mid x_i)$ x_i 偏导数的样本均值计算。表3-6为边际概率的影响效应表,是回归模型估计的各因素的平均边际概率效应。因为进入

---

① 调研地区由于农户种植作物相同,贷款风险大致相同;金融机构统一贷款,统一收款,贷款期限也相同。因此,影响联保贷款小组的稳定性的主要是小组成员的还款情况。

5 个有序区段的概率之和为 1,所以这 5 个有序区段上的边际影响之和为 0,即联保贷款效应落于一个或几个区段的概率与另一个或几个区段的概率会相互抵消。这里主要探讨社会资本变量对联保贷款效应的边际概率影响。

表 3-6　边际概率的影响效应

	副作用		没有作用		作用很小		作用较大		作用很大	
	1		2		3		4		5	
	dy/dx	P>|z|	dy/dx	P>|z|	dy/dx	P>|z|	dy/dx	P>|z|	dy/dx	P>|z|
x_1	.00000	0.965	.00009	0.965	.00005	0.965	−.00006	0.965	−.00008	0.965
x_2	.00000	0.997	.00010	0.997	.00005	0.997	−.00007	0.997	−.00009	0.997
x_3	−.00003	0.383	−.00056 *	0.093	−.00032 *	0.096	.00040 *	0.089	.00050 *	0.093
x_4	−.00182	0.329	−.03949 ***	0.001	−.02224 ***	0.001	.02791 ***	0.001	.03563 ***	0.000
x_5	−.00366	0.347	−.07926 **	0.015	−.04464 **	0.016	.05603 **	0.014	.07153 **	0.014
x_6	.00188	0.365	.04076 **	0.049	.02295 *	0.051	−.02881 **	0.045	−.03678 **	0.049
x_7	−.00147	0.518	−.03184	0.400	−.01793	0.401	.02250	0.399	.02873	0.400
x_8	−.00032	0.788	−.00694	0.781	−.00391	0.780	.00490	0.781	.00626	0.780
x_9	.00523	0.329	.11325 ***	0.001	.06377 ***	0.001	−.08005 ***	0.001	−.10220 ***	0.000
x_{10}	.00256	0.417	.05539	0.184	.03119	0.187	−.03915	0.184	−.04999	0.182
x_{11}	−.00471	0.371	−.10213 *	0.056	−.05751 *	0.057	.07219 *	0.062	.09216 **	0.047
x_{12}	−.00624	0.330	−.13518 ***	0.001	−.07613 ***	0.001	.09556 ***	0.001	.12199 ***	0.000
x_{13}	.00108	0.581	.02349	0.510	.01323	0.514	−.01660	0.509	−.02120	0.513
x_{14}	−.00346	0.386	−.07494	0.103	−.04220	0.105	.05297	0.102	.06762 *	0.100
x_{15}	−.00250	0.369	−.05413 *	0.057	−.03048 *	0.066	.03826 *	0.055	.04885 *	0.060

注:*** 表示 1%水平上显著;** 表示 5%水平上显著;* 表示 10%水平上显著。

在水平型社会资本方面,与农户家庭关系密切的邻居数量 X_4 和对邻居信任程度 X_5 对于农户评价联保贷款落入"作用较大"与"作用很大"的概率都有显著正向影响,对落入"没有作用"和"作用很小"的边际影响显著为负,对落入"副作用"则没有显著影响。并且,家庭关系密切的邻居数量 X_4 的增加,可以使联保贷款效应为"大"的概率提升 6.35%(2.79%+3.56%);而对邻居的

信任程度 X_5 增加,可以使联保贷款效应为"大"的概率提升 12.76%
(6.75%+5.60%)。表明对邻居信任程度的增加比关系密切的邻居数量的增
加,对于联保贷款效应为"大"的概率影响更大。相反的是,农忙时是否帮助
别人 X_6 和参加过的联保贷款小组个数 X_9 对于农户评价联保贷款落入"作用
较大"与"作用很大"的边际影响显著为负,落入"没有作用"和"作用很小"的
边际影响显著为正,落入"副作用"则没有显著影响。

在垂直型社会资本方面,对信贷员能力的评价 X_{11}、获得联保贷款次数
X_{12} 和对贷款利率的满意度 X_{15} 对于联保贷款落入"作用较大"与"作用很大"
的边际影响显著为正,对落入"没有作用"和"作用很小"的边际影响显著为
负,对落入"副作用"则没有显著影响。并且,对信贷员的满意度 X_{11} 增加,可
以使联保贷款效应为"大"的概率提升 16.44%(9.22%+7.22%);获得联保贷
款次数 X_{12} 的增加,可以使联保贷款效应为"大"的概率提升 21.76%
(12.20%+9.56%);而对贷款利率的满意度 X_{15} 增加,可以使联保贷款效应为
"大"的概率提升 8.72%(4.89%+3.83%)。说明获得贷款次数对于联保贷款
效应影响更大。对贷款额度的满意度 X_{14} 对于农户评价联保贷款落入"作用
很大"的边际影响显著为正,对落入"作用较大""没有作用""作用很小""副
作用"没有显著影响。

五、研究结论及政策含义

这一部分基于对新疆维吾尔自治区 192 户农户的调研数据,用定序 logit
模型,实证分析了社会资本对农户联保贷款效应的影响。研究发现:(1)水平
型社会资本中,家庭密切的邻居数量和对邻居的信任程度对联保贷款效应影
响显著为正;农忙时是否帮助别人、参加过的联保贷款小组个数对联保贷款效
应影响显著为负;是否有亲友担任领导职务、参加村级活动频率以及小组成员
是否组织活动对联保贷款效应影响不显著。(2)垂直型社会资本中,对信贷
员的满意度、获得联保贷款次数、对贷款额度的满意度和对贷款利率的满意度

与联保贷款效应显著正相关,对贷款期限的满意度则对联保贷款效应无显著影响。(3)边际概率分析表明,对邻居的信任度、对信贷员的满意度以及获得联保贷款次数,对联保贷款效应为"大"的概率影响更大。

上述结论表明,社会资本对农户联保贷款效应具有显著作用。因此,除了农户自身要重视社会资本的培育和积累外,政府和金融机构也要为农户创造更多的社会资本、提供更好的环境和机会;同时,通过制度和机制的设计,促使社会资本对农户联保贷款效应发生积极正向的作用。具体来说:

从金融机构视角来看,一是在贷款合约中引入更多的社会资本因素,通过贷款合约的设计,激发联保贷款小组成员之间互助、监督、管理的职能,充分发挥社会资本对联保贷款效应的促进作用。二是通过严格挑选、精细培训,以及多样化的考核激励措施,促使信贷员全心全意为农户提供更加专业、高效和人性化的金融服务,不断提高农户对信贷员的满意度。三是要不断进行金融产品和服务创新。充分利用社会资本的约束和激励功能,通过设计出适合农户特点的信贷风险控制技术和方法,提高风险控制能力,降低信贷风险。在此基础上,通过深入细致的调研,全面掌握农户的贷款需求特征,不断优化贷款产品的额度、期限和利率的组合,为农户提供更为贴心的金融服务,不断提高农户对信贷产品和服务的满意度。最后,金融机构在提供金融服务过程中,还需要充分发挥其社会资本培育功能,通过各种非金融服务,如中心会议机制、金融讲座和技能培训等方式,使农户拥有更多的知识和技能,以帮助农户建立和培育更多的社会资本,也增强农户对金融机构的信任与依赖。

从政府视角来看,政府(包括地方政府和金融监管部门)一方面要广泛宣传与教育,提高农户参与金融活动的积极性,并通过大力弘扬传统文化中的精髓,培育农户诚实守信、互助互惠的优良风俗,为创造积极向上的社会资本奠定良好根基。另一方面,要充分发挥政府的宏观管理职能,建立健全社会主义市场经济体制和社会主义法治,为社会资本的培育提供良好的制度环境与政策保障。并且,为了激励金融机构在提供金融服务过程中,通过金融附加服务的形式为农户培育创造社会资本,政府应该给金融机构提供必要的政策支持;考虑到社会资本的公共产品特性,有条件的地区政府应该提供资金补助。

第三节　微型金融与社会资本的互动路径

1991 年,Montgomery 将社会资本概念引入微型金融领域后,相关文献陆续涌现。如有学者指出,只有在社会资本充当抵押担保条件下,微型金融才能到达贫困群体并最终实现微型金融的反贫困效应(Mahjabeen,2008)。也有学者认为,提供微型金融服务的过程也是一个建立社会资本的过程(Singh,2003)。

自 2004 年中央一号文件正式提出"积极创造和发展小额信贷"后,微型金融成为我国金融扶贫的重要载体。然而,与政策构想不一致的是,实践中,我国微型金融的扶贫效应有待进一步充分发挥(熊芳,2014)。针对这一问题,马九杰等(2009)、陈银娥、王毓槐(2012)及王性玉等人(2015)都从社会资本视角展开了分析。但对于社会资本与微型金融效应之间存在怎样影响,以及如何利用这种影响来提升微型金融效应,国内学者尚未进行系统研究。

由于没有相关数据库,而宁夏自治区在微型金融服务方面具有较好经验(如著名的盐池模式和掌政模式;宁夏自治区黄河农村商业银行在国内也属于领先型微型金融机构)。基于此,本书利用对宁夏回族自治区 350 户农户调查研究得到的数据,通过结构方程模型,对微型金融与社会资本的互动路径展开实证分析。

一、理论分析及研究假设

(一)积极利用社会资本能提升微型金融效应

在贫困群体缺乏抵押和担保条件下,微型金融机构利用社会资本将金融产品和服务渗透到贫困群体。因此,积极利用社会资本是实现微型金融效应的必要条件(Hadi and Kamaluddin,2015)。依据社会资本作用机制不同,现有研究主要从社会制裁和社会关系两个方向研究社会资本对微型金融效应的影响。

社会制裁(social sanctions)是指当贷款人不按时偿还贷款时面临的可置信威胁,如信誉损失、递减贷款等(Hermes and Lensink,2007)。作为一种潜在威胁,社会制裁会促使贷款人将贷款真正运用于所贷款项目并努力工作,以确保贷款项目的成功并按时偿还贷款(Hermes and Lensink,2007)。因此,在小组贷款中,社会制裁是保证贷款项目成功的关键因素(Dufhuesa et al.,2013)。同时,高贷款偿还率能使更多的微型金融项目得以存活,从而让贫困群体有机会继续获得贷款、继续运作贷款项目而带来收入的增加(Griffin and Husted,2015)。

但是,尤努斯(2006)指出,建立小组贷款模式的初衷并不是希望通过社会制裁机制来保障微型金融的运行,而是希望在贷款人之间建立和谐的社会关系,通过相互学习、相互帮助来确保贷款项目的成功。Karlan 和 Valdivia (2007)认为,强的关系网能为贷款人带来更多的贷款并保证贷款人按时偿还贷款。Mokhtar et al.(2009)发现,那些更多参与活动的贷款人更有能力偿还贷款,并且更有可能从贷款项目中获得利润。Griffin 和 Husted(2015)将管家理论应用于微型金融领域得到的结论是:和谐的社会关系有助于提高微型金融的贷款偿还率并获得更多的贷款。

基于以上分析,给出社会资本影响微型金融效应的两个假设:

假设 1:社会制裁强度越大,微型金融效应越大。

假设 2:社会关系越和谐,微型金融效应越大。

(二)微型金融机构提供金融服务过程中能创造社会资本

根据重复博弈理论和网络理论,重复的交互作用可以创造社会资本

(Karlan et al.,2009）。因此,提供微型金融服务的过程中也应该能创造社会资本。1999 年,Colemen 提出,微型金融机构也能创造社会资本。此后,Dowla（2006）和 Basargekar（2010）分别以孟加拉国和印度为研究对象,证实微型金融对创造社会资本具有显著作用。

在如何创造社会资本方面,Bhatt et al.（2001）提出,微型金融机构可以通过一些机制的设计来有意识地创造社会资本,如建立信贷纪律,规范小组成员间的关系;Dowla（2006）认为应强调小组责任、建立新的规则和培育社会信任。Kanak 和 Iiguni（2007）则强调,应亥实行信贷附加计划（credit plus Policies）,如技能培训,人权教育、集体行动等。此外,Basargekar（2010）认为参与微型金融项目的时间、小组会议、同行监督以及社会网络等因素也会对微型金融创造社会资本产生影响。2010 年,Feigenberg 和 Field 首次通过准实验研究证实,小组会议及分期偿还等机制设计,使贷款人有机会通过反复的交互作用建立起规则和信任。

基于以上分析,给出微型金融效应影响社会资本的假设:

假设 3:微型金融效应越大,微型金融机构在提供微型金融服务过程中创造的社会资本越多。

（三）社会资本与微型金融效应互动路径的统一分析框架

以往文献主要基于单一视角研究社会资本与微型金融效应之间的影响。近年来,开始有文献从理论分析和案例研究两个层面全面研究社会资本与微型金融效应之间的内在关系。如 Hadi 和 Kamaluddin（2015）根据社会抵押模型,提出借助于社会资本,微型金融机能有效地将贷款分配给贷款人,从而使得贷款人能更好地存活下来并提高他们的经济资本和社会资本。Panda D.K.（2016）以印度的 15 家自助组织（SHGs）为例,分析了微型金融中信任所处的地位以及信任的中介功能,发现信任在有助于贷款小组的形成和小组运作的同时,SHGs 亦能在金融活动中创造信任。

以上文献对于构建社会资本与微型金融效应互动路径的统一分析框架提供了理论支撑。因此,下文中将社会资本区分为初始社会资本和社会资本增量,并根据社会资本的作用机制不同,将初始社会资本进一步区分为社会制裁和社会关系,然后将社会制裁、社会关系、微型金融效应以及社会资本增量纳入一个统一分析框架,同时从社会资本对微型金融效应,以及微型金融效应对社会资本两个方向来研究社会资本与微型金融效应的内在关系。

值得指出的是,虽然现有文献主要以小组贷款模式为研究载体,但 Margrethe 和 Nielsen(2012)以秘鲁为例,证实个人贷款模式中也存在对社会资本的利用,并创造社会资本。而且,我国正着力进行的信用户、信用村建设,以及诸如"金融机构+信用村+农户"等多种信贷模式,已经将众多关系主体连接成一个紧密联系的"贷款小组"。因此,本书既适用于个人贷款模式,也适应于小组贷款模式。

二、变量选取及数据来源

(一)变量选取

1. 社会资本①

参考 Griffin 和 Husted(2015)的研究,本书从个人声誉威胁、小组制裁、社区制裁等三个层面来研究社会制裁对微型金融效应的影响。本节的调查问卷选项设置包括:不按时还款的借款人在所在村庄将失去信誉、不按时还款应该受到所在贷款小组的指责、不按时还款应该受到所在村庄其他村民的指责。同时,参考 Putnam 对社会资本的定义以及陈银娥、王作槐(2012)的研究,从参与、关系网、信任、规范等四个维度对社会关系进行界定。调查问卷选项设置包括:对所在村庄的事务总是积极参与、对所在村庄的其他村民

---

① 指初始社会资本。

都很熟悉、对所在村庄的其他村民都很信任和只要具备偿还能力都应该按时偿还贷款。

2. 微型金融效应

Coleman(1999)及 Armendariz 和 Morduch(2007)等学者认为,微型金融效应主要是指微型金融对贷款客户在收入、消费、储蓄、就业、赋权以及文化等方面的影响。参考 Armendariz 和 Morduch(2007)及刘征驰等(2016)的研究,本书分别选取一个经济效应指标(家庭收入增加)和一个社会效应指标(信息分享)来衡量微型金融效应。调查问卷选项设置包括:获得的贷款使您家收入增加,以及能从所在村庄其他村民获得农(牧)业生产、销售等信息。

3. 社会资本(增量)

现有文献对于微型金融如何创造社会资本的研究主要集中在理论分析和案例研究,鲜有实证研究,且相关研究也主要集中于提供微型金融服务过程是否增加贷款对象的信任度(Dowla,2006;Feigenberg and Field,2010;Panda D. K.,2016)和规则意识(Dowla,2006;Feigenberg and Field,2010)。因此,为使本研究模型构建具有理论支撑以及研究结果与现有文献具有可比性,本书选择信任增加和规范意识增强两个变量来衡量社会资本(增量)。调查问卷选项设置包括:贷款经历使您对所在村庄其他村民的信任增加、贷款经历使您按时还款意愿增强。

所有问卷选项均以 7 分李克特量表进行统计。变量具体定义见表3-12。

表3-12　变量定义

潜在变量	观测变量	调查问卷选项
社会制裁	个人声誉威胁	不按时还款的借款人在所在村庄将失去信誉
	小组制裁	不按时偿还贷款应该受到所在贷款小组的指责
	社区制裁	不按时偿还贷款应该受到所在村庄其他村民的指责

续表

潜在变量	观测变量	调查问卷选项
社会关系	参与	对所在村庄的事务总是积极参与
	关系网	对所在村庄的其他村民都很熟悉
	信任	对所在村庄的其他村民都很信任
	规范	只要具备偿还能力都应该按时偿还贷款
微型金融效应	家庭收入增加	获得的贷款使您家收入增加
	信息分享	能从所在村庄其他村民获得农(牧)业生产、销售等信息
社会资本（增量）	信任（增量）	贷款经历使您对所在村庄其他村民的信任增加
	规范（增量）	贷款经历使您按时还款意愿增强

（二）数据来源

本书数据来源于 2016 年 2—3 月间在宁夏回族自治区进行调查所获得的数据。本次调查为大学生返乡调查。调查时，访员首先会对村委会进行调查，了解本村基本情况及本村 2015 年人均年收入、贷款需求状况、贷款户数占比、到期未偿还贷款的状况及原因和为本村提供金融服务的机构名称。然后再由本地向导带领访员到获得过贷款的农户家调查，调查形式是由访员读题，调研对象回答，访员填写答案。① 本次共调查 23 个村庄，发放 385 份问卷，经剔除答题不全和固定反应的无效问卷后，实际有效问卷 350 份。②

对调查村庄分析，从居民成分来看，除灵武市崇兴镇和吴忠市红寺堡镇个别村庄回族人口占比在 60% 左右外，其余村庄回族人口占比都超过 90%。人均纯收入方面，除灵武市崇兴镇韩桥村和吴忠市红寺堡镇大河乡八村因土地开发补偿收入较高外，其余村庄人均纯收入在 3000—7000 元间。其中，吴忠

---

① 若该农户之前未获得过贷款，则放弃对该农户的调研。
② 本次调查村庄分布情况如下：灵武市 10 个村；青铜峡市 6 个村；吴忠市 7 个村。

市郭家桥镇杨家叉村最低,约为 3000 元,灵武市崇兴镇中北村和冲梁村收入最高,达到 7000 元。19 个村的村委会认为本村农户贷款需求强烈,4 个村认为本村农户贷款需求不强烈。贷款的主要用途为种养殖业及个体经营。贷款偿还状况良好,只有灵武市崇兴镇韩渠村、灵武市扁担沟镇南梁村、白工岗乡新火村和吴忠市红寺堡镇福田村等 4 个村有尚未偿还贷款的村户(依次为 4 户、3 户、4 户、5 户);至于未偿还原因,村委会认为是实在没有能力偿还。

对调查对象个人及家庭特征分析发现,69% 的调查对象为男性;90.4% 的调查对象年纪在 20—50 岁之间且 80% 为回族;在本地居住时间达 5 年以上的占到 96.0%。调查对象的教育水平整体较低,初中及以下的占比达到 75.3%;从事的职业主要是农业和个体工商户,占比依次为 50.0%、20.9%。 68.4% 的调查对象的家庭年均纯收入介于 1 万—3 万元间;平均贷款余额为 3.5 万元;59.4% 的贷款为个人贷款,40.6% 的贷款为联保贷款。

三、实证分析过程及结果解释

本书首先通过 SPSS 20.0 进行变量因子分析,证明以上变量可以构建结构方程,再利用 AMOS 20.0 构建结构方程模型并进行验证性因素分析。

(一)变量因子分析

因子分析是检验变量间相关性的一种统计方法。本研究先通过主成分因子与最大方差正交旋转方法对观测变量进行变量因子分析,发现旋转后因子载荷都在 0.5 以上,说明变量之间具有相关性。再运用克朗巴哈系数法(Cronbach's)以及 KMO 检验和 Bartlett 球形检验对数据进行信度和效度检验,结果如表 3-13 所示。Cronbach's α 值为 0.74,说明数据信度高。KMO 值为 0.71,Bartlett 球形检验的近似卡方值为 829、检验概率 Sig. = 0.000,表明数据通过效度检验。以上结果说明变量与模型契合度高,变量的相关系数矩阵具有显著差异,可以构建结构方程模型并进行验证性因素分析。

表3-13数据表明,小组制裁、社区制裁可以反映社会制裁的主要特征;参与、关系网、信任和规范可以反映社会关系的主要特征。因此,下文将以社会制裁和社会关系作为潜在变量,家庭收入增加和信息分享作为微型金融效应的内生观测变量进行实证分析。同时,如前文所述,本书还将以信任(增量)和规范(增量)作为社会资本(增量)的内生观测变量。

表3-13 变量因子分析结果

指标	因子载荷	Cronbach's	平均值	标准差
社会制裁		0.76	4.84	0.11
个人声誉威胁	0.61		4.67	1.36
小组制裁	0.74		5.28	1.11
社区制裁	0.69		4.57	0.98
社会关系		0.74	5.06	0.07
参 与	0.76		5.15	1.36
关系网	0.73		4.67	1.54
信 任	0.67		5.55	1.48
规 范	0.66		4.88	1.38
微型金融效应		0.77	5.62	0.1
家庭收入	0.78		5.84	1.2
信息分享	0.68		5.4	1.4
社会资本(增量)		0.73	5.56	0.07
信任(增量)	0.63		5	1.39
规范(增量)	0.72		5.28	1.52

(二)结构方程模型构建及修正

结构方程模型(Structural Equation Model,SEM)是一种建立、估计和检验因果关系模型的多元统计分析技术,整合了因子分析、路径分析和多重线性回归分析等方法。社会资本为不可观测变量,采用一般实证方法很难处理上述问题,而结构方程模型弥补了这一局限(段小燕,2015)。结构方程模型不仅可以同时分析多个因变量,还可以在一个模型中同时分析观测变量与潜变量的关系;甚至允许自变量含有误差,从而为原本难以观测的潜变量提供可以观测和处理的数据工具。由于本书的社会资本具有难以测量与难以避免主观测量误差的基本特征,因此,为保证研究结果客观性,选取结构方程模型中的路径分析方法对微型金融效应与社会资本的关系进行分析与评价。

结构方程模型包括两部分:第一部分是测量模型,用于描述观测变量与潜变量间的关系,表达式如式(1)和(2)所示。第二部分是结构模型,用于反映潜变量间的路径关系,表达式如(3)所示。

$$Y = \Lambda_y \eta + \varepsilon \tag{1}$$

$$X = \Lambda_x \mu + \delta \tag{2}$$

$$\eta = B\eta + T\mu + \zeta \tag{3}$$

式(1)中的 Y 为 p 个内生观测变量组成的 p×1 阶向量;η 为 m 个内生潜变量组成的 m×1 阶向量。式(2)中的 X 为 q 个外生观测变量组成的 q×1 阶向量;ε 为 n 个外生潜变量组成的 n×1 阶向量。文中,家庭收入增加、信息分享,以及规范(增量)和信任(增量)为内生观测变量;小组制裁、社区制裁是社会制裁的外生观测变量;参与、关系网、信任和规范是社会关系的外生观测变量;社会制裁和社会关系是外生潜在变量;微型金融效应、社会资本(增量)为内生潜在变量,其中微型金融效应又为中介变量。此外,式(1)和式(2)中的 Λ_x 分别为 Y 和 X 在 η 以及 μ 上的因子负荷矩阵;δ 与 ε 为残差。式(3)中的 B 为微型金融效应对社会资本(增量)之间的影响效应系数(路径系数);T 为社会制裁与社会关系对微型金融效应的影响效应系数(路径系数);ζ 为残差。

基于以上分析,构建了原假设结构方程模型并进行修正,[①]最终得到修正

---

① 因为篇幅限制,此处省略了原假设结构方程模型拟合及修正过程。

后的结构方程模型,如图 3-2 所示。① 由于模型的拟合指标数 NFI、CFI 均大于 0.8 的检验标准,说明该结构方程模型拟合良好。值得指出的是,在后文中对结构方程进行验证性因素分析时,发现社会制裁与社会关系的因素负载荷为 0.85,说明两者之间存在相关性,可以进一步做路径分析。

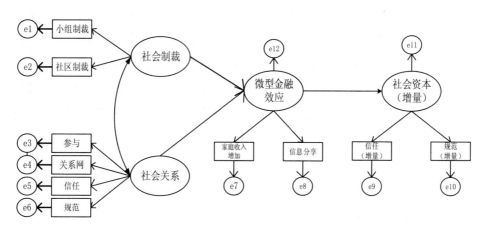

图 3-2　社会资本与微型金融效应结构方程模型图

(三)结构方程模型分析

1. 验证性因素分析

验证性因素分析(CFA)是通过检验模型中各个潜变量之间的适配性与真实性,进一步验证观测变量与潜变量的关系。对图 3-2 进行验证性因素分析的结果如表 3-14 所示。② 表中数据显示:四个潜变量的组合信度值(CR)介于 0.66—0.87,大于 0.5 的检验标准,表明模型潜变量具有较好的一致性;四个潜变量的 AVE 值介于 0.51—0.63,也大于 0.5 的检验标准,表明模型区分

---

① 由于个人声誉威胁在原假设结构方程模型中没有通过因素负载荷检验,在模型修正时被剔除,所以以未在图 3-2 中显示。

② 验证性因素分析结果显示,社会制裁与社会关系的因素负载荷为 0.85,该结果未在表 3-14 中显示。

效度较好;所有信度(C.R)均大于 1.96 的检验标准,且 P 值均显著,表明模型的观测变量选取的可信度及测量稳定性都相对较好。同时,七个观测变量的因素负载荷均在 0.5 以上,表明变量间具有很好的适配度,各观测变量均可对所对应的潜变量进行路径解释。并且,比较所有潜变量的因素负载荷可以发现,在影响社会制裁的 2 个变量中,小组制裁的影响因子相对更大;在影响社会关系的 4 个变量中,规范的影响因子相对更大;在影响微型金融效应的 2 个变量中,家庭收入增加的影响因子相对更大;在影响社会资本(增量)的 2 个因子中,规范(增量)的影响因子相对更大。

表 3-14　验证性因素分析结果

变量名称	潜变量	因素负载荷	测量误差	组合信度(CR)	平均数(AVE)	信度(C.R)
社会制裁				0.83	0.61	—
	小组制裁	0.79	0.37			1.99*
	社区制裁	0.69	0.37			1.97*
社会关系				0.87	0.63	—
	参与	0.72	0.59			1.98*
	关系网	0.65	0.35			2.97**
	信任	0.81	0.19			7.28***
	规范	0.87	0.24			—
微型金融效应				0.66	0.51	
	家庭收入增加	0.72	0.28			8.58***
	信息分享	0.66	0.47			—
社会资本(增量)				0.73	0.57	—
	信任(增量)	0.70	0.31			—
	规范(增量)	0.75	0.47			4.6***

注:"*"、"**"、"***"分别表示 10%、5% 和 1% 的显著性水平。

2. 路径分析

结构方程模型的路径分析是反映潜在变量之间因果关系的一种研究方法,目的是检验各潜在变量之间的路径系数(影响效应)是否显著。本书对结构方程模型进行模型适配度检验,结果表明,除 RFI = 0.81 在一般参考指标范围内,其余指标均落入最佳参考标准范围(X^2/df = 1.24; GFI = 0.92; $RMSEA$ = 0.04; NFI = 0.90; CFI = 0.95),表明模型与数据契合度高,模型整体适配度好,模型已达到拟合状态。各潜在变量之间的路径系数估计结果如表3-15所示。

表 3-15　社会资本与微型金融效应路径系数估计结果

模型路径	路径系数	标准化残差（Z）	测量误差	P
社会制裁——→微型金融效应	−0.23	−2.96	0.14	***
社会关系——→微型金融效应	0.48	3.08	0.39	***
微型金融效应——→社会资本(增量)	0.75	4.85	0.11	***
社会制裁←——→社会关系	−0.11	−1.84	0.07	**

注:" ** "、" *** "分别表示5%和1%的显著性水平。

表3-15数据显示,各潜在变量均通过显著性检验。结合图3-2,得到社会资本与微型金融效应影响路径分析图,如图3-3。

根据表3-15和图3-3,在其他条件不变下,可以得到以下结论:

一是增大社会制裁强度会降低微型金融效应。社会制裁与微型金融效应路径系数为−0.23,说明两者之间显著负相关,且社会制裁每变化1%个单位,微型金融效应反向变化0.23%个单位,表明增大社会制裁强度会降低微型金融效应。这一结论与 Hermes 和 Lensink(2007)及 Dufhuesa et al.(2013)等学者的研究结论相反。结合对调研对象的深度访谈,导致这一结果的原因可能在于:首先,许多贷款客户对"连带责任"缺乏理解,实施社会制裁将导致这部

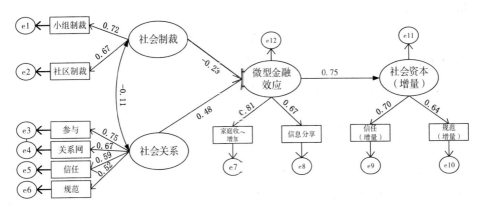

图 3-3　社会资本与微型金融效应影响路径分析图

分客户与其他贷款成员、信贷员、承贷机构之间关系紧张;其次,我国现有社会制裁措施严厉但效果有限。未按时偿丕贷款的客户理论上面临信誉损失、失去贷款资格、累及其他贷款成员,还可能面临刑事诉讼及强制措施,但在农户没有抵押担保以及农户流动性越来越大的情况下,以上措施惩罚作用有限。此时,增大社会制裁强度反倒可能阻碍村民的参与及信任,从而对微型金融效应产生不利影响。

二是和谐的社会关系能提升微型金融效应。社会关系与微型金融效应路径系数为 0.48,说明两者之间显著正相关,且社会关系每变化 1% 个单位,微型金融效应同向变化 0.48% 个单位,表明社会关系对微型金融效应具有正向激励作用,社会关系越和谐,微型金融效应越大。

三是微型金融机构在提供金融服务过程中能创造社会资本。微型金融效应与社会资本(增量)路径系数高达 0.75,说明两者之间显著正相关,且微型金融效应每变化 1% 个单位,社会资本(增量)同向变化 0.75% 个单位,表明微型金融效应越大,微型金融机构在提供金融服务过程中创造的社会资本就越多。

此外,社会制裁与社会关系存在反向关系。两者在 5% 水平内显著,路径系数为 -0.11,一方面说明社会制裁每变化 1% 个单位,社会关系会反向变化

0.11%个单位,意味着增大社会制裁强度会恶化社会关系,减少微型金融效应;另一方面说明社会关系每变化1%个单位,社会制裁也会反方向变化0.11%个单位,和谐的社会关系会降低社会制裁的压力。

以上结果表明,应作出拒绝假设1,接受假设2和假设3的判断。

四、稳健性检验

本书利用 AMOS 20.0 进行稳健性检验。检验原则是比较原始模型与更换内生潜在变量和外生潜在变量的替代模型(alternative model),即比较原始模型(模型3)与替代模型(模型1、2)中的社会制裁、社会关系、微型金融效应以及社会资本(增量)等四个变量的参数符号及显著性的变化。其中,模型1的外生潜在变量(自变量)为社会资本(增量),内生潜在变量(因变量)为社会制裁与社会关系,中间变量为微型金融效应;模型2的外生潜在变量(自变量)为微型金融效应,内生潜在变量(因变量)为社会制裁、社会关系与社会资本(增量)。在模型1中增加微型金融效应为中介变量,模型2中增加社会资本(增量)为内生潜在变量(因变量)的目的,为了降低因四个变量多次转换位置而可能产生的多重共线性对检验结果的影响。稳健性检验结果如表3-16所示。表中数据显示,模型1与模型3的Δdf为3,模型2与模型3的Δdf为2,均小于比较基准5,表明两个替代模型可以与原始模型进行比较分析。同时,模型1、2的 SRMR 值分别为0.27、0.15,大于0.08的比较基准;模型3的 SRMR 值为0.057,小于0.08的比较基准,表明模型1、2不能进行有效估计,模型3可以进行有效估计。此外,模型1与模型3的$S-BX^2$为8.1,在1%水平内显著;模型2与模型3的$S-BX^2$值为1.71,在5%水平内显著,表明四个变量的显著性未发生变化,模型3通过稳健性检验且研究结论具有稳定性。

表 3-16　稳健性检验结果

模型	矩阵协方差卡方值（S-BX²）	自由度（df）	近似误差均方根（RMSEA）	平均残差协方差（SRMR）	模型比较	自由度增量（Δdf）	协方差卡方值增量（ΔS-BX²）
模型 1	76.08	41	0.069	0.27			
模型 2	67.99*	36	0.07	0.15			
模型 3	69.71	38	0.07	0.047	模型 1vs3 模型 2vs3	3 2	8.1*** 1.71**

注:"*"、"**"、"***"分别表示 10%、5%和 1%的显著性水平。

五、研究结论及政策含义

充分实现微型金融效应是我国贫困民族地区金融扶贫政策的重要落脚点,积极利用和创造社会资本是贫困民族地区实现微型金融效应的重要渠道。本项目将初始社会资本(社会制裁、社会关系)、微型金融效应和社会资本增量纳入一个统一分析框架,利用宁夏 350 户农户的调查数据,通过结构方程模型证实:(1)积极利用社会资本有助于提升微型金融效应;微型金融效应越大,微型金融机构在提供金融服务过程中创造的社会资本(规则和信任)就越多。(2)社会资本的作用机制不同,对微型金融效应的影响也不同。社会制裁与微型金融效应负相关,社会关系与微型金融效应正相关且影响更大。(3)社会制裁与社会关系存在反向关系,增大社会制裁强度会恶化社会关系,和谐的社会关系会降低社会制裁的压力。并且,小组制裁对社会制裁的影响因子相对更大;规范对社会关系的影响因子相对更大。

研究结论证实了 Griffin 和 Husted(2015)以及 Feigenberg 和 Field(2010)等学者的观点。但与 Hermes 和 Lensink(2007)及 Dufhuesa et al.(2013)等学者认为社会制裁有助于提升微型金融效应的结论不同,本书发现社会制裁会降低微型金融效应。结合对调研对象的深度访谈,本书认为导致这一结果的可能原因是我国贫困群体的金融知识特别是信用意识普遍缺乏且社会制裁力度过大,导致增加社会制裁强度反倒会恶化社会关系,降低贫困群体的信任和规则意识,从而对微型金融效应产生不利影响。

上述结论对微型金融机构和政策制定者都具有积极借鉴意义。对微型金融机构而言,既要充分挖掘利用社会资本,更要有意识地积极创造社会资本。一方面,微型金融机构应该通过加强金融知识宣传和教育,切实提高贫困群体的规则意识;通过创新贷款模式、加强金融机构和信贷员与贫困群体的联系、引导贷款客户之间加强交流和学习等方式,着力构建和谐的社会关系。另一方面,微型金融机构要慎用社会制裁机制。要通过充分发挥小额信贷保险、财政担保及风险分担等机制的作用,降低不良贷款对微型金融机构绩效的影响,从而减少机构对社会制裁机制的依赖。对政策制定者而言,应增加投资创造更多的社会资本;同时,考虑到社会资本的准公共产品特性,政府也应对积极创造社会资本的主体,如微型金融机构给予必要的扶持。

值得说明的是,在第三节中,是以家庭收入、消费支出和收入来源作为微型金融经济效应的代理指标,主要研究的是社会制裁对微型金融经济效应的影响;而在本节中,是以家庭收入作为微型金融经济效应代理指标,以信息分享作为微型金融社会效应指标,主要研究社会制裁对微型金融效应的影响。因此,虽然两个结论相反但并不矛盾。

综合以上研究,笔者认为,贫困地区农村微型金融与社会资本存在良性互动关系;并且,不论是对微型金融经济效应,还是对贷款偿还率,或是微型金融效应,社会关系都存在显著正向影响,而社会制裁则不仅会负向影响微型金融效应,对贷款偿还率的直接效应也为负。因此,在构建贫困地区农村微型金融与社会资本良性互动机制中,应重点强调构建和谐的社会关系而且合理利用社会制裁。

第四章　贫困地区农村微型金融与社会资本良性互动的影响因素

第三章的研究结论表明,贫困地区农村微型金融与社会资本存在互动机制;并且,(初始)社会资本与微型金融效应正相关,而微型金融效应又与社会资本(增量)正相关,而下一阶段,社会资本(增量)又转化为贫困群体的社会资本存量,由此循环,形成良性互动。因此,影响贫困地区微型金融效应的因素,也就是贫困地区农村微型金融与社会资本良性互动的影响机制。基于微型金融与社会资本互动的影响机制的理论分析,本章将进一步结合贫困地区实践和调研数据,深入探究影响贫困地区微型金融发展的因素。

第一节　金融素养与微型金融发展

金融素养水平将不仅影响到贫困群体对金融产品和服务的认可度和接受度,还会影响到贫困群体对金融产品的使用范围和方式,以及对金融机构和信贷员的评价,从而影响微型金融效应。项目组于 2016 年 7—8 月对湖北省恩施州的恩施市、利川市的金融机构及农户进行了调研,试图分析农村地区贫困农户金融素养现状及对微型金融发展的影响。

一、提高农户金融素养的政策措施

（一）设立金融精准扶贫工作站

2016 年 5 月，中国人民银行武汉分行和湖北省人民政府扶贫开发办公室联合发文（武银〔2016〕45 号）实现建档立卡贫困户金融服务的精准对接，中国人民银行武汉分行、湖北省人民政府扶贫开发办公室面向全省建档立卡贫困村开展金融精准扶贫工作站。金融精准扶贫工作站作为建档立卡贫困户与金融资源精准对接的工作平台，主要负责组织村内建档立卡贫困户参与信用评级，协助金融机构调查、收集精准扶贫的金融需求，推动农业产业化龙头企业、农民合作社、家庭农场、农业大户等新型农业经营主体与建档立卡贫困户稳定帮扶关系，协助金融机构做好建档立卡贫困户、新型农业经营主体的贷款申请、贷后管理，统筹协调推动村内惠农金融扶贫联系点开展普惠金融服务工作。此外，金融精准扶贫工作站的一个重要功能是"切实加强金融宣传、信用建设"。通过开展集中培训、现场指导、发放宣传资料等方式，普及金融精准扶贫政策、反假货币、征信、金融维权、投资理财、抵制非法集资等金融知识，受理金融消费者投诉等服务，有效提升贫困农户金融知识水平和防范金融风险意识。推动创建信用乡镇、信用村、信用农户，优化农村信用环境，使村民"善用信、能守信"，为金融精准扶贫工作营造和谐金融生态环境。

文件颁发立即得到各地响应。以利川市为例，从 5 月文件颁发到 7 月 20 日，利川市共建立巴蕉村、善泥村、新华村、楠木村、杉木村、茶塘村、山青村、竹园村、咸池 9 个重点金融精准扶贫工作站，建立金融精准扶贫贫困户档案 66 份，在联心、农科、新华等 34 个村布放金融 POS 机，建成清水惠农服务点，有效解决了农村小额现金支付、转账结算等有效需求，推进金融服务网格化，签订金融扶贫合作协议 44 份，实现了金融扶贫服务全覆盖、零距离。截至 2016 年底，利川市在全市 141 个建档立卡贫困村，按照"一村一站"的目标实现金融精准扶贫工作站全覆盖。

(二)建立"金融精准扶贫"村级信息员制度

为深入落实《关于金融服务"三农"发展若干意见》,进一步加强农村金融服务信息沟通,提高支持农村的金融服务水平,湖北省明确提出了建立"金融精准扶贫"村级信息员制度。该制度要求:一是商业银行要积极加强对村级信息员金融知识培训,定期组织信息员学习农村金融政策法规、金融基本知识、银行业风险管控制度等,了解掌握国家金融方针政策和银行基本业务,以强化信贷员对金融扶贫信贷业务知识的学习和掌握,从而做好为本村村民提供金融扶贫信贷政策咨询服务的工作。二是,该制度要求信息员一方面要充分利用自身信息和群众基础优势,广泛宣传利川农村商业银行的金融扶贫信贷产品、存款业务、电子银行产品,充当金融机构与农户金融知识交流的桥梁;另一方面,该制度要求信贷员要协助配合银行做好对借款人的尽职调查工作,对金融扶贫贷款申请内容和相关情况的真实性、准确性、完整性进行调查和核实,对本村贷款的金融扶贫贷款资金进行监督,发现借款人、担保人的潜在风险及时向包村客户经理或贷款网点提出预警风险提示。同时督促借款客户按期归还贷款本息,全力清收本村的逾期贷款,对信贷退出客户做好政策宣传和解释工作。最后,对基层干部、企业主和贫困农户,信息员要有耐心地采取分类的宣传和教育培训工作。

(三)大力推进金融精准扶贫政策宣传

为进一步提高农户金融素养从而推进扶贫小额信贷的持续发展,湖北省武陵山民族地区开展了金融知识的普及与宣传活动。以恩施市耿家坪村为例。首先是养老保险的推广和宣传,国家政策会给每个参保人一定的补贴,尤其是对残疾人的高补贴,以及后期养老保险的领取计算问题,都通过广播宣传,走访宣传,海报宣传进行了一定力度科普。其次是贷款知识的宣传,村里养猪场的开办,村委为其提供了担保,并帮助建立了与农信社的互动联系,安排介绍流程。最后落实农民信贷权,提高贫困农户信贷可及能力。如村里建设公租房时,村委主任会向群众介绍公租房的作用,然后引导他们先租后买,购买产权后,通过贷款再购买住房;白杨坪镇乡熊家岩村会有金融机构定期过来开展金融知识宣传活动,并且,村委会还与人寿保险公司建立了联系,由村委会向农户宣传一些农业保险产品,如农业保险和水稻保险。同时定期召开群众大会,要求大家都要签到到场,互相交流,每次都会做记录。除此之外还有通过广场舞的文化活动传播金融知识,使之简单易懂、娱乐化。

在利川市营坝村访谈时,银行工作人员也介绍他们会利用客户到银行办理业务的机会,向客户普及个人网上银行、手机银行、支付宝卡通及银联在线支付功能、存款和保险等理财产品的知识,以及提供其他专项服务。在信贷扶贫方面,银行会对本行信贷退出客户进行张榜公布,并做好政策宣传和解释工作。

二、农户金融素养发展现状调查

(一)调研数据来源

2016 年 7 月 20 日至 8 月 2 日,项目组对恩施市的洞下槽村、七里坪镇、熊家岩村以及金子坝村,利川市的芭蕉村和营上村农户的金融素养发展现状进行调研。在此次调研的几个村庄中,洞下槽村和熊家岩村是重点扶贫对象,扶贫工作做得较为突出;而七里坪镇和金子坝村因交通相对便利,距镇中心较近,社会风气较好,村民生活较为富裕,大多有储蓄习惯。芭蕉村因其较好的地理位置和优越的气候条件发展种植业而闻名;营上村则因其美丽的自然环境大力发展民宿旅游,因此两村的农户对于信贷的需求都较大。调研地区基本资料如表 4-1 所示:

表4-1　调研地区基本资料①

统计特征	洞下槽村	熊家岩村	七里坪镇	金子坝村
村人口	3257	5215	2057	1795
村户数	927	1515	5830	5626
人均收入	4500	4773	4850	6433
收入来源	种植茶叶	种植茶叶	农家乐、蔬菜等种植	新型城镇化建设
有效问卷	78	69	70	71

本次调研采取随机入户问卷的方式进行。累计发放310份问卷,有效回收288份问卷。同时,项目组还对村委会干部以及部分重点调研对象进行了面对面访谈。

(二)调研对象基本人口学特征分析

调研对象的性别、年龄结构、民族和文化程度等相关数据如表4-2所示。

表4-2　被调查农户的基本情况

统计特征	分类指标	样本数	占比(%)
性别	男	160	55.55
	女	128	45.45
年龄	18—30岁	76	26.39
	31—50岁	134	46.53
	51岁及以二	78	27.08
民族	汉族	114	39.59
	少数民族	174	60.41

---

①　该数据由当地村委会提供,项目组选择在前四个村庄进行随机发放问卷,在后两个村庄进行深入访谈。

续表

统计特征	分类指标	样本数	占比（%）
文化程度	小学及以下	48	16.67
	初中	116	31.25
	高中或中专	90	40.28
	大专及以上	34	11.81

表 4-2 数据显示，调研对象男女比例较为平均。其中，男性占比为 55.55%，女性占比为 45.55%。从年龄分布来看，大部分调研对象都是家庭主要劳动力，对家庭状况最为了解。并且，少数民族占主体，占比达到 60.41%。但调研对象文化程度较低，初中及以下达到 47.92%，大专及以上只占 11.81%，主要还是暑假回家的学生。对调研对象基本人口学特征分析表明，调研对象选择较为合理，调研结果具有较好代表性。

（三）调研对象金融素养状况统计分析

1. 银行业务熟悉程度

本节主要考研调研对象对传统银行业务，如存款、贷款、汇款、转账及 ATM 机的熟悉程度。结果如表 4-3 所示。

表 4-3　调研对象银行业务熟悉程度统计表

统计特征	分类指标	样本数	占比（%）
是否熟悉存款业务流程	是	244	84.72
	否	44	15.28
是否熟悉贷款业务流程	是	104	36.11
	否	184	63.89
是否熟悉汇款业务流程	是	170	59.03
	否	118	40.97

续表

统计特征	分类指标	样本数	占比(%)
是否熟悉转账业务流程	是	148	51.39
	否	140	48.61
是否会使用 ATM 机	是	212	73.61
	否	76	26.39

表 4-3 数据显示,仍有 15.28% 的农户不熟悉存款业务。而只有 36.11% 的调研对象熟悉贷款业务。另外,熟悉汇款业务、转账业务流程的调研对象大约占一半比例。以上数据表明,调研对象对贷款、汇款及转账业务熟悉程度还有待加强。进一步访谈可知,目前农民对新兴金融业务,如网上银行、手机银行、以互联网支付为代表的第三方支付等金融知识了解更少。利川市南坝镇邮政储蓄银行大堂经理介绍,能够开通并且正常使用手机银行业务的客户不足银行客户的 10%。农户新兴金融知识也有待加强。

2. 信用知识

农户信用知识是影响其信用水平的一个重要因素。而农户信用水平又决定了其信用风险大小。因此,分析农户信用知识水平有助于了解农户信用风险水平及信用风险。结果如表 4-4 所示。

表 4-4　调研对象信用知识统计表

统计特征	分类指标	样本数	占比(%)
是否听说过信用户	是	162	56.25
	否	126	43.75
是否听说过信用村	是	86	29.86
	否	202	70.14
是否是信用户	是	56	19.44
	否	232	80.56

续表

统计特征	分类指标	样本数	占比（%）
您所在的村庄是否是信用村	是	40	13.89
	否	148	86.11
您是否同意信用村建设会让您更容易获得贷款	是	196	68.06
	否	92	31.94
您是否同意信用村建设会让您以更低利率获得贷款	是	204	70.83
	否	84	29.17
是否遇到过信用诈骗	是	76	26.39
	否	212	73.61
是否知道如何防止信用诈骗	是	208	72.22
	否	80	27.78
是否听说过个人信用报告	是	184	36.11
	否	104	63.89

表4-4结果显示,调研地区信用建设成效尚未发挥出来,农户信用知识及信用意识相当缺乏。尽管调研的6个村庄都已开展过信用户评定及信用村建设的宣传,但仍有43.75%的调研对象没有听说过信用户,70.14%的调研对象没有听说过信用村,80.56%的调研对象认为自己不是信用户(应该有相当多的调研对象回答错误);30%左右的调研对象不知道信用村建设的作用。从风险意识来看,农户风险意识淡薄,缺少自我保护的意识,仍有近30%左右的人不知道如何防止信用诈骗,而知道如何防范信用诈骗的人也只谈到了不接陌生电话这一种方法,反映出农村居民在金融层面的自我保护方法单一,需要拓宽农户的知识面,培养农户防范诈骗方法的多样性。

3. 小额信贷保险知识

小额信贷保险是保险公司在银行向农户发放小额贷款时专为贷款农户提供的意外伤害保险,一般涵盖意外伤残及意外身故保险责任。小额信贷保险作为金融精准扶贫的一个重要工具,可以大大促进扶贫信贷的发展。尽管自2008 年开始,小额信贷保险就在全国推广,但小额信贷保险业务一直处于停滞状态。扶贫对象对小额信贷保险的认知有助于小额信贷保险的发展。表4-5 刻画了调研对象对小额信贷保险的认知。

表 4-5　调研对象对小额信贷保险认知统计表①

统计特征	分类指标	样本数	占比
是否听说过 小额信贷保险	是	30	10.41%
	否	258	89.58%
是否知道小额信贷 保险的作用	是	20	6.94%
	否	268	93.00%
是否愿意购买 小额信贷保险	是	40	13.88%
	否	248	86.11%

表 4-5 数据表明,整体而言,农户有关保险的知识还非常有限,农户对小额信贷保险处于未听说、不知道、不愿意购买的状态,对小额保险的接受度非常低。甚至在访谈中,调研对象对"保险"两个字表现出非常强烈的反感和排斥。② 但事实上,近年来,很多贷过款的农户都有购买小额信贷保险。

表 4-6 是利川市 2012—2016 年 10 月某保险公司安贷宝保费收入情况(安贷宝是一种小额信贷保险)。该表数据显示,在调研地区,特别是利川市,小额信贷保险业务有一定程度发展。但为何调研对象对小额信贷保险只是很少呢? 对保险公司及银行工作人员的访谈了解到:保险公司将小额信贷保险业务委托给银行办理;而部分银行会在并不告知贷款对象的前提下,将保险费

---

① 该部分也对一般保险知识进行了测试,但在此报告上着重考察当前大力发展的小额信贷保险的相关知识。

② 在后续访谈中得知,导致普通农户对保险很反感的原因是银行代理销售的保险理财产品的实际情况和农户理解的情况不一致。购买过这些保险理财产品的农户觉得上了当,然后口口相传,后来即使没有买过这些理财产品的农户也认为保险就是骗人的。

作为贷款中的一种费用来处理;即使部分银行告知农户为什么要交保险费,农户往往也并不清楚购买此种保险后享有什么权利。

表4-6 恩施州2012年—2016年10月某保险公司安贷宝保费收入表

单位:元

机构	2012年	2013年	2014年	2015年	2016年（1—10月）
巴东	2058390.20	945306.60	4711537.36	641823.60	1194485.60
恩施	559267.44	154513.40	1174723.52	17112.00	12051.00
鹤峰	1235014.96	729618.20	3035765.90	541681.40	453673.00
建始	542072.00	215111.20	1221855.20	597548.00	1179384.00
来凤	171014.00	4712.00	321620.00	1353.60	0.00
利川	1071468.64	394174.00	2363028.52	327614.40	3316168.40
咸丰	1228827.20	445200.00	2723375.20	256151.60	485572.00
宣恩	341730.40	208854.40	839989.20	121722.80	70634.00
合计	7207784.84	3097490.00	16391894.90	2795387.40	6711968.00

结合表4-5和表4-6数据,保险公司和银行在开展小额信贷业务中没有让贷款对象充分了解该产品,而是通过与贷款打包的方式来销售该产品。这一方面说明小额信贷保险业务发展尚待规范,另一方面也说明贷款对象不仅缺乏金融知识,也缺乏主动了解金融知识的积极性。

4. 综合部分

表4-7刻画了调研对象最希望获得的金融知识,以及最希望通过什么样的渠道获得金融知识。

表4-7 综合部分统计表

最希望通过哪种渠道获取所需金融知识（选三项）	金融机构网点发放宣传资料	162	56.25%
	电视宣传	168	58.33%
	金融进社区活动宣传	148	51.39%
	网络、手机短信宣传	182	63.19%
	报纸杂志宣传	126	43.75%

续表

最需要哪方面 金融知识 （选三项）	银行卡使用	182	63.19%
	贷款知识	140	48.61%
	ATM 机的使用	140	48.61%
	网上银行、手机银行	158	54.86%
	银行理财产品	112	38.89%
	保险产品	50	17.36%

表4-7数据表明，银行卡使用、网上银行和手机银行均受到一半以上的调研对象的关注；贷款知识、ATM 机的使用、银行理财产品受到40%左右的调研对象的关注。只有17.36%的人需要了解保险产品知识。这一组数据既反映了调研对象当前的金融服务需求，又反映了调研对象对新兴银行业务的高度关注。同时，加强对农户小额信贷扶贫知识的宣传，将是促进金融精准扶贫效应的一个重要方面。而在被问及"最希望通过哪种方式获取所需金融知识"时，63.19%的农户更希望通过网络、手机短信宣传，58.33%期望电视宣传，56.25%希望金融机构网点发放宣传资料，金融知识进社区活动也受51.39%的青睐，当然仍有43.75%的人希望报纸杂志等传统媒介的宣传。这一组数据反映，与传统的现场宣传相比，如金融机构网点发放宣传资料，以及金融知识进社区活动等方式，调研对象更偏好通过网络及短信等方式获得金融知识。

三、案例分析：农户金融素养对微型金融发展的影响

金融素养低将引发农户的怀疑心理和反学习性或因对金融知识不了解而错失或放弃获得金融支持的机会，导致自身对金融产品和服务的排斥，并加剧信贷风险，从而影响信贷效应。接下来，本研究将通过几个案例对此展开分析。

案例1:贷款知识和信用意识

访谈对象:有16年餐饮经验的民宿客栈老板陈老板

访谈时间:2016年8月1日上午

访谈地点:利川市南坪镇营上村陈老板的民宿客栈

陈老板30多岁,土家族人,家里4口人。之前一直在成都、深圳等地打工,有16年从事餐饮工作经验。2015年12月,营上村政府号召当地民众做民宿,陈老板便回乡发展。2016年3月,陈先生还作为骨干参加了"利川市民宿骨干定制培训"。在谈到自己的贷款过程时,陈老板介绍:该村一共有35户民宿客栈,其中33户通过3户联保方式申请了小额贷款,由农信社为每位贷款户提供5万元贷款(在获得贷款之前,每户贷款户必须先在农信社存入1万元,这1万元必须在还款后才能取出,实际贷款4万元)。陈老板的贷款主要用于改建自己的民宿旅馆,使其达到国家要求的标准。但是在贷款细节上,陈先生并不清晰。比如,不知道自己贷款产品为扶贫贴息贷款,利息部分先负担后申请政府补贴;不知道贷款期限是可选的;不知道3户联保贷款意味着贷款户需要承担连带还款责任;说自己大概是花了50元买了贷款保险,保险金额是30万元,认为只要发生意外事故,保险公司就会给付保险金,并且自己和家人是受益人。在还款方面,陈先生说如果自己能赚到钱,自然会还款并愿意为联保户还款,但如果赚不到钱,就没办法还款,也不愿意为其他联保户还款。陈先生说,之所以购买小额信贷保险,是因为信贷员说"买了比不买好,又不贵"。同时,对于如果不能按期偿还贷款这种情况,陈先生认为政府应该承担主要责任,因为当时为了推动他们办民宿,当地政府和一个旅游公司承诺会给民宿客栈带来稳定的客源并提成,他们才回来办民宿的。但现在因为受天气多雨的影响,客源很少,当地政府和旅游公司也没有给他们介绍客人,他生意不好赚不了钱当然就没有能力偿还贷款。陈先生认为,在需要钱时,关键是贷到款,至于后面是否能偿还并不考虑。后来,陈先生花了很长时间想帮我们找到贷款合同和保险合同,也没有找到。

交谈中还了解到陈先生还将自己的户口本借给姐姐的孩子贷款用(因姐姐的孩子以前有贷款未偿还,不能继续贷款)。他认为,侄子贷的款就应该由侄子还;侄子不还,金融机构也不应该要他还,因为"是我侄子贷的款,我也没有贷款"。

营上村类似于陈先生的情况还较多。如民宿专业合作社社长张大哥也是,虽然2016年也办理了扶贫小额贴息贷款,但对于联保贷款承担什么责任、贷款利息的补贴、实际承担的利率、是否购买了小额信贷保险等知识和信息也含混不清。

陈先生和张大哥两个例子,都反映出由于金融知识不足而导致金融素养低,以及由此对金融精准扶贫发展的制约。比如,农户存在自身的道德风险,陈先生表示"如果赚不到钱,就没办法还款,也不愿意为其他联保户还款",在还款上存在拖延和"能不还就不还"的心理;"实际是我侄子贷的款,我不可能帮他偿还"也突出了其信用和法律意识淡薄;还有后续存在的贷款客户与银行之间,以及联保户之间的债务纠纷问题,都将加大银行信用风险,影响金融扶贫效应的充分发挥。

案例2:客户对保险的排斥与反感

访谈对象:中国邮政储蓄银行的大堂经理李经理

访谈时间:2016年8月1日下午

访谈地点:利川市南坪镇邮政储蓄银行

2016年7月,项目组组织学生就民族地区农户对保险的认识展开调研。调研结果显示,大部分农户,即使是偏远地区的农户,都对保险存在深深的排斥与反感。由于农户能接触的保险产品主要是新农保和新社保,而这两类保险都属于政策性福利,不应该引起农户的普遍反感。那么,什么原因导致农户对保险产生普遍反感呢?南坪镇邮政储蓄银行大堂经理李经理为我们解除了疑惑。

李经理大学毕业后就进入现在的单位工作,已经4年了。她介绍,2008—

2010 年期间,银行曾经代理销售某保险公司在全国发行一款分红型保险理财产品,当时宣传,除免费提供意外伤害保险外,预期收益率也在 4.5% 左右,高过银行同期存款利率近 2 个点。然而,农户购买后才发现,此产品不能像银行存款一样,提前"取款"只损失利息,而"退保"将带来本金的大幅度损失。并且,到期后,此款产品也没有达到预期收益率,而只是比银行同期存款利率略高。由于当时很多客户只看到其较高的收益率,而没有理解预期收益率这一概念,以及这款产品附送的是人身意外伤害保险,只有发生保险合同约定责任才会给付保险金。因此,当时购买此款产品的客户均认为自己上当受骗,并由此认为保险是"骗子"。由于这款产品在全国范围内销售,因此,口口相传,导致那些即使没有购买此款产品的农户也留下"保险"是骗子的印象。这一影响至今还存在。她认为,这也是为什么我们的调研对象对"小额信贷保险"也非常排斥的原因。

李经理还介绍,由于银行等金融机构对产品和服务项目信息介绍过于简单,客户又受自身知识水平限制对信息的接受能力有限,导致客户对产品和服务理解不清而诱发消费纠纷,这在一定程度上又导致客户对银行等金融机构的不信任,从而影响了金融机构服务于农户的积极性和热情。

四、研究结论及政策含义

项目组通过随机入户问卷及与对村委会委员、金融机构工作人员和调研重点对象进行访谈等方式,对湖北省武陵山少数民族地区金融素养的现状展开调研。研究发现:(1)调研对象金融素养普遍偏低。特别是信用水平以及小额信贷保险知识都较为缺乏,银行基本业务知识也有待提高。(2)调研对象金融素养低导致银行客户信用和法律意识淡薄,增加了客户的道德风险和银行的信用风险,并且在一定程度上导致客户对银行等金融机构的不信任,从而影响了金融机构服务于农户的积极性和热情。(3)调研对象对新兴银行业务有较高关注度,并且更希望通过互联网及手机短信等方式获得金融知识。

以上结论对于如何提高农户金融素养,以及如何发挥金融扶贫效应具有明确的政策含义。

(一)充分发挥政府主导作用

增加贫困群体金融知识,提高贫困群体金融素养将是一个长期的过程,存在巨大的成本。由于提高贫困群体金融素养效应具有明显外部性,因此,政府应当在这个过程中发挥主导作用。政府要通过金融宣传月活动,加大对贫困群体的金融知识宣传。建议政府每两三个月更换金融知识宣传主题,利用网络、电视、手机短信、课堂、宣传兰等多种形式向农户宣传金融风险的相关知识,以提高公众的金融安全意识。对有些金融知识宣传要常态化,比如信用知识、风险防范、非法集资、反洗钱反诈骗等知识,建立金融知识普及的长效机制。

(二)充分发挥信贷员主力军作用

由于贫困群体主动学习金融知识的意识很低,因此,应该充分发挥信贷员与贫困群体接触较为紧密的关系,让信贷员应该是农村金融知识普及的主力军。与柜台宣传不同,信贷员需要在行走移动中办公,主动将贷款、理财、联保责任等金融知识送到田间地头和农户身边。将信贷产品宣传下乡,践行普惠金融理念,缩小城乡金融服务差异,支持鼓励百姓创富,对发展有金融需求但未建立业务关系的农户进行关注,尤其是落后偏远的洞下槽村,更需要信贷员有针对性地提供金融服务方案,注重建立与借贷员之间具有中国乡土特色"情"的关系,二者在金融知识交流中.形成良好的朋友关系。

(三)建立金融精准扶贫工作站、工作信息人员风险防控机制

现实中,农户由于信息不对称,在金融消费中很容易产生纠纷从而对金融产生误解导致抵触心理。金融精准扶贫工作站、工作信息人员应每年联合村两委开展至少三次以上的金融知识和政策培训,在工作站办公点、联系点常设

专职或兼职宣传人员、发放宣传资料等形式,普及金融精准扶贫政策、反假货币、征信、金融维权、投资理财、抵制非法集资等金融知识;拓宽金融消费者投诉等服务范围,有效提升农户金融知识水平和防范金融风险意识。加大信用评级工作执行力度,推动建设信用乡镇、信用村、信用户,优化农村信用环境,使村民"善用信,能守信",为金融精准扶贫工作营造和谐金融生态环境。

还可通过风险提示书、专用墙体张贴资料或布告栏形式加深农户对相关金融知识的认识。工作信息人员要对农户办理业务之前、中、后遇到的存贷汇转、ATM 机的使用、利率和费用计算等问题进行全程的针对性指导,开展有效的现场讲解与咨询服务。为提高贷款的可获得性,采用"政府担保+金融机构+农户模式"和"政银保"协调联动的机制,利用手机银行等新型服务业态提升农户基础金融服务的应用,做好联系点代办商户的培训、指导,促进农户风险意识和自我保护能力的提高。

(四)完善信贷+非金融服务机制

金融机构要充分意识到金融素养对金融精准扶贫的重要意义,在提供信贷等金融服务的基础上,还应该通过提供非金融服务来提高贫困群体的金融素养。一是进一步通过大堂经理等工作人员的引导和宣传,提高贫困群体银行基本业务知识水平,能够熟练办理各类传统银行业务。二是增加对信贷员的培训,强调信贷员在提供信贷过程中,对农户提供更多信贷知识、产品的宣传,让贷款客户对自己的权利和业务有清晰认识,特别是联保贷款、小额信贷保险等知识。三是要注重培训贫困群体的信用意识。调研问卷分析和访谈案例都表明贫困群体的信用意识仍然薄弱。金融机构可以通过网络、手机短信,以及金融知识进村的形式,不断强化贫困群体的信用意识,增强其信用观念。

(五)创新金融知识宣传形式

传统金融知识宣传形式往往单一,主要限制在面对面的知识的传授,持续时间短,受众面也比较小,宣传效果有限,且缺少趣味性,容易使宣传人群产生厌倦心理,降低获取知识的积极性。而根据前面调研结果发现,63.19%的农户更希望通过网络、手机短信宣传方式获取所需要的金融知识,所以对他们就要善用媒体宣传,例如通过制作金融知识网页或墙体广告、微信推送、手机信息服务等途径,强化农户对银行卡使用、网上银行、手机银行、贷款知识和小额信贷保险的学习。而对当一部分农户期望电视宣传、金融机构网点发放资料和金融进社区活动,则可以借助送电影下乡、"村村通"贷款宣传广播、喜闻乐见且直观的金融知识专题宣传片、编排文艺节目等方式,将专业的金融知识浅显化、娱乐化,以加强农户对信贷产品的了解,提高其理财意识、信用意识和风险防范意识。另外仍有43.75%的人希望报纸杂志等传统媒介的宣传方式,则可以通过宣传员、专职人员、快递或邮递员定期发放报纸和宣传资料,以及杂志宣传、农村书屋等公共文化服务体系,使农户随处感受到学习金融知识的氛围,意识到增强自身金融素养发展的必要性,以期获得更好的金融服务,以及金融精准扶贫的信贷可获得性和信贷效应。

第二节 微型保险对微型信贷的影响

2008年6月,我国原保监会(现为银保监会)在湖北、广西、甘肃等九省农村地区开展小额人身保险业务。目前,小额保险在我国已具备了一定的市场基础。如2016年全年安联小额保险保费收入为21.98亿元,[1]已覆盖到5500万人[2],但在农村保险市场仍然存在很大的需求缺口。

---

[1] 原数据为3.03亿欧元,这里按照1欧元=7.2537人民币汇率中间价折算成人民币。

[2] 何大勇等:《探秘小额保险》,2018年2月12日,见 http://chsh.sinoins.com/2018-02/12/content_254909.htm。

一、微型保险的定义、分类以及特征

（一）微型保险的定义

微型保险又被称为小额保险（下文中均称为小额保险）。对于小额保险存在着许多不同的认识，至今对于小额保险的具体定义在理论界还没有达成一致的共识。目前，被大部分学者所认同的权威的关于小额保险的定义分为两种，第一种是来自国际贫困扶助协商组织（The Consultative Group to Assist the Poor-CGAP）的界定：小额保险主要是面向低收入人群，依照风险事件的发生概率及其所涉及成本按比例定期收取一定的小额保费，旨在帮助中低收入人群规避某些风险的保险[1]；另一种是来自国际保险监督官协会（IAIS）的定义：小额保险是依据公认的保险惯例包括保险核心原则运营的，由多种不同实体为低收入人群提供的保险[2]。

以上两种定义在表达方式上有所不同，但两者所要传达的核心内涵是完全一致的，综合来说小额保险是为低收入人群提供风险管理的一种保险产品。对于"低收入群体"的定义不同的人有着不同的理解，笔者认为他们大多都是无法享受到主流的商业保险业服务及社会保障计划的人群，这部分人所受的教育水平和社会职业技术水平不高，且大多生活在农村偏远地区从事农牧生产，所获得的收入较低，从而缺乏对于自己所从事的农牧业的投保能力。所以他们需要的是针对这个群体特性所制定的保险产品。这也恰巧说明"小额保险"中的"小额"与这个产品保金的多少并没有关系，主要看其是否将低收入人群作为其产品的主要客户。综上所述，小额保险是面向低收入人群，能让他们以较少的保费避开风险的一揽子保险。

---

① 刘婷婷：《中国小额保险经营模式的选择》，《经济研究导刊》2010 年第 10 期。
② 王天妹：《河北省小额保险发展问题研究》，河北大学 2012 年硕士学位论文。

（二）微型保险的分类

目前,中国的小额保险主要包括:小额农业和财产保险、小额寿险、小额意外保险、小额健康保险、小额信贷保险等。

1. 小额农业和财产保险

小额农业和财产保险主要是针对农村居民的农牧业生产活动及可能的家庭财产损失提供的一种风险保障产品。目前,我国涉及的小额农业保险主要有水稻制种保险、水稻保险、小额母猪保险、奶牛保险和农作物种植雹灾保险等。由于小额农业保险的经营风险太高,目前开办的小额农业保险大多采取"中央财政补贴、地方财政补贴、农民自己支付"的方式,以确保保险公司能继续经营,农民能够购买得起①。如湖北省对于地方支柱农业和特色农业,开展大棚蔬菜、小龙虾、油菜等产品保险,全省参保的农户自身承担保费的 23%,省、县的财政补贴占 35%,中央补贴则达到 42%。而对于小额家庭财产保险,农村居民对家庭财产损失的关注度不够高,所以对这类保险需求比较少,保险公司也较少提供这种类型的产品。

2. 小额人寿险

小额人寿保险是以农村居民的生命和身体作为保险标的一种小额保险。小额人寿保险相对于其他保险来说投保人的骗保和道德欺诈的风险较小。因为被保险人在保险期间死亡或者是期满生存都是可以作为保险事故的,保险人只需按照约定付给保险金。死亡保险主要起的是一种保障作用,而生存保险则具有一定的储蓄作用。所以,这种保险也可以方便地和一些其他的微型储蓄和微型信贷产品相联系。这种保险产品在国外普及率较高,在国内发展还比较缓慢。主要包括以下三种:（1）小额意外伤害保险。小额意外伤害保险是指,当被保险人遭受不可控的、突发的、外界的、非疾病的意外事故而因此

---

① 桂佳:《小额保险的理论研究及问题探析》,西南财经大学 2010 年硕士学位论文。

造成被保人的身体残疾或者死亡时,保险人需依照合同向被保人给付保险金的一种小额意外保险。小额意外险的主要目标群体一般是低收入家庭的主要劳动者,所以在设计小额意外伤害保险时充分考虑到了低收入人群遇到意外事故与高收入人群的不同。目前,在我国发展覆盖最为广泛和迅速的就是这种保险产品,并已经取得了一定的经济和社会效应。(2)小额健康保险。小额健康保险产品主要是替被保险人的身体提供一种保障的小额保险产品。当被保险人因为疾病或意外事故而产生了直接的或间接的医疗费用支出和收入损失的时候,保险人承担相应赔偿责任的一种人身保险。而其中就包括了直接医疗费用,比如说:护理和治疗费用;再就是间接医疗费用,例如住院期间的食宿费用和其他间接服务所产生的费用。保险人需要做的就是按照事先约定的条文规定,补偿被保险人的相应费用的支出。然而在小额保险中向低收入人群提供健康保险具有很大的风险性,因为健康保险在很大程度上是容易受到周边各种各样内部的外部的因素所影响和制约。比如,在环境较为恶劣的地方,人们是更加容易患病的,而且也更加需要健康保险。但是如果所在的信托机构和保险公司的客户长期患病,保险公司是需要按照相关条例进行不同程度的赔款。但如果客户无法按保险公司要求给出合乎规范的医疗记录,他们是难以根据保险条款进行索赔的。(3)小额信贷保险。小额信贷保险是一种针对小额信贷提供的保险产品。它是保险公司在银行向城乡居民或者企业发放小额贷款的时候,为贷款人提供因意外伤害、财产损失或其他各种原因所造成贷款不能及时偿还时其所代为偿还贷款的一种保险。其中主要针对的是农户,因为农户对小额信贷需求量相对较大,并大多以此来进行种植业或养殖业上的投入。但其所受外界因素影响较大。当农户因意外或不可抗因素无法按时按额度还贷时,保险公司会代农户还贷,所以它也仅仅是针对还贷的一种保证。

(三)微型保险的特征

从小额保险的本质上来看,小额保险其实是隶属于保险的一个分支,所以我们也可以认为它具有普通保险的一些基本特征。比如,小额保险也是依据大数法则的数理思想归集风险,进而有效管理和分散风险,让投保人在面临风险带来的损失时能获得一定的保障和经济补偿①。但是,小额保险与一般的保险又有着很大的不同,比如,之前笔者有提到小额保险所针对是情况相对比较特殊的"低收入人群",是帮功低收入人群来规避风险的一种"一揽子"式的保险。所以小额保险应该结合低收入人群所将遭受到的风险特征以及人们对对于风险的承担能力和对保险产品的认知水平,而所体现出其所具有的特性,比如,保费的价格低廉、其所保障程度适中、保险各个流程简洁明了,其保费收取的方式多样化等。具体描述如下:

1. 保费价格低

保费价格低廉是小额保险的一个鲜明的特点。因为前文也说到过小额保险的目标就是要服务于低收入人群,所以它自然就不能收取过高的保费,以避免针对人群承担不起它的价格,而这七是小额保险最具标志性的特征之一。换句话说小额保险本身只有保持着它低廉的保费,才能够更好地满足低收入群体的需要从而更好地打开低收入群本的市场,并实现其长时间的可持续发展。然而,相应的大家也可以想到,低保费也就对应着其客户只能获得较低的保险保障水平,同时保险公司也不得不尽降低一切可能的成本费用。这样才能实现小额保险价格低廉这一特征。

2. 针对特定风险

和普通的商业保险相比较,小额保险更加关注的是一种保障性的项目。而且,小额保险主要是为了转移和承担低收入人群发生频率较高,损失较大,其自身不能承受的风险,比如,意外伤害、因为疾病导致的身故以及因为身体原因而丧失劳动力从而无法获得经济来源等风险。并尽一切可能地做到对这些因素影响进行涉及和容纳。例如小额保险中就有针对家庭主要经济来源劳

---

① 马博:《广西农村小额保险的需求研究》,广西大学 2015 年硕士学位论文。

动力所设计意外伤害保险,家庭的收入来源支柱就是家庭的主要劳动力,一旦其发生了风险事故,可能就会使整个家庭陷入经济困境。

3. 产品便于理解

一般传统的保险合同都包含了很多烦琐的投保条件、保险利益的款项,并且是要按照严格的法律文书来制定。尽管大家都知道更加规范正式的合同是可以更好地保障客户的权益,但是我们也要考虑到一点,既然小额保险所面向的目标客户是低收入人群,那么他们有可能大多是文化程度相对比较低的农户。如果说消费者读不懂相应的保险条款,那么就更不用说后面如果遇到了问题还要维权。因此,小额保险合同就势必要尽量使用人们能够通俗易懂、简单明了的语言文字说明,并且条款也要尽量简洁简短,这样才能使消费者能更清楚地了解到他们所需要花费的费用、应该以何种形式付钱以及他们能够得到何种保障。这样才能算满足低收入家庭了解保险的迫切需要,从而增强消费者对保险原理和保险如何使其受益的了解,同时,也有利于普及保险教育,对于扩大小额保险市场也有着十分重要的作用。

4. 流程便于操作

简洁快速的流程是由目标客群的特征所决定的,这样不仅可以更好地服务于小额保险的目标客户群、吸引目标客户,而且还能降低小额保险供给的保险公司或机构的成本费用。在以往大部分的保险公司纠纷有一定的原因都是因为烦琐的流程,造成客户对于流程的不了解与疏忽。这不仅给客户造成了不便也给保险公司的运营效率造成了阻碍,不利于保险公司树立良好的形象。而如果去除那些烦琐的流程手续和步骤。一方面,可以提高客户的便捷度,方便客户更好地了解保险公司的流程手续;另一方面,也能提升保险公司内部的运营效率,节省不必要的开支和费用,使得小额保险的保费能够一直保持在较低的水平,也更方便其打开低收入市场。

5. 普及范围广

小额保险计划作为一种社会扶贫手段,通常是尽可能地覆盖低收入家庭。

同时,小额保险的供给方为了节省成本费用,严格的核保剔选这一环节已经被去掉,排除高风险投保人的做法也被小额保险的提供者所放弃,而是通过覆盖尽可能多地被保险人来达到分散风险的目的①。

6. 兼顾社会保障和经济效应

在最初小额保险出现基本都是带着公益性的,一般是由民间组织或非营利性机构所提供,而所针对的目标是那些买不起高额的商业保险的低收入群体。随着小额保险的不断发展,更多的低收入者切身感受到了小额保险所带来的保障。一方面,使国家逐步认识到它能够稳定社会的积极作用,于是便将其纳入社会保障体系来完善整个机制的缺陷和不足。另一方面有些保险公司也感受到了小额保险拥有巨大的潜力市场,也开始逐步将低收入群体设为目标客户,认为可以更好地开发这一具有巨大空间的潜力市场。

二、微型保险发展的理论基础

(一)需求理论

以传统的供需理论为基础,只有当某一产品既有需求也有供给的时候,这个产品才会存在在市场上。这样说来的话小额保险的存在也必须同时存在供需的双方。依照前文的理解我们可以得出:小额保险的需求方主要是低收入群体,那么低收入人群真的可以形成需求方并成为有效的需求方吗?如果我们只从小额保险服务的对象来看,低收入人群是长期生活在具有风险的环境当中的,非常容易受到环境风险的影响。同时当灾害发生时,低收入人群又恰巧是最没有能力承担风险的人群。贫困性和风险承担的催软性并驾齐驱,并且程度不断提升,一旦遭遇风险其家庭变得更加贫困、更加脆弱,生活质量便会急剧下降。低收入人群面临的不仅是暴露于过多的风险中,极其容易造成物质经济损失,同时他们也遭受着损失随时随地可能会发生的这种持续的不

---

① 张珺:《中国农村小额保险的经营模式研究》,中南林业科技大学 2012 年硕士学位论文。

确定性对心理的影响。就是因为这种不断的焦虑,低收入者很少能够改变自己现有的一种贫困状态。虽然大多数的低收入家庭通常会采用一些不正式的方法处理风险,但是不正式的处理方法一般提供的保护都是不足的。非正式风险处理方法倾向于只保证小部分的损失,因此贫困者只能将其各方面的资源汇集起来寻求支持①。就算是这样,非正式风险保障并不能够很好地去承担风险或者解决风险,但是事实上,恰恰低收入群体都是这样去处理分散风险,所以当他们还没有完全从一个风险中恢复过来的时候,可能就又陷入了另一个风险中去了。由此可见,低收入者从理论上说是需要保险为其分散风险的,但是实际上能否形成有效需求?虽然小额保险的消费者是低收入人群体,但是并不是极其贫困完全没有经济来源的,只是收入来源不稳定,或者总数较少,对价格很敏感。那么只要小额保险产品真正能够满足这些低收入人群对于管理风险的需求,并且保费价格合理,那么低收入人群这块市场就一定存在需求。所以只要保险公司将保费控制在低收入家庭可以接受的范围之内,小额保险的需求便会是稳定的可持续的。而需要做的就是在积极提升有效供给水平的基础上,将低收入人群巨大的潜在保险需求转化为有效需求。

对于供给一方来说,长期以来商业保险在低收入市场发展都没能取得成功,因为消费者多是生活在农村或没有相对固定的正式工作,而且人口数量大,居住相对分散,收入来源不具有规律性且总量较少,对价格敏感。由此,这部分产品保费收入低,产品相关费用高,保险公司往往得不偿失。那么低收入市场到底有没有市场潜力,怎样维持保险公司对于这个市场的持续发展? C. K. Prahalad(2005)在其著作"The fortune at the bottom of the pyramid"中指出,私营部门将依靠市场本性创造新的体系,并且认为超过 40 亿的人口每天生活开支少于 2 美元,如果产品或服务提供者包括跨国公司创造新的商业模式去激发低收入消费者,这部分市场潜力巨大②。而这种想法对于对小额保险的

---

① 党敏:《我国农村小额保险发展模式研究》,北京交通大学 2011 年硕士学位论文。

② 党敏:《我国农村小额保险发展模式研究》,北京交通大学 2011 年硕士学位论文。

提供者来说并不陌生,当年开创了第一家为低收入家庭市场服务的商业银行,小额金融已经开始了商业化进程。

(二)风险管理理论

当今社会,人们所要承担的风险无处不在。也正是由于未来的不确定性和无法预测性,使人们在实现目标时,时常需要承担突发的风险。所以说风险是具有不可控性、客观性和减损性。这时才有了人们对于保险的需求。同样,风险对于低收入人群的打击更加巨大。因此,需要采用有效的风险管理来帮助低收入人群规避风险。

风险管理水平提高了,也可以使资源得到更加合理的利用;反之,则会浪费社会资源并造成经济损失。风险管理作为一种组合的、复杂的系统化工程,它涉及经济、社会、政治等各种领域,涉及社会生活的各个方面。国家、企业、个人、家庭都需要管理各种风险。所谓风险管理就是,指当事人通过对风险进行识别和度量后,采用合理的经济和技术手段,主动地、有目的地、有计划地对风险加以处理,以最小成本去争取最大的安全保障和经济利益的行为①。所以说风险管理是社会经济单位体通过对其所面临的风险进行风险识别、估测、评价,继而选择适当的风险管理技术方法,最终对风险实施有效的控制,并妥善处理风险所致损失的过程,那么我们也可以说风险管理的原则就是以最小成本获得最大风险保障;而对纯风险的处理方法有回避、预防、自留和转移。比如,保险就是通过转移风险这一手段来进行风险管理,而这一手段也可以说是最为经济、有效的方法之一。个人、一般家庭及中小企业管理各种风险最经济的方式就是参加保险。

---

① International Labour Office:7th International Microinsurance Conference 2011 Making insurance work for the poor,2011.

(三)利基策略理论

菲利普·科特勒在《营销管理》中给利基下的定义:利基是更窄地确定某些群体,这是一个小市场并且它的需要没有被服务好,或者说"有获取利益的基础"①。也就是说产品投入这个市场,是有一定利益基础的。那么实行利基策略的主要意义在于,在整个市场上占有较低份额的公司可以通过灵活巧妙地设计产品,相机行事,从而实现高额利润②。换句话说实施利基战略之所以能给企业带来巨大收益,其根本原因就在于进行市场利基的公司是已经充分了解了其客户市场的,所以能够更快、更好、更圆满地满足客户需求。

也就是说包括商业保险公司在内的许多机构肯定都正对低收入人群目标市场做过市场调研。那么我们应该明白中低收入群体对基本保障型的保险服务的需求是存在的:一是大多数中低收入群体对于生存保障机制的潜在需求相对来说比较其他人应该更大。然而社会保险主要服务于有稳定职业和固定收入的群体,商业保险项目则主要针对的是社会中上收入阶层,但是低收入群体尤其是农民处在贫困边缘或刚刚摆脱贫,去抵御风险的经济和技术手段都是比较匮乏的,就像之前所说,他们很有可能刚刚摆脱一种风险随即又陷入了另一种可能会陷入贫困的风险。由于社会保障和商业保险体系均不包括这类人群,因此他们对保障保险的潜在需求得不到满足。二是如今小额信贷的快速发展,小额信用保险的市场需求便是由此产生了。由于农村小额信贷的兴起,金融机构的关注重点也开始转向还贷的一种风险,因为农户大多把小额信贷用于他们的种植养殖这种很容易受到外部环境打击的行业上,一旦遭遇天灾人祸等,就很容易面临还不了贷款从而降低贷款信用的风险。所以规避贷款风险的有效方式就是配合小额信贷开展小额信用保险。所以小额信贷可以使人们的生活得到改善,而小额保险则可以使人们的所得利益得到保护。

---

① 菲利普·科特勒:《营销管理》,王承贵等译,中国人民大学出版社 2012 年版。
② 见 http://baike.soso.com/v8201585.htm。

（四）金字塔底层理论

金字塔底层理论（Bottom cf the pyramid，BOP）是推动小额保险发展的另一商业理论，该理论主要引自 2005 年美国学者普拉哈拉德撰写的《金字塔底部的财富》一书，作者在书中写道："在金字塔的底部蕴藏着财富，主流观点认为穷人没有购买力，因此并不代表着一个可行的市场……但是，凭借他们的数量，穷人们代表了一个重要的潜在购买力。"①根据书中观点，笔者可以认为金字塔底层理论可以说是小额保险的产生和发展的一个十分重要理论。因为发展小额保险从另外一种角度来看也是一部分保险公司在培养潜在客户、发掘潜在市场的一种开拓市场的战略手法。著名教授普拉哈拉德在《金字塔底部的财富——在 40 多亿穷人的市场中发掘商机并根除贫困》中认为，将穷人作为商业目标所带来的利益超出了赚钱本身，并强调经济体的参与可以帮助穷人们摆脱当前的困境。② 那么对于保险公司来说随着目标客群在将来的经济或收入发展增加，他们的经济水平得到了很好的改善，那么一种惯性心理和感恩的心理也许会使他们成为未来的更多保险产品的购买者。而进一步的保险公司发掘了潜在客户，也塑造了服务社会的形象，维护它在公众心目中形象，使得老客户的忠诚度得到加强，进而也会增加其社会影响力和公司的利润，达到多种目标。

三、微型保险的反贫困功能

与一般保险不同的是，小额保险是只针对贫困群体的一种保险。由于贫困群体的收入低、不稳定且波动性大，抗风险能力弱，而保险本身又具有经济补偿、融资增信、防损和资金运用等功能，因此，保险和扶贫具有天然的联系。

---

① C.K.普拉哈拉德：《金字塔底部的财富》，林丹明、徐宗玲译，中国人民大学出版社 2005 年版。

② 张静：《我国开展小额保险研究》，新疆财经大学 2008 年硕士学位论文。

Morduch(2006)认为,对低收入国家的贫困群体来说,通过小额保险来平滑风险和脆弱性是"下一个革命"。

小额保险的反贫困功能主要体现在以下几点:一是小额保险能降低贫困群体的经济脆弱性,减少其收入波动以及平滑消费(Mosley,2009)。Dercon(2005)对埃塞俄比亚1999—2004年间受到收入冲击的农村家庭进行研究的结果表明,如果这些家庭能够一开始就拥有保险,那么这些冲击对这些家庭所造成的贫困程度可以降低三分之一。二是可以增加贫困群体社会资本,改善贫困群体的人际关系,从而提升贫困群体经济和社会福利。Manzambi Kuwekita J.et al.(2015)的案例分析表明,购买小额保险的借款人比没有购买小额保险的借款人拥有更强的购买力,将小额信贷、小额健康保险以及医疗保健条款相结合可以降低人们获得高质量卫生保健的机会成本,从而提高收入。同时,通过购买小额保险,借款人之间,以及借款人与微型金融机构之间会因为还款有更多保障而建立更多的信任。三是可以增强贫困群体收入和支出的稳定性。将小额信贷和小额保险结合起来时,小额保险有助于发挥信号作用,从而大大提升贫困群体获得小额信贷的可能及额度。由此可以帮助贫困群体提升收入,增加物质资本积累。此外,小额保险还有一些其他功能,如通过金融服务市场向下发展带来反贫困效应以及通过制度模式的供给带来反贫困效应。前者是相关政府为确保一些极端贫困的群体能够享受保险服务而专门制定的一系列相关计划;后者是指一些微型金融机构将其有关保险产品的创新及其实践经验通过网络和其他媒介传递给那些想要模仿和改进的机构,通过降低这些模仿机构的运作成本而产生减贫效应(陈银娥等,2016)。

四、微型保险影响微型信贷的理论分析:以小额信贷保险为例

Giné X和Yang D(2009)认为,小额信贷保险有助于降低农户的违约风险,从而促进生产中新技术的发展并提高农户收入。Galarza F B、Carter M R(2010)以及Jean-Philippe et al.(2017)等学者也认为小额保险作为一种保护

贫困群体免受重要冲击的有效工具,可以降低小额信贷风险,并提高贫困农户的收入。Akotey et al.(2016)等学者的研究也证实,小额信贷对贫困群体并不必然带来减贫效应,但如果在小额信贷中加入小额保险,则小额信贷对贫困群体的反贫困效应大大增加。Bauchet et al.(2017)通过理论模式演绎的结论是,将小额保险产品和小额信贷产品捆绑在一起,利用微型金融机构利用已经存在的分支机构,以及小额信贷客户对向其提供贷款的机构的信任,可以帮助微型金融机构以较低成本来建立与目标客户的关系并扩大其覆盖面。Bauchet et al.(2018)的实证研究则表明,购买了人身意外伤害保险的借款人,特别是第一次获得贷款的借款人,其还款的概率大大增加,因而其也更有可能获得更大额度贷款。

　　国内对于小额保险影响小额信贷效应的研究主要集中在以下三个方面:一是从风险防控角度阐述小额保险对小额信贷发展的重要性(杜庆鑫,2008;张青枝,2009;王宁兰,2010)。二是对小额信贷与小额保险协同发展模式的探索。尹成远、任鹏充和陈伟华(2010)参考国际经验,提出"小额信贷+意外保险""小额信贷+财产保险"等方式可以较好降低小额信贷机构在经营中面临的信贷风险。三是解构小额信贷与小额保险协同发展的模式问题。如彭军(2017)认为,小额信贷保险模式理论上可以使多方获利,但事实是:小额信贷机构同时获得信贷利息收入、转移风险并从保险公司获得手续费收入的好处;而农户同时支付了小额信贷利息与小额保险的保费;保险公司则只获得部分保费收入还要完全承担风险。三方利益分配不均制约了农户和保险公司购买和销售小额保险的积极性,提出保险公司也可以直接提供小额信贷保险组合产品的解决方案。

五、微型信贷保险影响微型信贷可获得性的实证分析

(一)数据说明

　　调研数据来源于项目组 2016 年 7 月 29 日至 8 月 5 日对湖北省宜昌市长

阳土家族自治县白氏坪村、津洋口村以及花桥村这三个国家扶贫村的实地调研。本次调研的方法是:首先在村委会了解本村农户办理小额信贷以及购买小额保险的基本情况;然后,在村委会干部的带领下,对具有贷款意愿的农户采用随机入户的方式进行问卷调查并对典型调研对象进行深度访谈。本次调研共发放问卷 200 份,其中有效问卷 182 份,有效率达 91%。

1. 被调查对象的基本特征

表 4-8 涵盖了被调查对象的性别、年龄以及受教育程度等相关数据。表中结果表明,男性和女性被调查者的数量相当,并且被调查对象中包含各年龄层次以及各种文化水平的农民,所以被调研对象覆盖了调研地区各类农户,调研结果具有代表性。

表 4-8　被调查对象基本统计特征

统计特征	分类指标	样本数	占比(%)
性别	男	98	53.85
	女	84	46.15
年龄	18—30 岁	33	18.13
	31—40 岁	35	19.23
	41—50 岁	50	27.47
	51—60 岁	53	29.13
	61 岁及以上	11	6.04
受教育程度	初中以下	47	25.82
	初中	48	26.37
	高中或中专	55	30.22
	本科或大专	21	11.54
	本科以上	11	6.05

2. 被调查对象对小额保险的认知及需求意愿分析

表 4-9 中通过让被调查对象回答对小额保险的了解程度、小额保险的种

类以及最想购买的保险种类这 3 个问题来反映农户对小额保险的认知以及需求情况。

表 4-9　被调查对象对小额保险的认知及需求

统计特征	分类指标	样本数	占比（%）
对小额保险的了解程度	非常了解	0	0
	了解一些	48	26.37
	听说过	79	30.22
	了解很少	55	43.41
知道小额保险的种类（多选）	小额寿险	51	28.02
	小额意外伤害保险	104	57.14
	小额健康保险	78	42.86
	小额农业保险	35	19.23
	小额财产保险	45	24.73
	小额信贷保险	39	21.43
	都没听说过	14	7.70
最想购买的保险种类	养老保险	44	24.18
	人身意外伤害保险	51	28.02
	健康保险	61	33.52
	家庭财产保险	26	14.28

表 4-9 数据表明,对于"小额保险了解程度"这一问题,选择"非常了解""了解一些""听说过""了解很少"的农户占比依次为:0、26.37%、30.22% 和 43.41%,表明大多数农户对小额保险都还缺乏了解。进一步访谈知道,农户对小额保险的种类以及小额保险在防范农户返贫风险等方面的作用基本不了解,也没有意识到保险在生产和生活上风险保障的扶贫效应。进一步问到农户知道哪些小额保险时,57.14% 的被调查对象知道小额人身意外伤害险,42.86% 的被调查对象知道小额健康险(主要是医疗保险),28.02% 的被调查

对象知道小额寿险,19.23%的被调查对象知道小额信贷保险,另有7.70%的农户表示没听说过以上保险。上述数据表明,农户对小额人身意外伤害险相对较为了解,对小额信贷保险了解相对较少。而在"最想购买的险种"中,选择健康保险、人身意外伤害保险、养老保险和财产保险的比例依次为33.52%、28.02%、24.18%和14.28%,这一结果与被调查对象当前面临的主要风险基本一致。但调查对象也表示,由于保险费较高、保险条款复杂以及保障范围有限,在签订保险合同之前还需要和保险代理人多次进行协商交流,机会成本较高,所以实际购买的农户并不多。

分析农户对小额保险的认知及需求意愿可以发现,大部分农户的保险意识不强且对小额保险的认识存在偏差,但农户对于意外伤害等缴费相对较低的险种存在较高的需求。

3. 被调查对象对小额信贷市场引入小额保险的认知情况分析

根据调查结果显示,大部分农户具有贷款需求,但将近75%的被调查对象认为农户不容易获得贷款。花桥村村干部介绍,办理贷款有以下三个条件:首先,办理贷款的农户需要事业单位或者政府机构工作的人作为担保人;其次,银行对贷款农户进行考察、信用评级,符合贷款等级的农户才可办理贷款;最后,借款人需要证明贷款的用途。开展小额信贷的目的是为贫困农户提供一笔资金,减少贫困农户的负担,使之参与生产从而提高收入,但有些农户主观上误认为小额贷款是国家的一种补贴,甚至有些农户在获得贷款后不愿偿还,所以现在办理贷款的操作程序比较复杂,依次是:(1)签订合作协议;(2)贫困户评级授信;(3)借款人申请;(4)审核推荐;(5)贷款受理;(6)贷款调查、审查、审批;(7)签订合同;(8)贷款发放与支付;(9)贷后管理;(10)贷款收回。由此可见,农户不容易获得贷款一方面是由于贷款条件门槛高,一般农户很难全部满足,并且贷款操作程序复杂,耗时过长;另一方面,有贷款需求的农户收入低,农村微型金融机构面临较高的风险,所以不愿意发放贷款。

通过进一步访谈得知,一些信贷员为了提升业绩将小额保险费用与手续费混为一谈,进行强制性捆绑销售。有相当部分的贷款人并不知道自己购买了小额信贷保险。调查结果显示,只有10%的农户认为购买小额信贷保险可以降低信贷机构的信贷风险,提高其发放小额信贷的积极性,绝大多数农户不知道小额信贷保险的作用,甚至有些农户将保险和储蓄的作用混为一谈,因此,进一步开拓农村保险市场迫在眉睫。

(二)小额保险对小额信贷可获得性的影响分析

1. 变量选取

选取"是否获得小额信贷"作为因变量,选取性别、年龄、受教育程度、主要收入来源、年均收入、计划贷款金额、计划贷款期限、小额信贷用途、是否购买小额保险这九个因素为自变量,探究小额保险是否影响农户获得小额信贷,以更好发挥"小额信贷+小额保险"的金融扶贫效应、促进农村地区的金融发展。具体变量赋值如表4-10所示。

表4-10　变量及其统计说明

变量名称	赋值
性别(X_1)	男=0;女=1
年龄(X_2)	30岁及以下=1;31—40岁=2;41—50岁=3;51—60岁=4;61岁及以上=5
受教育程度(X_3)	初中以下=1;初中=2;高中或中专=3;本科或大专=4;本科以上=5
主要收入来源(X_4)	种植、养殖业=1;个体经商=2;企事业单位、政府工作=3;其他=4
年均收入(X_5)	3万元以下=1;3万—5万元=2;5万—10万元=3;10万元以上=4
计划贷款金额(X_6)	1万元以下=1;1万—3万元=2;3万—5万元=3;5万元以上=4
计划贷款期限(X_7)	1年以下=1;1年=2;2年=3;3年=4;3年以上=5
小额信贷用途(X_8)	生产=1;生活=2;其他=3

续表

变量名称	赋值
是否购买小额保险(X_9)	是 = 0;否 = 1
是否获得小额信贷(Y)	是 = 1;否 = 0

2. 模型设定

本书中因变量"是否获得小额信贷"是一个二分变量,因此适合建立二项 Logistic 回归模型。具体模型如(1)所示:

$$\ln \frac{P_i}{1-P_i} = \beta_0 + \beta_1 X_1 + \beta_2 X_2 + \beta_3 X_3 + \beta_4 X_4 + \beta_5 X_5 + \beta_6 X_6 + \beta_7 X_7 + \beta_8 X_8 + \beta_9 X_9 + \varepsilon \tag{1}$$

其中,P_i 为"是否获得小额信贷"的概率值,β_0 为模型的常数项,$\beta_1 \sim \beta_9$ 为模型的回归系数,εDDd

(三)实证分析过程及结果

利用 SPSS17.0 统计软件,通过向后 Wald 方式来剔除相关变量以解决多重共线性问题。表4-11结果显示,最终卡方值为87.317,通过了1%的显著性检验,模型整体检验显著;对模型拟合度的进一步检验结果也显示,模型的对数似然值为149.922,整体拟合度为0.381,伪 R 方值为0.523,说明拟合效果相对较好;最后对模型判断预测准确率的检验,模型整体的预测率为85.2%,表明预测结果有价值。

表4-11　模型检验结果

步骤	卡方值	自由度	-2 对数似然值	Cox 和 Snell R 方	Nagelkerke R 方
1	87.749	9	149.491	0.383	0.525
2	87.731	8	149.509	0.382	0.525

步骤	卡方值	自由度	−2 对数 似然值	Cox 和 Snell R 方	Nagelkerke R 方
3	87.626	7	149.614	0.382	0.525
4	87.317	6	149.922	0.381	0.523

表 4−12 是二项 Logistic 回归分析的结果,它显示了最终进入模型的变量,由结果可知,主要收入来源、年均收入、计划贷款金额、计划贷款期限、小额信贷用途、是否购买小额保险这六个变量通过了 10% 的显著性检验,其中,主要收入来源、年均收入、小额信贷用途以及是否购买小额保险这四个变量通过了 1% 的显著性检验,计划贷款金额通过了 5% 的显著性检验,而性别、年龄以及受教育程度这三个变量没有通过检验。

表 4−12　二项 Logistic 回归分析结果

变量	B	S.E.	Wals	df	Sig.	Exp(B)
X_4	0.830***	0.204	16.523	1	0.000	2.294
X_5	0.803***	0.293	7.495	1	0.006	2.232
X_6	0.667**	0.275	5.901	1	0.015	1.949
X_7	−0.467*	0.258	3.259	1	0.071	0.627
X_8	−1.355***	0.351	14.869	1	0.000	0.258
X_9	−3.008***	0.531	32.109	1	0.000	0.049
常量	1.777	1.355	1.719	1	0.190	5.912

注:***、**、* 分别表示通过 1%、5%、10%的显著性检验。

根据表 4−12 可以得到以下结论:

变量"主要收入来源"通过了 1% 的显著性检验,并且收入越稳定越易获得小额信贷;变量"年均收入"也通过了 1% 的显著性检验,且收入越高越易获得小额信贷。这是因为农村信贷机构对贷款农户的一个考察标准就是收入情况。变量"计划贷款金额"和"计划贷款期限"均通过了 10% 的显著性检验,从 Exp(B) 值来看,计划贷款期限每增加一个等级,农户获得小额信贷的可能性会下降37.3%,这是因为贷款期限越长,农村信贷机构将会承担更大的风险,所以对发放小额信贷会更加谨慎。

农户是否购买小额保险对农户获得小额信贷具有显著影响。变量"是否购买小额保险"通过了1%的显著性检验,且两者系数的绝对值为3.008,表明是否购买小额保险对农户获得信贷的影响明显超过其他变量的影响程度。说明购买小额信贷保险,确实能提高金融机构的贷款积极性,有助于农户贷款的获得。

以上结论表明,小额保险对发挥小额信贷效应具有积极作用,将小额保险引入小额信贷市场有利于实现农户、农村信贷机构、保险公司三方效用最大化,但更好发挥"小额信贷+小额保险"效应还需要农户、农村信贷机构、保险公司以及政府的共同努力。

一是农户需要通过各种方式了解贷款、保险等相关业务知识,在生活中有意识地提高对金融知识的了解程度,这样可以根据自身的需求有选择性地办理贷款、保险等业务,从而从主观上减少农户不愿偿还小额信贷的道德风险,并且农户可以基于最大诚信原则购买所需要的小额保险,以转移风险,减少返贫的可能性,实现脱贫致富的目标。

二是农村信贷机构应提供高效的小额信贷服务并改善与保险公司的合作方式。一方面,农村信贷机构需要提高对农户的配套服务,尽量精简贷款条款和程序,使贷款农户在较短时间内获得贷款,从而能迅速参与生产,实现金融扶贫效应。另一方面,农村信贷机构应加强信贷风险管理,可以通过完善信用评级制度以解决农户不愿还款的主观因素,然后进一步加强与保险公司的合作,通过引入小额保险减少因自然灾害、意外事故等客观因素所造成的贷款损失,最后,农村信贷机构应加强对信贷员的专业培训,使其熟练掌握贷款、保险等专业知识,这样可以更加有效地筛选贷款农户并为农户提供更好的金融服务,以减少农村信贷机构的不良贷款和坏账损失。

三是保险公司应广泛宣传,加强小额保险产品以及营销模式的创新。具体来说:首先,保险公司应进行保险知识的推广普及和小额保险产品的宣传,以提高农户的保险意识,同时在保证产品易理解性的前提下,优化产品设计以满足农户多样化的需求。然后,积极与当地农村信贷机构合作,因为当地小额信贷机构拥有广泛的客户群体,并且也更了解本地客户并容易赢得他们的信任,这样可以在帮助保险公司降低营销渠道建设和营销成本的同时提高小额保险产品的覆盖率。最后,保险公司可以利用科技和数字化创新来提升销售小额保险的效率,比如:利用移动端开展小额保险业务,可以有效解决在偏远、交通不便的贫困地区发展小额保险业务成本过高的难题,保险公司成本降低也可以相应地降低保费,这样保险公司既对农户提供了实惠的保险保障又可以使自身获得盈利,同时也分散了农村信贷机构面临的信贷风险,从而实现农户、信贷机构、保险公司三方共赢的局面。

四是国家相关部门应加强对金融扶贫参与者的财政补贴,并进一步发挥政府的监管职能。一方面,国家相关部门可以对积极开展小额信贷与小额保险合作的信贷机构和保险公司给予适当的税收优惠,使其降低贷款利率和保费,同时对贫困农户提供适当的保费补贴,以增加发展"小额信贷+小额保险"模式的积极性。另一方面,国家应加强监管部门的监管责任,目前银监会和保监会合并,对"小额信贷+小额保险"模式更易发挥监管作用,但还应健全信贷机构、保险公司准入机制,加强对小额保险引入小额信贷市场行为的监管,从而在政府的监管下,完善农村金融市场并促进农村贫困地区的经济发展。

第三节　民族文化与微型金融发展

徐云松(2015)认为,不同民族表现出来的文化形态和社会意识,可能推动、促进金融发展,也可能抑制、阻碍金融发展。第二章中,本书已经分析了道德经济影响微型金融发展的重要作用,并认为遵循道德经济下的社会关系交换从而为贫困群体创造积极的社会资本是微型金融成功的内核。这一节将以宗教信仰为列,继续分析民族文化对微型金融发展,以及微型金融反贫困效应的影响。

民族宗教信仰作为文化价值体系的重要组成部分,是规范价值观念和伦理道德的重要因素,自然也会对微型金融的发展具有重要影响。从我国县域宗教分布情况看,西藏、青海、云南和内蒙古等地区有大量的佛教信仰群体;而新疆、宁夏以及云南部分地区也有很多伊斯兰教的信仰群体。因此,在分析民族宗教影响微型金融发展的渠道机制的基础上,将主要以佛教和伊斯兰教为例,分析民族地区宗教与微型金融发展的关系。民族宗教属于民族社会资本范畴,故而这一部分也是分析民族社会资本对微型金融与社会资本良性互动的影响。

一、民族地区少数民族构成及民族宗教信仰

宗教信仰是文化体系的重要组成部分,直接影响人们在经济社会中的行为偏好并对个人的经济行为与决策产生影响。不同宗教宣扬的对待世俗经济的不同态度会营造出对待经济活动的不同社会环境,因而教徒们参与金融活动的积极性也会不同。而且,不同宗教信仰营造出的经济态度,也会影响社会整体对待经济生活的积极性,从而影响金融服务的供给与需求。表4-13、表4-14 和表4-15 分别列示了民族八省区主要少数民族人口分布、少数民族族群分布构成,以及信仰宗教的少数民族。

表4-13　民族八省区少数民族人口分布情况

地区	少数民族人口数量(万人)	占比(%)
新疆	1306.72	59.90
西藏	274.69	91.83
广西	1711.05	37.18
内蒙古	505.66	20.47
宁夏	223.20	35.41
云南	490.80	33.37
贵州	1254.80	36.11
青海	264.32	46.98

注:数据来源于《中国民族年鉴(2017)》。

表 4-13 数据描述了民族八省区少数民族人口占比情况。表中数据显示,西藏少数民族人口占比最高,达到 91.83%;其次是新疆,少数民族人口占比达到 59.90%;而且,除了内蒙古外,其他省区少数民族人口占比都超过了三分之一。因此,总体而言,民族八省区少数民族人口占比是比较高的。

表 4-14　民族八省区主要少数民族族群分布构成①

地名	数量	少数民族名称
新疆	12	蒙古族、回族、藏族、维吾尔族、哈萨克族、东乡族、柯尔克孜族、锡伯族、塔吉克族、乌孜别克族、塔塔尔族、俄罗斯族
西藏	3	藏族、门巴族、珞巴族
宁夏	4	回族、蒙古族、满族、东乡族
广西	5	畲族、仫佬族、水族、毛南族、京族
内蒙古	6	回族、藏族、满族、鄂温克族、鄂伦春族、达斡尔族
青海	4	回族、藏族、土族、撒拉族
贵州	9	回族、苗族、彝族、布依族、白族、侗族、土家族、仫佬族、水族
云南	20	藏族、苗族、彝族、壮族 瑶族、白族、傈僳族、佤族、拉祜族、纳西族、景颇族、布朗族、阿昌族、普米族、怒族、德昂族、独龙族、基诺族

表 4-15　信仰宗教的主要少数民族

宗教	信仰宗教的少数民族
伊斯兰教	回、维吾尔、哈萨克、塔塔尔、塔吉克、柯尔克孜、东乡、萨拉、保安
藏传佛教	藏、蒙、裕固、怒族、门巴、羌族、洛巴、普米、土族等
其他教派	满教、蒙古族和裕固族、上座部佛教、傣族、德昂族以及部分佤族、布朗族、阿昌族

以上三个表中数据表明,民族八省区少数民族人口众多,有些省区,如西藏和新疆都超过了半数人口,并且即使同一省区,分布的少数民族族群也比较多,而大部分少数民族都有自己的宗教信仰。因此,宗教信仰是影响民族地区微型金融发展及其反贫困效应的重要因素。

---

①　只是列出了每个省区的三要少数民族,并没有列出每省区的全部少数民族。

二、农村微型金融机构运用宗教信仰的实践探索

为了尊重少数民族群众宗教信仰的同时促进民族地区金融发展,提升民族地区金融服务质量和经济增长,民族地区金融机构开展了一些金融创新。

1997 年,兰州银行经过股份制改革,成立了兰州银行穆斯林支行①。该银行重视穆斯林重视的教义,将少数民族商户作为特定的目标客户群,建立一整套量身定做的服务去吸引这些客户。充分发挥工作人员本土化、与客户联系密切等优势,利用与当地少数民族经济的交融性,通过差异化战略,不断提高金融服务的质量,促进地区经济发展。2009—2012 年,宁夏银行曾经试点开办了穆斯林银行业务,为客户提供资金保管业务,不支付利息,但会以礼物形式回报。此外,国有银行也在民族地区开展了特色金融服务。如工商银行也在青海省设立了西宁穆斯林支行,对于客户的存款,愿意接受利息给付利息,不愿意接受利息就可以兑换成相应等值的物品,如金银纪念币、高档电器等,得到了当地伊斯兰宗教信仰者的肯定。中国农业银行四川分行棉城支行武侯东街分理处针对日常业务中 70% 以上都是藏族客户的特点,采用藏汉双语制作 ATM 自动感应门标识以及温馨提示用语,并请会说藏汉双语的老客户给营业网点员工讲解藏族的生活习惯和礼仪以及"您好""再见"等日常藏语;邀请德高望重的活佛讲解藏传佛教,使一线网点员工增进对藏族客户的了解,在办理业务和营销产品时更好地与客户交流。近期,农业银行甘肃分行为解决甘南藏族自治州农牧户因贷款担保落实难而面临的资金瓶颈,创新推出"藏饰品质押贷款"专属产品。这种产品主要向甘南藏族自治州农牧户家庭内单个成员发放,贷款分为一般和可循环两种方式,单户额度起点 1 万元,最高可达 20 万元,期限 1—5 年,以项链、龙高、奶钩、腰带等藏饰品作质押担保,用以满足农牧民从事较小或规模化生产经营资金需求。

---

① 2014 年 4 月 6 日,经中国银监会甘肃监管局批复,兰州银行股份有限公司穆斯林支行更名为兰州银行股份有限公司永通支行。现行管理体制、营业、办公地址不变;债权、债务不变。

第五章　微型金融与社会资本
良性互动的案例研究

　　影响微型金融发展的,既包括贫困群体金融素养,以及小额信贷保险等外部因素,又包括微型金融机构经营宗旨、信贷机制设计和信贷员管理机制等内部因素。因此,本章继续以前述农村微型金融与社会资本良性互动的影响因素的理论分析为基础,首先通过对 Grameen 和 SKS 的比较分析,证明通过和谐的社会关系交换为贫困群体创造社会资本是微型金融成功的内驱动力;然后对国内三个典型案例展开分析,在继续深挖贫困地区农村微型金融与社会资本互动的影响机制的同时,也为贫困地区构建农村微型金融与社会资本良性互动机制提供一般经验。

第一节　案例一:Grameen 和 SKS 的比较分析

　　微型金融仍然是世界上最具创新性和最有前景的发展工具。但为什么有的微型金融发展成功,有的微型金融却遭受失败? 为什么同样是小组贷款模式,Grameen 成为世界领先型微型金融机构,而 SKS 却爆发债务危机? 理论分析部分阐释了道德经济影响微型金融的发展,遵循道德经济下的社会关系交换将在微型金融机构与借款人之间,以及借款人与借款人之间产生积极正向的社会资本,是微型金融成功的内驱动力。Grameen 和 SKS 都是世界著名的微型金融机构,前者因为实现社会扶贫和可持续发展的双重目标而成为国际微型金融发展的标杆,后者则因为发生债务危机成为防范微型金融风险的典型案例。这一部分将通过两者的对比分析,说明遵循道德经济,秉持为贫困群体服务的理念、通过小组贷款机制构建社会关系交换平台,以及通过灵活的信贷机制保障和谐的社会关系交换以帮助贫困群体创造社会资本,正是Grameen 成功的内核;而舍弃对和谐社会关系的追求,试图通过僵硬的小组联保贷款机制实施社会惩罚来保障高的贷款偿还率,则是 SKS 发生危机的原因。两者的对比分析,不仅凸显了社会资本是保障微型金融成功的真正内核,也反映出微型金融机构秉持社会扶贫使命宗旨、灵活的信贷机制设计,都是影响微型金融发展的重要因素。

一、Grameen 的成功经验

Grameen 由 Yunus 于 1976 年在孟加拉国乔布拉村试验项目的基础上建立,先后经历了 Grameen I 和 Grameen II 两种模式。虽然 Grameen 模式在成立后的 30 余年间经历了种种危机,发展模式也还存在功能定位争议、与孟加拉国政府关系日益复杂,以及在其他国家的推广屡屡受挫等问题(谢世清、陈访诺,2017),但其仍然是率先实现社会扶贫和可持续发展双重底线的世界领先型微型金融机构(尤努斯,2006)。而探究其成功的原因,可以发现,作为道德经济的践行主体,Grameen 始终坚守服务贫困群体的使命、根植于当地生计策略的经营理念,以及通过构建平等互惠的社会关系交换机制为借款人创造社会资本,以保障贫困群体能公平、公正地享受金融服务,并在此过程中得到全面发展。

(一)坚守服务贫困群体的使命

道德经济是一种穷人经济,贯彻道德经济就要践行服务贫困群体的社会价值目标。Grameen 在发给所有员工的培训手册中都明确指出,最贫困的群体应该在获取银行会员的资格中享受优先权。在第一代体系中,Grameen 秉持"相信穷人是有能力的",在不借助抵押品、法律手段、团体联保或连带责任①的情况下,通过小组贷款将人口底层 50%的贫困群体包括在服务范围内。② 同时,为了帮助贫困群体克服了因害怕没有固定收入来定期偿还贷款,以及由此可能面临的来自于同组其他成员的蔑视而不敢借贷的心理,第二代 Grameen 还推出让小组成员自担责任和借款人自定还款期限和额度的贷款模式,使更多最贫困群体加入到 Grameen。在乞丐贷款中,乞丐会员还可以享受豁免规定,如贷款免息、借款人自己选择如何分期还款、不必参加小组、不要求存款等。正是以上坚持为贫困群体服务的理念和做法,Grameen 得到了贫困群体广泛的信任和接纳。截至 2016 年底,Grameen 拥有 2568 个支行 142087 个中心 1370930 个小组 8901610 名会员,其中还包括 77582 名乞丐会员,覆盖了 81395 个村庄,约占孟加拉国全国村庄总数的 93.2%。累计贷款发放额超过了 200 亿美元。③④

(二)秉持根植于借款人生计策略的经营理念

道德经济强调要在确保借款人生存权利的社会规范和文化价值观中理解借款人的真实需求,是一种自下而上的经济发展模式。微型金融遵循道德经济发展理念就要在提供金融产品和服务的过程中尽可能根植于借款人生计策略,满足借款人的真实需求,包括物质需求和精神需求。Grameen 成功的精髓

---

①　无论是一代还是二代,Grameen 从来没有要求会员彼此之间承担实质性的"担保责任",每个会员都为自己的贷款负责。Grameen 从来不起诉自己的借款人。并且,Grameen 后来修正了小组贷款模式,即使有的借款人无法按期、足额偿还,也不影响小组其他成员贷款。

②　Grameen 对穷人有三个广义的界定:人口最底层的 20%、人口最底层的 35%、人口最底层的 50%。

③　其中,基本贷款 13.9 亿美元,灵活贷款 7506 万美元,住房贷款 274 万美元,教育贷款 3303 万美元,乞丐贷款 262 万美元。

④　相关数据来自于 Grameen 银行官网及年报,下同。

就是其在经营过程中,坚持本地化经营或扎根经营(local or rooted)策略,能够更好地理解和尊重贫困群体的生计策略,从而更好地满足贫困群体的真实需求。如为了适应贫困群体流动性大的问题,Grameen允许贫困群体租用移动电话,通过收取话费的方式来增加收入。再如为了满足贫困群体有尊严的借贷需求并增强其反贫困的自信心,Grameen购买奶牛让贫困群体饲养,让贫困群体以合伙人的身份获得一部分饲养奶牛的收入;为了让贫困群体有一个遮蔽之所,1984年,Grameen开始推行住房贷款项目,受到借贷者们的热烈欢迎。1998年洪涝灾害后,Grameen深入分析了底层贫困群体收入波动性更大、生存境况更加脆弱的现实处境,不断创新模式来适应客户对贷款产品和服务的独特需求。2001年,Grameen推出一个更加灵活简便、方便客户的个性化的产品体系。如进行贷款合并①、建立不完全依赖捐助的基金、满足退休者需要的养老金计划、系列生命和自然灾害的保险政策等,还采取了多种方式将电力生产、信息技术、太阳能、互联网、纺织品渗透到借款人生活的方方面面。针对极度贫困群体(乞丐中的残疾人、盲人、智障者及病弱的老人),Grameen还采取了无抵押、无利息、无严格的偿还期限和程序、借贷用途无限制、无小组压力的贷款模式。Grameen的这些措施能很好地考量了贫困群体的现实状况和福利增长需求,使Grameen能融入到贫困群体的生计策略之中,受到贫困群体的真心喜欢和广泛接纳。

(三)遵循平等互惠的社会关系交换,为借款人创造积极的社会资本

道德经济要求社会关系交换双方的行为是等质、对等及互利的。此种社会关系交换将使交换双方形成更长久的互动,人们对彼此互换能力的信任也逐渐增强,从而使信任和相互义务感成为关系交换的特征,积极的社会资本也

---

① 新的模式中只有五类贷款产品:基本贷款、住房贷款、高等教育贷款、小微企业贷款和面向乞丐的贷款。

由此形成。

Grameen 非常重视与借款人之间建立良好的互动关系。Grameen"相信穷人总会偿还贷款",认为借贷应该是建立在借款者的信誉上而不需要"毫无意义的纸上合约"。Grameen 成立之初,为了使不认识字、很少自由出门又存在"遮蔽"规矩的妇女能接受 Grameen,男性信贷员常常要站在几家中间的空地上,或靠中间人传递信息,或隔着竹墙和架子,尽可能随和地与妇女们拉家常,以此建立与潜在借款人的联系。为了和这些妇女们变得熟稔,信贷员还常常骑上自行车走村串户,发糖给孩子们、教他们做作业,或被借款人邀请至家里交流,被称为"自行车上的银行家";而每位新加入 Grameen 的会员(经常是家庭的主要成员,如丈夫)都必须参加一个为期 7 天的培训项目和入会仪式,以帮助新成员熟悉 Grameen 的企业文化,增强归属意识;让新进的成员有机会成为小组或中心的领导甚至成为银行的股东,以及实行星级制度等。同时,Grameen 还制定了差异化还款政策,并对那些因为自然灾害、疾病,或者商业失败等"真正不能偿还"的违约者不予追究。通过这些措施,Grameen 与借款人之间建立起真诚的乡情关系,使外部监督和还款激励内化。

Grameen 积极为借款人构建平等互惠的社会关系交换机制。孟加拉国是个自然灾害频繁的国家,一次严重的龙卷风或洪灾就足以使当地居民耕地、牲畜和财产丧失殆尽。因此,相互依赖、彼此帮助、团结奋进就是孟加拉国贫困群体的道德经济。为此,Grameen 以"纪律、团结、勇气和努力工作"为基本原则,制定了借款人一致达成并自觉遵循的"十六条村约"。"要使家庭富足""耕种季节,尽可能地多播种"等村约鼓励借款人勤奋、节俭,追求更加富足的生活。"如果我们得知在任何中心出现违反纪律的情况,我们大家都会到那儿去帮助恢复纪律""我们随时准备互相帮助。一人遇难,大家相助""我们会集体承担较大的投资,来争取更高的收入"等村约则将"公平、集体行动和互惠"等理念深深地融入贫困群体的内心。此外,Grameen 还通过建立一些激励机制,鼓励那些借款人在各自的营生中互惠互助取得成功。如在第二代模式中,Grameen 明确小组和中心会员要担负起扶持乞丐会员的社会责任,并鼓励普通会员协助识别村里极度贫困的群体并帮助他们增加收入来源。Grameen 的这些措施使得借款人之间建立起良好的道德自律①和信贷纪律,变得更加注重合作,并认为按时偿还贷款是一件正确的事情或道义责任。因此,在第二代 Grameen 体系中,虽然小组联保贷款转化为自担责任的个人贷款,但贷款偿还率并没有明显变化。

通过平等互惠的社会关系交换,Grameen 与信贷员、借款人之间建立起良性的三元互动模式,如图 5-1 所示:

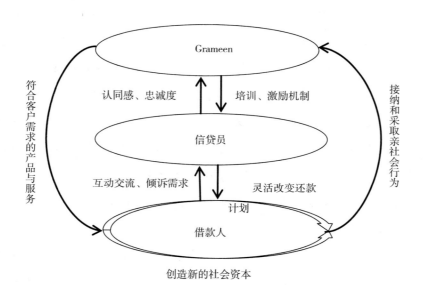

图 5-1 Grameen、信贷员和借款人的三元互动模式

----

① 当一种不合乎道德规范的动机萌生时,借款人在反省之后将因之而自责;若自己的行为影响了其他小组成员的再贷款,常会有一种内疚或悔恨感;对他人的善行或恶行则加以认同或排拒等。以自我评价的形式实现的道德制裁,构成了道德经济重要的一环,它从内在的机制上,抑制了不良的动机向现实行为的过渡和转换,并为避免因借款人失误而再度产生负面行为结果提供了某种担保(黎珍,2016)。

二、SKS 危机的教训

SKS(全称 SKS Microfinance)由 Vikram Akula 于 1998 年在印度创立。早期的 SKS 和 Grameen 的经营模式相同。20 世纪晚期,伴随着微型金融行业的非理性繁荣,SKS 也开始舍弃 Grameen 遵循的道德经济理念和重视社会关系交换的做法,转向践行纯理性经济理念:以营利为经营宗旨、大规模扩张和跨区经营、以惩罚的方式进行社会关系交换。仅仅将贫困群体视为理性经济人,不考虑贫困群体的情感、社会和精神需求,导致 SKS 失去贫困群体的信赖和接纳,并导致贫困群体的反亲社会行为和消极社会资本的产生,最终在激烈市场竞争中因贷款偿还率急剧下降而在 2010 年爆发严重债务危机。

(一)以营利为经营宗旨,失去贫困群体的信赖和接纳

SKS 以经济利益最大化作为基本价值追求,与当时贫困群体追求的"共同利益、共同善"的道德经济相非斥,严重撼动了贫困群体的信任基础。2003年,SKS 初涉商业化经营,引入 5 位互助信用方(MBTs)①作为新公司的原始股东。此时,SKS 的贷款规模虽然增长但贷款收益却一直为负。2005 年开始,SKS 大规模引入商业性资金。如 2007 年从美国红杉资本为主导的私募基金处共获得 1670 万美元投资,2003 年又获得美国私募 Sandstoun 750 万美元的投资。2005—2009 年,SKS 的商业性投资占比从 30%上升为 72%,而 MBTs和政府的股份占比则由 48%和 22%分别下降为 16%和 12%。这期间,SKS 也从亏损转为盈利。其中,2009 年的税后利润达到 3686 美元。利润驱动的经营策略是为股东负责和尽快超越其他微型金融机构以最大化市场份额,SKS逐渐定位于更富裕群体。截至危机发生前,SKS 在安得拉邦的平均客户贷款余额达到 6.5 万卢布,是全国平均水平 7700 卢布的 8.5 倍。同时,SKS 的平

---

①　其投资方 Unitus 基金会是一家非营利基金会。

均利率为26%,也远超过贫困群体的负债能力(汪小亚,2011)。因此,尽管SKS宣称他们的宗旨是帮助贫困群体过上更美好的生活,但贫困群体生活状况并未因借贷明显改善,甚至"越借越穷"的强烈反差,使得原本带有慈善色彩的SKS逐渐演变为富人、银行和商业资本压榨贫困群体的工具,直至失去贫困群体的信赖和支持。

(二)脱离借款人生计策略的经营理念导致借款人的反亲社会行为

机械复制Grameen的联保贷款模式,大规模扩张及全球化发展战略使得SKS的信贷机制脱离贫困群体生计策略并最终导致借款人的反亲社会行为(anti-social behavior)。与Grameen的本地化经营战略不一样,SKS在微型金融行业"共同目标"或"蓝图"的激励下,采取标准化产品和流水线作业以及工厂风格的培训模式而实现大规模扩张,试图成为一个全球性的正规机构。这种机械地、不管具体社会环境的大规模扩张导致SKS的联保贷款模式失去灵活性,根本无法满足当地贫困群体的真实需求。而定期小组会议、中心会议,以及有助于与客户建立良好社会关系的员工拜访制度等做法也逐渐流于形式甚或被舍弃。据统计,截至2010年10月发生危机前,SKS是印度最大微型金融机构,大约有2670万名客户;而在发生危机前四年里,年均增长率达80%。SKS的资料显示,2005—2009年,SKS的客户和信贷员的比例从235∶1上升到488∶1。不仅如此,对信贷员的培训周期也大大缩短,甚至出现"还在培训中的信贷员正在培训下一批信贷员"。而且,SKS利用其垄断地位,严格依赖标准的联保贷款来保证贷款偿还,既不对贫困群体的还款能力进行评估,也不开发适当的产品来满足他们的真实需求,甚至把从其他机构借款作为合格客户的一个证据,完全把还款责任推给借款人。SKS的这些做法使得贫困群体认为SKS并不真正关心他们的福利,他们与SKS之间的关系只是纯商业交易的借—贷关系,因而发生反亲社会行为。如部分借款人过度负债或有能力还款而故意延期或不还款;小组较富裕成员挤占其他成员的贷款资金,小组成员间甚至为争取有限的贷款额而相互算计或排斥;83%以上的家庭都至少有2种以上借款来源,有的甚至同时有4种以上的借款来源。

(三)基于社会惩罚的方式进行社会关系交换,导致消极社会资本的产生

当个体不能有效控制利己动机时,惩罚不仅不能够有效维护社会公平与正义,反倒可能降低群体内部的合作动机并最终导致消极社会资本的产生。在SKS认为借款人是理性的经济人,能理性计算偿还贷款的经济收益而做出还款的明智选择,因而试图仅仅通过连带责任和社会惩罚来保障贷款偿还率。如不邀请那些不能偿还贷款的人参与村庄的一些庆祝仪式、公开由小组或社区成员批评违约者、将不能偿还贷款的人排除在联保贷款机会等,这些行为给借款人带来巨大心理压力,也将小组和社区卷入到贷款偿还中并恶化了邻里之间的社会关系,导致消极社会资本的产生。同时,为了降低成本,SKS不再对乡村进行考核,而是选择其他公司已经选择的乡村开展业务;对小组成员的贷前培训、贷后的每周追踪等风险控制流程也都尽可能省略,这些因素导致借款人并没有形成强烈的社区意识和良好的社会规则,因此在借款人并非完全理性的情况下,社会惩罚无法起到相应作用。在危机爆发之前,SKS的贷款违约率达到90%,SKS随后采取了对违约借款人进行骚扰或收取过高费用等非道德的收债措施。

三、Grameen 和 SKS 的深度比较

Grameen和SKS所遵循的理论不同,导致其经营宗旨和目标定位不同,从而带来模式特征及执行机制和对贷款违约的不同,最终导致经营绩效的不同。下面,将对Grameen和SKS作进一步的比较,以更清晰地反映两者的不同,如表5-1所示。

表 5-1 Grameen 和 SKS 的比较

比较项目	Grameen	SKS
遵循理论	道德经济学理论,认为贷款客户既是经济人也是社会人,既追求经济利益又具有社会心理需求,应该通过社会关系交换来满足客户的经济和社会需求	标准经济学理论,认为贷款客户是理性经济人,追求经济利益,通过社会惩罚来保障贷款偿还率
经营宗旨	Grameen Ⅰ以扶贫为宗旨;Grameen Ⅱ以扶贫和机构可持续发展为宗旨	20世纪晚期开始,放弃服务贫困群体转向以营利为宗旨
目标客户	贫困家庭	较富裕群体
模式特征	由小组联保贷款转变为自担责任的小组贷款,根植于当地的生计策略,允许改变微型金融项目使其与客户需求相一致;非常注重建立客户间社会关系	标准化的联保贷款产品,流水线作业,大规模快速扩展;很少关注客户福利,也不评估客户的偿还能力或提供适合客户需要的产品
执行机制	经济机制、社会关系交换	经济机制、社会惩罚
对贷款违约的处置	相信客户是有诚信的,对因为自然灾害、疾病或商业失败所导致的真实违约不追究	暴力催收(包括心理压力)、恐吓,以及威胁
经营绩效	建立了良好的借贷关系;银行和客户,以及客户与客户之间都建立了积极的社会资本;实现了社会扶贫和可持续发展双重目标,是世界领先型微型金融机构	形成纯粹的商业借贷关系;客户出现过度借贷等反亲社会行为;90%以上的贷款违约率;无力偿还的客户因受到催收压力而自杀;发生严重债务危机
启示	承认贫困群体经济人和社会人的双重属性,通过植根于当地的生计策略来满足客户的真实需求,并通过小组贷款模式搭建社会关系交换平台从而为客户创造积极的社会资本和规则是微型金融成功的内核	贫困群体并不是理性经济人,忽略投资于客户的社会关系情况下,通过联保贷款实施社会惩罚可能不仅不能提高贷款偿还率,反倒可能带来债务危机

表 5-1 显示,从经营宗旨到对贷款违约的处置,Grameen 始终秉持服务贫困群体的宗旨,承认贫困群体经济人和社会人的双重属性,遵循道德经济理论,通过植根于当地的生计策略来聚焦客户的经济和社会需求,并通过小组贷款模式为客户搭建社会关系交换平台,从而为客户创造积极的社会资本和规则是微型金融成功的内核。反观 SKS,放弃服务贫困群体转向以营利为宗旨,认为贫困群体是理性经济人,通过社会惩罚能使贫困群体基于理性计算经济

利益而做出偿还贷款的行为,忽视了贫困群体的社会心理需求而不注重社会关系的投资,从而使贫困群体出现过度借贷等反亲社会行为而最终发生严重危机。

四、研究结论及启示

立足于道德经济理论,本章从社会关系交换视角解释了微型金融发展的不同实践,试图廓清微型金融的成功内核,得到以下结论:(1)遵循道德经济经营理念,坚守服务贫困群体的使命,承认贫困群体经济人和社会人的双重属性,通过植根于当地的生计策略来满足客户的真实需求,并通过小组贷款模式构建平等互惠的社会关系交换平台从而为借款人创造积极的社会资本是Grameen 成功的内核;(2)SKS 发生危机的根源在于舍弃道德经济经营理念,以营利为经营宗旨,使得 SKS 失去贫困群体的信赖和接纳,以及认为贫困群体仅仅是理性经济人,忽略投资于客户的社会关系情况下,通过联保贷款实施社会惩罚导致消极社会资本的产生。

以上结论对于贫困地区农村微型金融发展也具有一定启示意义:一是贫困地区农村微型金融的发展应充分尊重借款人所在地的道德经济,制定灵活的信贷政策。政府、微型金融机构应重视不同地区不同贫困群体的社会文化差异,充分发挥信贷员的桥梁作用,建构一种自下而上的信贷政策,使微型金融产品和服务能更好地满足贫困群体的生计策略和真实需求。二是要充分发挥微型金融创造社会资本的功能,重塑借款人所在地的道德经济。微型金融的发展要与乡风文明建设和乡村治理紧密结合起来。作为乡村振兴的重要参与者,微型金融在提供金融产品和服务过程中,要有意识地推动乡村风气和信用环境的改善,构建文明健康和谐向上的农村社会风尚,不断提升地区道德经济发展水平。三是微型金融的发展应更多借助和谐的社会关系交换而谨慎使用社会惩罚。微型金融要与农民专业合作社、农村各类商业组织等农村集体经济组织紧密结合起来,通过融入"在地化力量"而与农户形成更和谐的社会关系。要在与这些机构组织的合作互动中,与农户生成一种密切的信息沟通和共生共赢的命运共同体关系,从而降低信贷风险并减少对各类社会惩罚方式的使用。

第二节　案例二:青海省农业银行囊谦支行

囊谦县地处青海省最南端、玉树州东南部,与西藏昌都地区接壤,平均海拔 4000 米以上。行政区面积 12741 平方公里,其中耕地面积 10.8 万亩,占全州耕地总面积的二分之一以上;可利用草场面积 663.62 万亩,森林覆盖率 7.8%,占全州林地的三分之一。囊谦县辖区有一镇九乡 69 个村委会 221 个生产合作社。囊谦县自然条件差、经济基础弱、贫困程度深,是 1984 年国务院最早确定的国家级贫困县之一,是 2014 年青海省确定的特殊类型贫困县。截至 2015 年底,全县仍有重点贫困村 20 个,一般贫困村 8 个,精准扶贫对象共 69 个村 8981 户 29018 人,贫困发生率为 28.5%,农牧民人均纯收入 4340.5 元,比全州农牧民人均纯收入低 1224.5 元,列玉树州乃至全省末位,贫困人口多,贫困面广,贫困程度深,贫困户遍布 9 乡 1 镇,是玉树州脱贫攻坚的重点县和主战场。

囊谦县现有人口共 13 万人,其中藏族人口占比 97%。囊谦基本全民信奉藏传佛教,寺院多,教派全,僧尼众,影响深,全县现有各类藏传佛教寺院和宗教活动点 103 座,入寺僧尼 9800 余人,活佛 133 名,僧尼人数占全县总人口的近 10%,是全州、全省乃至全国的宗教大县。藏区农牧民由于受教育程度普遍不高,生活相对封闭,理解和运用现代金融合约方面的能力非常有限,再加上地理位置偏僻,使得囊谦县的金融发展显得尤为困难。

囊谦县银行性金融服务机构包括中国农业银行囊谦支行(以下简称囊谦支行)、县信用联社和县邮政银行。囊谦支行是囊谦县最主要的金融服务机构,也是给农户提供金融服务的最主要金融机构。截至 2017 年 6 月底,囊谦支行各项贷款余额为 5360 万元,各项存款余额为 149865 万元,各项业务经营指标均居当地金融界首位,在促进县域经济持续发展上树立了典范。不仅如此,在 2009—2016 年的七年多时间里,囊谦支行累计发放农户小额贷款 15361 万元,至今已覆盖 8 乡 17 个村委会 2316 户,共带动、服务了 8401 名贫困人口,并且保持了连续 7 年不良贷款率都为零的纪录,在总行 2016 年金融扶贫专项评价结果中排名全国第 23 位。下面,本节将结合囊谦县金融扶贫政策和农行囊谦支行的具体做法,分析囊谦在金融扶贫方面所取得的成绩。

一、高度重视社会信用体系建设

(一)主要做法

1. 引导推动,建立完善的工作领导机制

2009 年 5 月份开始,农行囊谦县支行将东坝乡吉赛村等 5 个行政村、着晓乡优永村和觉拉乡的布卫村等 2 个行政村作为首批"信用村"试点村,并将东坝乡列为囊谦县首个"信用乡(镇)"建设试点乡,进行了信用村(镇)创建试点工作。2013 年,建成"信用村"1 个,并创建玉树地区首个信用乡——东坝乡"信用乡"。2015 年,囊谦县建立了县、乡、村三级创建工作领导机制,并将创建工作纳入当地政府年度责任目标考核范围。其中,囊谦县农行作为引导推动社会信用体系建设的主要力量,构建了县政府相关部门牵头领导,县农业银行引导推动,乡镇及有关部门配合参与,涉农金融机构具体实施的整体联动、整体推进的"大创建"格局。

2. 健全配套制度,规范信用体系创建工作

囊谦县政府先后制定并批转实施了《囊谦县信用建设指导意见》《囊谦县信用乡(镇)创建活动实施方案》《加快推进信用县建设工作的实施意见》《囊谦县农村信用体系建设监测考核管理办法》等相关配套制度办法,规范了信用村镇创建工作。在此基础上,对地方党政、农业银行、涉农金融机构,以及村

委会等信用体系创建主体的责权进行了细化分解。其中,农业银行囊谦支行负责创建活动的指导协调工作,承办信用建设工作领导小组日常工作事务。

3. 打好创建基础,确保信用创建工作质量

首先,通过与县广播电视台合作、创建业务培训班进行培训、到各乡(镇)、村张贴标语和散发宣传单,以及利用物资交流会和乡村庙会等方式方法就信用体系建设的重要意义和征信知识等内容进行了广泛而深入的宣传。其次,根据《囊谦县信用村镇创建活动方案》和农业银行农户小额贷款指导意见以及农户信用评定的制度办法和有关要求,进村入户调查摸底,对所创建信用村的全部农户基本情况进行了全面掌握,完善了农户档案管理。再次,在建立农户纸质经济档案的基础上,通过采集农户信用信息等资料,逐步建立了农户电子信用档案。最后,坚持"公平、公正、公开"原则,按照县、乡、村逐级评定、逐级审核认定的程序,对"信用户""信用村"依据认真评比、合理定级、张榜公示、社会公认的原则开展了信用创评活动。

农行囊谦农行直接参与了农牧民信用贷款调查摸底、资信评估、贷款发放和收回的全过程。为尽量获得真实信息,囊谦支行努力克服基础条件差、人员总量小、服务半径长、服务对象分散、服务能力不足等现实困难,组建信贷宣传小分队,每年派出宣传人员50余人次,行程数千公里,深入牧场山头,对牧民群众宣传国家惠民政策及金融知识,耐心解答牧民群众关注的问题,做实做好贫困农牧户资料收集、整理、建档及信用评定工作。

4. 建立正向激励机制,出台惠农贷款举措

农村信用体系建设最根本的目的就是要让信用户真正得到实惠,充分体现信用的价值。因此,囊谦县政府出台了《囊谦县涉农金融机构和信用村信用户优惠政策实施方案》,建立了将涉农项目、涉农资金、贷款贴息、技能培训等向涉农金融机构和信用乡(镇)、村、信用户倾斜的制度保证。在此基础上,根据各地人文环境、经济发展状况和信用状况对贷款额度、优惠利率等作出具体规定,让"信用户"实实在在享受到了各种优惠政策。囊谦农行给予信用农

户降低 20%—40% 的贷款利率优惠。

(二)取得的成效

囊谦县全县有 10 个乡镇 69 个村(牧)委会。全县信用乡镇创建工作在自 2013 年创建信用村的基础上,年末东坝乡创建成为玉树州首个信用乡,该乡辖内有 5 个行政村,其中信用村 5 个,信用村占比为 100%,信用户 1186 户,信用户占比 64.59%。2015 年全县有 5 个行政乡被评为信用乡,信用村 32 个,信用村占比为 100%。其中白扎乡有信用村 10 个,信用户 2156 户,信用户占比 68.37%。着晓乡有信用村 6 个,信用户 2340 户,信用户占比 68.16%。觉拉乡有信用村 7 个,信用户 1736 户,信用户占比 73%。毛庄乡有信用村 5 个,信用户 1371 户,信用户占比 65.75%。尕羊乡有信用村 4 个,信用户 770 户,信用户占比 68.95%。社会信用体系建设改善了当地金融生态环境,增强了政府、银行、企业、农户等的沟通和联系,对提高农村金融机构稳定发展、促进农民收入提高、推动县域经济发展都起到了积极作用。

1. 初步实现了农户信用信息对接,农户贷款"两难"问题得到缓解

截至 2016 年 3 月底,囊谦县共建立涉贷农户经济档案 8806 户,建立信用农户电子信用档案 8806 户,从而解决了长期困扰涉农金融机构因农户信息不对称而无法满足农户简便、快捷贷款的难题。截至 2016 年 3 月底,已有 6451 户信用户从农业银行贷款 12571 万元。

2. 推动了金融产品和服务方式创新,农户融资成本逐步降低

结合信用创建活动的开展,金融机构积极创新金融产品和服务方式。如农业银行对信用农户发放"金穗惠农卡";农村信用社不仅对信用户发放信用贷款,还探索开展了"百万联保贷款"、农民专业合作社贷款等多种信贷产品。与此同时,各涉农金融机构对信用户、信用村、信用乡(镇)、信用社区实行贷款优先、额度增加、手续简便、利率优惠等措施,直接降低了农户融资成本。

3. 农户主动还贷意愿增强,促进了涉农金融机构健康发展

开展信用创建活动,大大减轻了信贷员的劳动强度,提高了工作效率。办理贷款少了抵押担保手续,给信贷员减轻了不少压力;贷款到期农户能主动上门归还,少了上门催收的环节,原来信贷员走十几里山路甚至往返几次催收贷款的现象在信用村已经大大减少。并且,良好的信用环境,也培养和激发了广大农户的还贷积极性,主动还贷意识明显增强,辖区金融机构不良贷款率呈现不断下降趋势,金融机构盈利水平、经营管理能力和抗风险能力也明显增强。从 2009 年信用创建活动开始至今,连续 7 年时间里,农行囊谦支行的不良贷款数都为零。

二、积极推动"双基联动合作贷款"模式

"双基联动合作贷款"即双方基层党组织联动的贷款模式,是指基层银行业机构与农牧区、社区政府基层党组织发挥各自优势,加强合作,共同完成对农牧户和城镇居民的信用评级、贷款发放及贷款管理等过程的联动。[1] 2009年,农行囊谦支行率先在囊谦县东坝乡创建了"双基联动"先行区,并在东坝乡吉赛村采取"双基联动"合作贷款模式在该村发放农户小额贷款 200 万元,并由村委会班子成员负责贷款到期清收。该模式既很好地破解了农牧民贷款的难题,又保证了 100% 的贷款偿还率,并且容易复制和推广,因而很快在玉树州得到运用。2015 年 4 月,青海省出台《青海银行业"双基联动"合作贷款试点方案》,启动了"双基联动"合作贷款试点工作;同时,青海省深化改革领导小组也将"双基联动合作贷款"模式纳入重点改革创新项目和《青海省落实普惠金融发展规划(2016—2020 年)的实施意见》,使其成为落实国家精准扶贫政策、强化基层党组织建设、创新普惠金融发展模式的一个有力抓手。2017年 9 月,我国农业部发布"金融支农十大模式","双基联动合作贷款"成为其

---

[1] 中华人民共和国农业农村部:《"双基联动合作贷款"模式》,2017 年 10 月 12 日,见 http://www.moa.gov.cn/ztzl/jrfwnyxdhgflt/sdms_a1012/201710/t20171012_5838737.htm。

中之一。①

"双基联动合作贷款"模式的创新点主要体现在以下 3 个方面：一是通过依托基层党组织，为农牧户搭建起基础金融服务的新平台。二是促进了基层党组织在信息、组织、行政资源等方面的优势与基层银行乡镇机构在资金、技术和风险管理方面的优势的对接和整合。三是基层党组织服务农牧民有了新抓手，银行开展基层金融服务有了新平台，农村基础金融服务有了新突破，实现了加强基层党组织建设、实现金融扶贫、振兴农村经济、增加农民收入的多方共赢。按照"选村有特色、建点有场所、服务有专人、宣传有覆盖、发展有效果"的"五有标准"囊谦支行制定出了"双基联动"合作贷款实施方案，努力推动"双基联动"合作贷款模式的制度化、规范化、多样化，实现信息共享，合力支农。

（一）积极配合协调，构建"双基联动合作贷款"的组织保障机制

首先，农行囊谦支行通过各乡镇政府推荐，客户经理实地摸底考核筛选，优先以村委会班子团结有力、领导能力强、工作经验丰富为实施"双基联动合作贷款"试点村庄准入的先决条件。其次，农行作为"基层金融机构"，积极与各"基层村委会党支部"紧密联系，成立了农行囊谦支行"双基联动"合作贷款领导小组，落实主管领导和信贷员分片包干责任制。再次，农行囊谦支行积极与基层村委会党组织加强合作，签订"双基联动"合作贷款协议，共同完成对农户的信用评级、信贷发放及贷款管理等过程的贷款创新模式，为贷款发放、收回提供组织保障。通过以上措施，为"双基联动"工作机制顺利实施推进提供了组织保障。

---

① 农业部发布的其他九大金融支农模式为："政银担""银行贷款+风险补偿金""政银保"两权抵押贷款、农村信用社小额信贷、"农产品价格指数保险""农机融资租赁""互联网+农村金融"，以及农业领域 PPP。

（二）构建"双基联动合作贷款"实施的保障机制

农行囊谦支行还在信贷制度方面进行了一系列创新,为更好地实施"双基联动合作贷款"模式建立起良好的保障机制。一是创新信用贷款担保模式。在信用良好的各信用乡、信用村,率先推行了"信用乡(镇)+信用村+信用户"的农户小额贷款"三级联保"担保模式,即农行发放农户小额贷款,由乡政府、村民委员会、牧户联合担保,各村委会干部成员监督借款人的信贷资金使用情况并负责贷款到期时的回收工作。二是采取形式多样的制约措施,落实连带责任,确保农户小额贷款到期收得回。一方面通过采取多户相互将各种补助资金联户担保,将农牧民群众的各种补贴纳入贷款的第二还款来源。在村民向村委会授权同意的情况下,当无法偿还贷款时,由村委会负责扣除补助资金偿还借款人的农户小额贷款。① 另一方面,农行囊谦支行 2015 年即与县财政局签订了《信贷风险补偿担保资金平台合作协议》,并将此资金纳入农户小额贷款业务担保范畴,按照 1∶3 的比例扩大发放农户小额贷款。2016 年,囊谦县政府建立扶贫贷款担保基金专项资金 1200 万元,正式建立了县政府扶贫贷款惠农富民担保平台。三是创新信用贷款发放模式。在社会信用体系建设和信用等级评定基础上,在玉树率先大胆推行了"农行+信用村+信用户"的农户小额贷款信用发放模式,为 8 个乡 17 个村委会发放农户小额贷款。

（三）完善实施"双基联动合作贷款"的物理条件

一是以惠农卡为支付载体,实施"金穗惠农通"工程。惠农卡具有自助循环方式,在核定最高额度和最长期限内借款人可随借随还的优点。而且,不仅可以在农业银行全部网点、自助机具等使用,还可在所有有银联标识的自助机具及商户 POS 使用。截至 2016 年 3 月,囊谦支行已发行惠农卡 1.9 万张,实

---

① "双基联动合作贷款"+多户联保的信贷模式也被称为"东坝模式"。

现了全县农牧户每户一卡的覆盖目标。二是与政府相关部门沟通、协调,将涉及农牧民的各类财政补贴、民生事业及公共缴费等项目全部纳入惠农卡进行统一支付结算,依托"惠农通"服务点办理基础金融业务,农牧民各种补贴资金实现了一卡通。三是从 2013 年起在全县 10 个乡镇布放了 13 个惠农通服务点,配备了转账机具、点钞机、保险柜等服务机具,覆盖面达 100%。加强代办人员业务培训、机具使用效率检测和巡查指导,深度延伸和提升了县农行在最基层行政乡镇层面的金融服务能力,为深度贫困地区农牧民提供了更加安全、便利、高效的金融服务。

"双基联动合作贷款"模式不仅进一步增强了囊谦支行服务县域经济的能力和力度,也进一步增强了农牧民群众的诚信意识,促使囊谦支行连续 7 年贷款不良率为零,一定程度上解决了农牧民群众贷款难、贷款慢、贷款贵的问题,为当地经济建设增添了活力,为开展绿色信贷工作打下了坚实基础。

三、强化服务宗旨意识

(一)注重加强队伍建设和管理,提高员工服务意识和服务能力

组织党员和员工认真开展"三严三实"和"两学一做"的学习教育,努力贯彻党和国家的关于服务县域和"三农"的金融方针和政策,引导全行党员和员工从思想深处打牢为民服务的坚定信念。通过开展岗位练兵、技能达标、知识竞赛等活动,全方位提高全行员工的服务意识和服务综合素质。2016 年,在营业网点窗口服务的基础上,抽调 196 人次组建农户小额贷款服务组和党员服务小分队,上门提供优质的金融服务。与此同时,充分发挥党员员工的示范和带头作用。在支行部室、营业室窗口设立"党员示范岗"和"党员服务窗口",每季度组织评比表彰。在发放惠农卡和建立惠农通服务点的过程中,全行党员主动放弃休息时间,逐一上门为农户办理惠农卡,深入牧场山头,向农牧民耐心解答"三农"金融知识,手把手向经办员传授电子银行终端的使用与管理知识。

（二）简化服务流程，提高服务质量

由于地理位置偏僻，农牧民的文化素质不高，在办理贷款业务时，囊谦支行尽力简化贷款办理流程。借款申请人准备第一手资料，由村委会 5 人以上集体提交到客户经理就可以了。客户经理上门收集资料，不收任何费用，减轻农牧民交通费用。借款人资格调查合格后，客户经理要填制信贷相关表格，带着资料走村入户调查，上门签字画押，留取影像资料。同时，通过当地电视、网络等新闻媒体宣传囊谦支行企业文化，开通行长信箱、行长接访等形式，加强对信贷从业人员的监管。此外，为提升广大农牧民金融参与意识，减少服务纠纷，囊谦支行还以不同形式广泛开展宣传活动。如在贷前调查时，会以每个村委会为主，召集该村所有贷户开座谈会，向广大农民群众宣传守信用、重诚信的基本原则和有借有还的信贷政策。

（三）注重宣传金融知识，提升金融服务效应

囊谦支行员工认为，农牧民金融知识不足对其享受金融服务存在两方面的不利影响：一是农牧民不通晓贷款渠道，影响了贷款的获得；二是农牧民还款意识不强，影响了农行对农牧民的贷款意愿。[①] 近年来，囊谦支行每年都要在集中市区和城镇开展几十次的金融知识宣传，还开展了金融知识进机关、进社区、进学校活动等活动。宣传形式包括分支行均制作各种金融知识展板展示，由省分行统一制作各种营销贷款介绍及征信宣传小册子（平时这些册子放在客户部门和柜台，可随时拿走）、囊谦支行员工进机关学校讲授，以及在各网点电视中反复播放征信宣传片或业务介绍等。但这些宣传的受众主要是城镇居民，农牧民金融知识并没有明显提高。因此，囊谦支行专门组织员工下乡对农牧民进行金融常识普及，特别是纠正大家把农行贷款理解为"扶贫金

---

① 2008 年玉树农行上市前剥离的四亿四千万贷款本金大部分都未收回，由国家买单，一定程度上造成了农牧民还款意识不强。

融"和"福利金融"的错误认识。同时,囊谦支行还通过三个渠道对农牧民进行金融知识宣传:一是通过农村信用体系建设,把"有借有还,再借不难"的信用理念根植于农牧民的心中;二是在贷款调查时反复宣传信贷政策,普及金融知识,放贷前一律查询信用记录(有不良记录的一律不准入,包括担保人);三是通过乡村政府部门说明贷款性质,督促客户守约。并通过对评定为信用村、信用乡的农牧民给予贷款利率优惠来激励农牧民诚实守信。①

不过,尽管农行青海省分行在金融支农方面取得突出成绩,但在发展中也存在一些亟待解决的问题。其中,最紧迫的是客户经理队伍结构不合理、人员数量不足。该行现有前台客户经理2人,平均年龄53.5岁,均为内地"派来干部",存在语言沟通障碍,且不同程度患有四肢痛风、高原性疾病等,尤其是客户部经理常年缺氧、呼吸不畅致其身患严重的高原性心肺疾病,仍承担着繁重的贷款发放、贷后管理与清收工作。人才不足已经严重制约了青海农行囊谦支行的业务拓展。建议在后续补充客户经理时,重视培养较高素质的本地民族青年员工,以利于沟通、宣传、高效办理存贷业务以及"信贷补短工程"建设。

第三节　案例三:宁夏东方惠民小额贷款公司②

宁夏东方惠民小额贷款股份有限公司始于1996年,是在爱德基金会资助的"盐池县爱德治沙与社区综合发展项目"的基础上参照孟加拉乡村银行(GB模式)成立的。该公司经历了从项目办公室到妇女发展协会(民政注册的社会团体)和小额信贷服务中心(民政注册的民办非企业单位),再到宁夏惠民公司(工商局注册)和宁夏东方惠民小额贷款股份有限公司的演变过程。自成立以来,宁夏东方惠民公司秉承"厚德亲民,兼爱互利"的价值理念,践行

---

① 这一部分内容来自于2016年12月13日对囊谦支行信贷人员的访谈。

② 本节内容除特别说明外,均来自宁夏东方惠民小额贷款公司内部资料。

"面向三农,妇女为主,关注贫困,微贷惠民"的宗旨,经过多年探索,创立了具有可操作性、可推广性、指向贫困人口的本土化小额信贷模式——盐池模式,成为宁夏金融扶贫的先行军。

惠民信贷以宁夏南部山区为重点,成立了遍布六盘山区少数民族聚居区的 10 个子分公司,业务范围覆盖红寺堡、同心、海兴、海原、原州、西吉、隆德等县区的 80 个乡镇。截至 2018 年 2 月,东方惠民公司的有效客户数为 22249 户,发放贷款 220800 万元,贷款余额 4.4 亿元。客户主体全部为农民,其中妇女客户占比 97%,回族客户占比超过 80%。据不完全统计,公司客户中,户均每年每笔 1000 元贷款可实现盈利 388 元,参加信贷 3 年的家庭,其家庭收入实现了翻一番。2012—2016 年间,平均贷款额度依次为 15662 元、17264 元、18668 元、20510 元和 22862 元,相应年份利润为 527 万元、866 万元、1258 万元、1068 万元和 1333 万元。① 这些数据都显示,宁夏东方惠民公司在社会扶贫和可持续发展方面都取得较好成绩。因此,下面将以宁夏东方惠民公司为例,来分析民族地区微型金融机构如何运用社会资本和如何为贫困群体创造社会资本。

一、秉持"社会扶贫"的宗旨

无论组织形式如何变化,东方惠民始终秉持"社会扶贫"的宗旨,很好地践行了"面向三农,妇女为主;关注贫困,微贷惠民"的服务使命、"信贷资金+培训服务"和"低额度、广覆盖、高还款和高效益"的服务模式,以及"牢固树立服务低收入人群"的服务方针。截至 2018 年 2 月,该公司的 10 个营业分部中,6 个位于国家级贫困县(盐池、同心、原州、西吉、海原、德隆)。不仅如此,公司还要求,信贷推广员每到一个村子开展小额信贷,除了需要对该村的基本情况、社情民意、农户之间的社会关系等方面进行调查外,还必须进行农

① 宁夏东方惠民小额贷款股份有限公司网站:见 http://www.nxdfhm.com/pro.asp?classid=11。

户的贫富排序,其中20%相对好的家庭为富裕户,20%差的农户为贫困户,之间60%的农户为中等户。公司主要以20%的贫困户和60%的中等户为服务对象。① 同时,公司还通过信贷产品和服务的设计来建立贫困户自动瞄准机制。如小组联保贷款模式(以自然村为单位组建信贷大组,5人组成一个联保小组)、贫困家庭需要的贷款额度(5万封顶),符合贫困群体发展逻辑和内源式发展需要的贷款机制(1万起步,逐轮增加;贷款周期半年至1年)、贫困群体能够承受的利率(年利率14%左右,月度清息)、必要的时间成本(参与技能培训、月度例会,以及村级阅读例会和其他一系列活动),使得富裕群体失去对贷款的兴趣,从而保证了贷款能够达到贫困户的手上。此外,公司还根据当地贫困群体的变化和需求不断创新贷款产品品种,以更好地满足贫困群体的真实需求。例如,针对当地"空心村"的现象,即村中的人口多数为妇女,小孩,老人的实情,开发了针对家庭妇女的惠民微贷,年利率为15.6%;针对当地在地缘上,邻里关系较为密切的情况,设计了社区信用互助贷款,主要面向居住相对稳定且村民组织化程度高的行政村,年利率为9%;针对当地经济建设在外界的帮扶下,日渐改观的境况,推出产业合作贷款,以业缘关系为纽带,以参加农民协会、互助社的产业大户为对象,提供年利率18%的发展性贷款。

二、严格挑选、培训和考核信贷推广员

东方惠民小额贷款公司坚持管理专业化、业务本土化的原则,在聘用信贷员时,根据"就近原则和属地原则",按照"知识青年、妇女、已婚、居住在农村、有一定威信,文化程度最好达到高中,家庭支持;熟练掌握农村工作方法"的要求,在本地人中招聘信贷推广员,利用推广员熟悉本地的特点,要求"走村入户,将贷款、信息、技术、亲情推而广之,每人负责约二十个自然村",从而免去了由于地域偏远、语言不通、办理业务排队等原因造成的借贷不便。因此,

---

① 根据公司内部资料整理。

公司招聘的赤脚推广员,虽然文化程度不高,但具有丰富的农村工作经验,与当地农民沟通顺畅,确保公司业务下沉到村组社区,服务真正到达低收入农户家中。

信贷推广员还需要有扎实的专业技能水平和良好的服务态度,因此,东方惠民公司还非常重视对信贷员的培训,除了有新员工岗前培训外,还会利用营业部每月的例会给员工培训,提高信贷推广员的操作能力以及与贫困群体打交道、建立良好关系的社交能力。此外,公司还围绕基本知识、农村工作、银行业务三条主线,编写内部系列培训教材,将提升信贷员素质放到影响公司发展的战略层面。信贷推广员扎实的专业能力和良好的服务态度增加了客户对公司的信任,克服了客户担心借款难的心理障碍,将客户和公司完美地联系在一起。而随着惠民小额贷款公司规模的扩大,员工负责的客户也逐年递增,公司为了防止员工出现弄虚作假、形式主义成风,提出了"回归三农,回归真实,保持特色"的口号,叫停个贷业务、调高联保贷款提成、控制贷款规模、使用外勤助手进行监督考核等一系列举措,保证了信贷员的高质量服务,一定程度上也让客户自愿与公司保持紧密的联系。

东方惠民还实行严格的考试制度。公司设立专门的绩效考核乃至人力资源管理岗位,制定岗位目标考核体系和绩效考核办法,同时成立绩效考核(人力资源管理)小组,实行严格的绩效考核;围绕基本知识、农村工作、银行业务三条主线,编写内部系列培训教材,制定公司员工能力建设和考级晋级制度(大纲),加强内部人才的培养和选拔;制定新员工招聘和管理办法,按需招聘高素质的专业人才,制定合理的薪酬制度,调动员工积极性。

三、搭建一个富有亲情的客户网络组织体系

东方惠民公司以"联保小组+信贷大组"的方式,首先建立起以自然村为单位成立村级信贷大组,以地缘为纽带(行政村为单位)的社区,以业缘关系为纽带的协会或者合作社的客户自组织形式。这种客户组织形式的优点是:

一是可以通过活动室、例会及其他非金融活动形式,提升借款人的归属意识,增强自组织的凝聚力。二是自我识别,排除不良客户。因为自组织成员经常见面,彼此了解,从而可以解决信息不对称;同时通过形成小团体的道德约束,增强组织成员的信用意识。三是可以搭建一个相互学习和交流的平台,能够更好地反映组织成员的各种需求。然后,村级信贷大组再通过社区推广员(每个推广员负责 20 个村组)以及协调员(由每个协调员管理 5 名推广员)和信贷公司联系起来,这样就形成一个从借贷农户到联保小组、信贷村组、推广员、协调员、营业部经理、总经理层层负责的"富有亲情的客户组织网络",从而搭建起公司、客户、客户组织"三位一体"的一站式终身服务体系。惠民公司的这一服务体系具有以下优势:

(一)解决信息不对称问题

通过地缘关系将分散的农户集中起来,利用他们之间相互熟知的优势,由客户进行相互选择,从而实现客户内部识别,达到降低信贷风险的目的。信息不对称还表现在另外一个方面:许多农户需要贷款,但因为银行里没有认识的人,担心即使提出贷款申请也不一定能得到批准。而惠民公司通过按照就近服务的原则招聘推广员,让他们深入自己服务的村子,主动找到愿意贷款的妇女,就可以免除农户的这种担心。

(二)保证高的还款率

组建客户组织是防范风险的主要手段。有效的组织将每个贷款客户置身于一个小团队的道德约束圈内,个别成员一旦违规,尤其在出现还款拖欠时,将面临来自两方面的道德谴责和压力:一方面,纵向的压力,一个人不还款,和他关系很好的推广员的报酬首先受到影响,同时,还影响协调员乃至中心主任的业绩和报酬,这种自下而上的纵向连带关系的还款约束力,取决于各层次关系的紧密程度,主任、协调员、推广员、客户彼此的关系越是紧密,还款的约束力越大。另一方面,横向的压力,一个客户违约,联保小组的成员首先要承担责任,进而影响村大组所有客户的贷款。

(三)帮助公司降低成本

东方惠民公司利用其建立的信贷网络组织最大限度地降低成本,原因有两个:一是惠民小额贷款公司的员工了解自己的客户,即使是开始阶段推广员对一些客户不了解,也可以借助客户与客户的相互熟知来剔除那些有风险的客户,从而降低客户筛选的成本;二是通过约定,使惠民小额贷款公司的客户在一个规定的时间集中于一个固定地点和我们的业务人员见面,并开展贷款、还款等一系列相对一致的活动,从而大大降低了公司的成本。

四、积极发展非金融服务

"盐池模式"设计的基本理念是:贷给客户一笔资金固然重要,但提升贷款者的能力更为重要。为了使广大客户在参与中获得自身生存和生产经营能力提升,公司设计了独具特色的"信贷资金+培训服务"的全方位服务方式,在资金扶持的同时提供系列非金融服务,包括开展丰富多彩的文化娱乐活动,给予困难家庭大病和入学救助等方面。

首先,开展金融教育和技能培训。惠民公司在客户村组建立了1268个惠民信贷村组活动室,这个村组活动室就是一个金融教育小讲堂。公司会组织专家定期在活动室里通过简单易懂的图画给客户讲解金融知识和产业技能,帮助客户在获得贷款后,能够通过发展产业增加收入。此外,利用村组活动室,惠民公司培训农民骨干1000余人次,开展实用技术培训一万余人次。

其次,开展丰富多彩的文化娱乐活动。东方惠民公司已举办十七届文化节,内容涉及文艺、娱乐、技能、科技文化、表彰等方面。从2005年开始,公司每年参加的客户达到3000余人次,最终进城参加决赛的也达到500余人次,通过村、乡、县层层选拔,能唱的唱,善玩的玩,会跳的跳,八仙过海,各显其能,充分体现出农户参与的大众性、广泛性和健康性。遍布各个乡镇的这些文艺骨干发挥了二传手的作用,带动并提高了农村广大妇女参与文艺,科技活动的积极性。

再次,给予困难家庭大病和入学救助。仅 2018 年,惠民公司就为因病致贫、意外死亡客户减免贷款本金及利息共 54 万余元;近五年来累计减免客户贷款本金及利息 160 余万元。已建成物资调剂中心 5 个。

五、典型案例①

案例 1:持续服务贫困群体。丁香凤夫妇生活在固原市原州区炭山乡南坪村马台子自然村,是村上的建档立卡贫困户。2016 年,宁夏东方惠民小额贷款公司业务扩展到马台子村后,丁香凤抱着试一试的态度,与几个村民联成一个联保小组向东方惠民公司递交了一份借款申请。几日之后,东方惠民的客户经理到村子里审核联保小组,通过各方面的调查,联保小组成功通过。2016 年 10 月,联保小组里的每户人家都向公司借得了 1 万元 1 年期的本金用于养牛。正好又赶上农村信用社向建档立卡户提供贴息贷款的政策,于是又向农村信用社借了几万元。2016 年 12 月,丁香凤夫妇买进 3 头基础母牛,第一次有了自己的小事业。2017 年 10 月,丁香凤夫妇准时偿还了惠民公司的贷款,并又向惠民公司申请了 2 万元的贷款。截至 2018 年 6 月,丁香凤夫妇家已经有大大小小的牛 15 头,成了村里最大的养牛户。

案例 2:提供信贷资金同时提供技术培训。2012 年 9 月,同心县的杨秀妹在服装加工店加工服装时听见他人谈论惠民公司的小额贷款,说手续简单还提供培训等。可能本身是生意人的原因,她意识到这是一个非常好的发展机会。所以回到村里积极向姐妹们宣传、讲解贷款的用处,鼓励大家成立联保贷款小组。最终,姐妹们组建成一个 13 人的信贷村组。获得贷款之初,她只用

---

① 本部分案例除汪淑莲是真名外,其余人名均为化名。

于部分资金周转,但由于缺乏先进设备和技术支持,客户订单并没有显著增加,后来受到惠民小额信贷公司的技术培训和科学的资金计划,经过多年发展,她的服装加工店已颇具规模,成为一方致富能手。

案例3:贷款同时带领贷款小组成员开展文体活动。汪淑莲曾经是盐池县花马池镇高利乌素村王记沟村的一位普通妇女,没有上过学。1997年,惠民小额信贷项目在王记沟村启动。当时的王记沟村还是一个土地沙化、缺水、沟壑纵横的贫困村,文化水平低(特别是妇女),文盲率达60%。一度被邻村人称为"三棱子"村。没有干部愿意包片到村里去工作,村里没人愿当村长,多年来村长一直是轮流坐庄。在大家的再三推荐下,汪淑莲被选为小额信贷村组的大组长。此后,汪淑莲不仅自己利用惠民公司的贷款一步步富裕起来,她还将自家的一间房子提供给大家做活动室,带领大家参加各种活动,先后8人次得过扫盲优秀奖,2次获得了拔河比赛第一名,还有16人5次在文艺比赛中获得了奖项。由于工作认真负责,2005年,经全体村民选举,汪淑莲又担任村长。她积极地向县各个部门多方面争取项目,带领大家修村道、种植、打井、打窖等项目,村子的建设按着村民制定和规划的蓝图一步一步完成,村民们找回了自信也找回了希望。邻里团结友爱、互帮互助,把全村贫困、落后的妇女组织起来,参与到村子的各种活动之中,村民们找到了发展方向,还脱掉了被周围人称为"三棱子"村的帽子。村里妇女的文化生活丰富了,社会地位也提高了。2002年汪淑莲被评为"优秀大组长";2004年被县妇联评为"双学双比科技致富女能手";2006年参加扫盲学习获得一等奖;2007年获得"中国银行业协会(花旗资助)微型创业奖"共同致富特别奖。2010年底,汪淑莲还到法国巴黎卢浮宫领取全球小额信贷微型企业家年度社会影响奖。

可以看到,东方惠民公司成功的通过小组贷款、信贷员与客户紧密的联系、例会制度等方式,为客户创造了垂直型社会资本和水平型社会资本,扩大了他们的社会网络,增加了他们的信用,提高了他们的社会地位,进而为客户增收致富提供了帮助,也为公司的可持续发展提供了保障。而且,公司实施的这种"信贷资金+培训服务"服务模式也大大拓展了女性客户的生活空间,使她们社交活动增多,社交范围扩大,家庭和社会地位均得以提高,不仅改变了她们的思想观念,也使她们自身科技、文化素质得到提高。公司的贷款客户中,有30余名获得了创业女能手、三八红旗手、全球微型创业奖等荣誉称号。2010年,盐池县客户汪淑莲获得全球小额信贷微型企业家年度社会影响奖,受邀前往法国卢浮宫参加颁奖典礼。与此同时,东方惠民公司也先后被自治区授予支持三农贡献奖,荣获宁夏自治区成立60周年"行业领军奖"、中国小额信贷最具竞争力创新奖、中国小额贷款公司竞争力百强、全国优秀小额贷款公司、全国优秀商业模式、全国农村金融十佳金融扶贫产品等荣誉称号,并在2018年被授予民族团结进步创造示范单位。

第四节　案例四:中和农信[①]

中和农信(全称"中和农信项目管理有限公司")起源于1996年秦巴山区的小额信贷试点项目,2000年由中国扶贫基金会小额信贷部全面接管,2008年正式转制,成为一家专注农村市场的公益性微型金融机构。截至2018年10月,中和农信已经覆盖到21个省(区),拥有312个分支机构,绝大多数都在国家级与省级(包括连片特困地区)。其中,内蒙古有74个分支机构、云南有11个分支机构、青海有4个分支机构、贵州有1个分支机构。截至2018年10月,中和农信的客户中少数民族客户占比25%。良好的经营绩效和社会绩效使中和农信成为国内微型金融行业中尝试用商业手段解决社会问题的典范。

一、中和农信经营宗旨和原则

与Grameen相似,中和农信以"为那些不能充分享受传统金融机构服务

---

① 本节数据和资料除特别说明外,均来自中心农信内部资料。

的农村中低收入群体,量身定制小额信贷、保险、理财、电商等多方位服务,以帮助他们发展产业,增加收入,早日实现美好生活"为经营宗旨①,秉承"草根金融,惠泽乡村""授人以渔"的经营理念,力求"打通农村金融最后 100 米",成为"山水间的百姓银行"。作为一家社会企业,中和农信坚持"诚信守正""公开透明""平等互利""坚守创新"的价值观。

首先,坚守风险管理原则。建立了由风险管理部门、风险管理制度和信贷追踪系统组成的风险管理体系。中和农信的风险管理部门实行扁平化管理,直接对各分支机构的督导、信贷员进行监督管理,而分支机构也直接向总部汇报。在风险管理制度方面,中和农信要求风险管理部门必须对贷款产品和流程的设计把关,通过准入要求、贷款金额和贷款期限的设置,降低贷款风险。并且,中和农信还要求每一笔贷款均需要风险管理部门审核。贷款审核既包括办公室审核,也包括实地考察;既需要对借款人进行综合风险评估,也需要检查信贷员的操作合规性,减少信用风险和欺诈风险。在贷款发放后,中和农信还要求信贷员对每笔贷款进行电话回访。中和农信的信贷追踪系统是由其自主研发的。2011 年,中和农信成为我国第一家计入央行征信系统的小贷机构,可以对借贷金额在 3 万元以上(借款金额 3 万以下的一般没有任何征信记录)的借款人的征信进行查询并可以将自己客户的征信情况上报央行征信系统。

其次,坚持遵循宗教及民族文化融入原则。为更好地服务贫困地区和贫困人口,中和农信特别颁布了《中和农信宗教及民族文化融入原则》。在该原则中,中和农信要求每位员工充分尊重和认同每个民族和信仰下的文化特征,并对由此产生的文化差异持平等、宽容、理解的态度,倡导员工"积极学习、主动了解可能面对的民族、宗教风俗习惯,以行动来表达对不同文化的尊重",明确要求信贷员时刻谨记以下三点:(1)文化无优劣。每一种文化都有它的

---

① 见中和农信网站:见 http://www.cfpamf.org.cn/company.html。

闪光点,严格禁止任何因为文化不同,议论、歧视甚至侮辱对方的行为。(2)信仰自由、人人平等。我们绝不能因为民族背景,宗教信仰,风俗习惯等存在差异而俯视中和农信的任何一名客户和员工。(3)差异化特色服务。对于拥有不同宗教、民族身份的客户,要努力运用符合他们文化的方式提供服务。对于宗教民族文化特征凸显的地区和群体(例如伊斯兰地区),中和农信积极倡导:(1)认真学习这些地区和群体的文化特征;(2)研究分析公司业务在这些地区和对这些群体的适用性;(3)设计开发适合这些地区和群体的产品、服务和流程;(4)优先聘用符合这种宗教民族文化特征的员工,以加强融合,减少冲突。①

　　第三,强调客户保护原则。中和农信非常重视对客户的保护,作为国际知名小额信贷客户保护运动联盟——SMART COMPAIN 的成员,颁布了《中和农信客户金融隐私保护原则》和《中和农信防止客户过度负债原则》两个原则。在《中和农信客户金融隐私保护原则》中,中和农信要求所有员工在就职时必须签署一份客户隐私保护条约,就保护客户数据和私人信息安全作出承诺。客户信贷文件被锁在一个远离公众的柜子里,只有在分支机构分管信息的官员同意的情况下,客户的信息才能被接触。信贷员只有在出纳或者会计允许修改的情况下,通过移动设备修改,否则无法在管理信息信息系统增加或编辑客户数据。如果需要使用客户信息,必须要出示客户同信息局签署的允许使用他们信息的书面同意书才行。在中和农信防止客户过度负债原则中,强调借款人借款金额必须跟借款人的还款能力相匹配,避免自动升级提升额度或发行并行贷款致使借款人的总债务超出其还款能力。2016 年 11 月,中和农信风险管理部将贷后回访电话正式列入审核中心的核心工作事项中,以核实客户贷款及内部人员操作的合规性,预警欺诈风险,确保农户的用款安全,同时为客户提供多种形式的投诉渠道。

---

　　①　该部分内容来自于中和农信资料:《中和农信宗教及民族文化融入原则》。

二、中和农信经营措施

（一）以小组联保贷款为主的贷款模式保障贫困群体能获得金融服务

中和农信的贷款产品主要分两大类,即小组联保贷款和个人信用贷款。小组联保贷款是中和农信在农村放贷的主要贷款模式,包括 3 人小组联保、4 人小组联保和 5 人小组联保 3 种方式。这是一种在 Grameen 小组贷款模式基础上进行了本土化改良的贷款模式。以农牧小组为例,这种贷款产品 3—5 人联保,不需要抵押;贷款额度有两级:一级为 15000 元,一级为 20000 元;贷款期限分 3 个月、6 个月、8 个月和 12 个月四种;贷款利率根据具体产品而定;还款方式有按月等额本息、有宽限期等额本息、月最低还款额方式（5%）、按月付息到期还本,以及一次性还本付息等多种方式。小组联保贷款单户最高额度为 2 万元,平均额度为 14865.41 元,占贷款余额比重的 80%左右。① 中和农信采用小组联保贷款模式的目的是对借款人进行信息交叉验证和给借款人一个社群的压力,而不是作为还款来源。因此,虽然从法律上来说,小组联保贷款的某一借款人无法偿还贷款时可以要求小组中的其他成员代为偿还贷款,但实践中中和农信很少走到这一步。中和农信的个人贷款是在 PC 模式基础上发展起来的一种贷款模式,目标客户是农村小型经营者。借款主体不仅包括借款人,还包括共同借款人及担保人,借款人需要提供个人征信记录。② 个人贷款的贷款额度在 1000—200000 元（北京地区可到 30 万元）,贷款期限包括 6 个月、12 个月、18 个月和 24 个月;贷款利率根据具体产品而定;还款方式有按月等额本息、有宽限期等额本息、月最低还款额方式（5%）,以

---

① 数据截至 2017 年 6 月 30 日。数据来源:http://www.sohu.com/a/217327773_117933。
② 中和农信:《唯恒心与创新 可破农村信贷沉疴》,2018 年 2 月 5 日,见 http://www.cfpamf.org.cn/coverage/4456.html。

及按月付息到期还本;担保人要承担连带责任。目前,中和农信个人贷款的平均贷款额度在43550.9元,占贷款余额比重的20%左右。[1]

以小组联保贷款为主的贷款模式保障了中和农信服务贫困群体的经营宗旨。三组数据能很好地佐证这一结论。一是中和农信的客户构成。截至2018年8月,中和农信36.25万的主贷客户中,农户占比92%,妇女占比66%。二是中和农信的贷款额度。近几年中和农信平均贷款余额基本维持在人均国民收入的0.15—0.2倍之间,均显著小于国际标准。[2] 2017年,户均贷款余额为15555元。三是中和农信覆盖区域。中和农信定位于贫困群体,分支机构大部分都设置于国家级和省级贫困县、集中连片特困地区、欠发达地区和灾区。2011—2017年中和农信分支机构相关数据如表5-2所示。

表5-2　中和农信小额信贷覆盖的国家级与省级贫困县比例

年份	分支覆盖县	国家级与省级贫困县 (含集中连片特殊困难地区)	贫困县比例 (%)
2011	52	48	92
2012	63	58	92
2013	92	74	80
2014	114	92	81
2015	166	141	85
2016	212	171	81
2017	280	196	70

数据来源:中和农信2011—2017年年度报告。

表5-2数据显示,2011—2017年间,随着分支机构快速增长,中和农信对国家级与省级贫困县的覆盖越来越广。

---

[1]　数据截至2017年6月30日。数据丰源:http://www.sohu.com/a/217327773_117933。
[2]　中和农信:《植根农村与服务低收入农户的小微金融典范》,2017年12月4日,见ht-tp://www.cfpamf.org.cn/detail/3835.html。

贫困地区农村微型金融与社会资本良性互动的创新机制研究

（二）上门服务，实现本土化管理

中和农信倡导"家门口的银行"服务理念，实现上门服务，打通金融服务最后一百米。从贷款申请到回收，农牧民只需打个电话，信贷人员就上门服务。老百姓不离家门就能得到贷款、偿还本息。中和农信的整个贷款流程主要包括四个步骤（如图 5-2 所示）：第一天，客户有贷款需求电话联系信贷员；第二天，信贷员第一次到客户家上门家访，信贷员审核通过后通过手机上传客户申请信息；第三天，信贷员第二次到客户家家访，与客户签约并当着客户面通过手机上传合同信息。此后，客户信息金融云在长沙风险审核中心通过合规性检查后将信息传达到北京总部，再由北京总部向客户所在地分支分机构发送放款指令，随后客户收到贷款。整个贷款流程将在七天内办理完毕，而从信贷员了解农户贷款意愿开始到全部回收贷款，信贷员要登门拜访 3—12 次。简化的手续极大地方便了偏远地区和文化水平较低的贷款人群，使他们也能及时了解贷款信息，得到贷款支持。

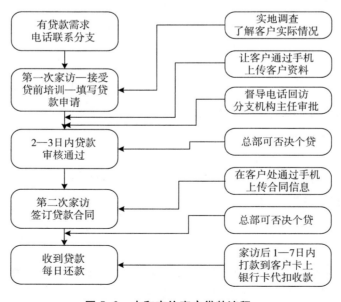

图 5-2　中和农信客户贷款流程

简便的贷款流程很大程度上归因于中和农信的本土管理理念。体现在三个方面:一是联保方式。只要在同村找到几位亲戚或朋友,能够互相认可的,组成一个联保小组,互相支持,互相帮助,共同认可,有身份证和户口簿,就能申请贷款。二是招聘和使用本地化信贷员。这些信贷员生在农村,长在农村,具有吃苦耐劳的品格和为乡里乡亲服务的甘心,他们熟悉当地农村的文化、风土人情、社会心理和当地农民行为特征、消费习惯、生计模式,能够很快赢得乡亲们的信任。每个乡镇有比较固定的信贷员,天天在农村跑,一年四季和农民在一起,下得了田间,进得去农院,握得住农民粗糙的手,知道农民什么时候想什么愁什么。服务不分八小时内外,一年没有周末节假日,"一个电话,服务上门",大年三十正月初一都可以办业务。没上过学的农民贷款合同上不会签名,就先教他们学写自己的名字。例如自 2008 年 11 月中和农信在内蒙古成立项目管理公司开始,其项目管理团队就由内蒙古当地人组成,信贷员也是从服务区域所在乡镇招聘,并优先招聘蒙古族工作人员。2017 年蒙古族员工占当地团队总人数的 37%①。三是相关资料采用本民族文字,保证与当地民族的有效融合。正是这些本地化的管理措施,支撑中和农信打开了农村金融市场。

(三)通过小额保险和互助计划降低贷款风险

为避免贷款客户发生意外死亡或全残而陷入雪上加霜的困境,同时也为了降低信贷风险,2009 年开始,中和农信与中国人寿保险股份有限公司合作,推出针对中和农信客户的小额保险。所有借款人或家庭核心劳动力可获得中和农信赠送的定期寿险,一旦借款人死亡或者意外伤害,可以全额免除借款人债务。2016 年,中和农信为客户提供免费信贷寿险 39.5 万人/次,投保金额 56.4 亿元,全年共受理 143 位客户因意外死亡或意外伤残的理赔,免除了客

---

① 数据来源于中和农信内部资料。

户家属的债务,收到保险公司的理赔金额 231.8 万元。截至 2017 年底,中和农信共为客户免费提供信贷寿险 99.74 万人/次,共受理 669 位客户因意外身故和全残的理赔。此外,中和农信移动端还可以提供具备保险代理业务许可证和中国保监会网销许可的保网的入口,展示来自泰康、安诚财险、华安保险、安心和安联等 5 家机构的主要针对疾病方面提供保障的 7 款产品。

2016 年 8 月,中和农信还针对农村创业者推出"农村创业者意外互助计划"。"互助计划"是一个公益互助平台,秉承小额、简单、可获得的服务理念,致力于通过简单可及的服务,让广大农村创业者在发生不幸时,能够获得帮助,渡过难关。所有的贷款客户以及在农村创业的人都可以加入成为会员。当会员发生"意外事故"时,都有机会获得其他会员的捐助。截至 2017 年底,共有 200695 位农村创业者加入"互助计划",累计拨款 579410 元,受助人数73 人。①

(四)免费提供多元化的非金融服务

1. 开展金融教育

2014 年,中和农信开展了约万名农户的《中国贫困地区金融教育需求调查》,结果显示贫困农户普遍缺乏基本的金融知识,如近一半的被访者收到过假币且不懂得识别假币,73%的人没有听说过征信。为此,中和农信围绕征信、保险、法律常识、绿色金融等农村相关金融知识开展了系列金融教育活动。不仅可以增强客户的诚信观念,增强客户的风险防范意识,也能让客户得到更加安全便捷的服务。例如,中和农信内蒙古巴林右旗营业部成立之初,为了让老百姓了解中和农信,员工就利用走集市、赶庙会、祭敖包和那达慕的机会,通过各种渠道宣传中和农信,从而逐渐使老百姓认识、了解、信任并接受中和农信。此后,围绕老百姓金融知识缺乏,征信意识不强,还款通道困难等问题,中

---

① 中和农信:《2017 年年度报告》。

和农信又展开一系列金融知识教育。据巴林右旗营业部信贷员周凤瑞介绍，2016年7月，Visa与中和农信在内蒙古巴林右旗启动了"Visa普惠金融及教育实验基地"，她通过学习"金融教育系列课程"获得授课资格并开始在项目区开展金融教育活动。在农闲、学校放假、村里开会等老百姓聚集时刻，她先跟学校、村里联系好，占用一小时左右的时间开展活动，让老百姓熟知征信、学会鉴别假币，更合理地使用贷款、不盲目贷款造成过度负债。并且，因为她所在项目区客户居住分散，距离中心镇区也较远，存款取款都很不方便。在普及金融教育过程中，周凤瑞又帮助客户解决了银联代扣的问题，并协助贷款小组长办理手机银行，教客户使用手机银行转账，让老百姓切实感受到手机转账的方便快捷。目前，周凤瑞项目区有效贷款组数15组，其中60%使用手机银行转账，380个有效客户的手机银行使用率达到45%。2016年，周凤瑞的放款总数达到945万，成功获得四星级信贷员称号。

2. 提供农业技术培训服务

从2003年起，中和农信就与微软（中国）有限公司开始合作，在部分小额信贷项目区建立社区学习中心，为贷款人提供信息技术培训和市场信息查询等服务。此外，中和农信还以多种途径聘请相关的农技所、农机站或者税务局的专家来为农户讲解种植、养殖、经营管理等专业技术知识，帮助中低收入的农户顺畅发展。

3. 注重卫生健康

作为一家始终将社会绩效放在重要地位的社会企业，中和农信一直非常关注贫困群体的卫生健康。为提高妇幼保健意识和保健知识，中和农信会邀请妇幼保健院医务人员进行妇幼保健义诊和保健常识讲解，助农妇养成良好卫生习惯。2018年6月9日，由中和农信协办的"母亲健康快车爱心巡诊周"活动启动仪式在青海省海东市互助土族自治县举行，宣告着中和农信"她计划"健康主题系列活动正式拉开唯幕。该项目对于改善偏远地区的"看病难"起到了重要的作用。慢病宣传、健康操学习、慢病检测、健康仪器赠送等一系列环节,大大提升了当地农户对于慢性病管理的认识。①

4. 搭建公益助农 P2P 平台

通过乡信金融这种公益助农网络 P2P 平台,中和农信作为一种信贷信息中介服务帮助农村创业者提供小额、简单、可获得的融资服务。自 2014 年以来,中和农信始终坚持"为农村中低收入及创业者人群服务"的初心,充分发挥互联网金融方便、快捷、灵活的特点,将社会闲置资金引入广大农村。数据显示,乡信金融平台借款端对接的借款人全部来自于中和农信小额信贷业务,100%的资金流向了发展种养殖等生产性活动的农民。至 2017 年底,乡信金融平台用户数 12713 人,人均投资金额 4.1 万;累计撮合借贷交易 70 多万笔,累计交易额突破 17 亿元,帮助近 10 万农户解决了发家致富"用钱难"的问题。

三、中和农信经营绩效

(一)财务绩效

财务绩效(financial performance)是指不论项目或机构的财务稳定如何实现,微型金融机构都拥有的可持续地提供贷款的能力(Vento and Torre,2006)。作为一家社会企业,中和农信一直以保本微利为经营原则,因此,是否可持续地提供贷款就是衡量中和农信财务绩效的重要指标。2008—2017年,中和农信财务绩效状况如表 5-3 所示。

表 5-3　中和农信 2008—2017 年财务绩效状况

年份	贷款金额(元)	贷款余额(元)	放款笔数(笔)	有效客户(人)
2008	187661200	107043892	38052	26927
2009	276361500	187969587	41376	36451
2010	569103000	389138512	69215	67343

---

① 中和农信:《关注慢性疾病,"她计划"正在进行》,2018 年 6 月 12 日,见 http://www.cf-pamf.org.cn/detail/4492.html。

续表

年份	贷款金额（元）	贷款余额（元）	放款笔数（笔）	有效客户（人）
2011	1074256700	660811951	111237	106532
2012	1355758500	856191604	137513	130683
2013	1874931500	1181457171	182397	174577
2014	2867218400	1879705848	253001	237817
2015	4131549499	2609649696	324228	306101
2016	6649820665	4355349417	396765	366401
2017	8623214056	5941033829	411539	381929

数据来源：根据中和农信 2008—2017 年各年年度报告整理。

表 5-3 的数据显示，2008 年以来，以贷款金额、贷款余额、放贷笔数和有效客户四个指标衡量，中和农信的业务都出于稳定增长态势。截至 2016 年底，内蒙古自治区 57 个贫困旗县就实现了全覆盖。到 2017 年 7 月底，中和农信在全自治区投入运行的分支机构达到 61 个。经过几年的发展，中和农信的金融服务理念和上门服务运作模式得到了各级政府的肯定和认可，方便快捷的服务受到了广大贫困农户的欢迎，成为扶持贫困农户增收致富的一支主力军。

（二）社会绩效

作为一家公益性微型金融机构，中和农信始终秉持微型金融双重底线原则，坚持财务绩效与社会绩效并重，并将社会绩效管理提到公司战略高度。自2012 年起，中和农信就全面提出社会绩效管理的理念，并将社会绩效管理正式纳入公司的日常管理规范。遵循国际普适性做法，中和农信的社会绩效管理工作主要从社会绩效治理、金融普惠、客户保护、人力资源和社会改善等纬度展开。社会绩效治理和社会改善在本节第一部分已经介绍，这里将重点对金融普惠和客户保护进行分析。相关数据如表 5-4 所示。

表 5-4　中和农信 2017 年度金融普惠及客户保护情况

金融普惠		客户保护	
农户	92.7%	受访客户 7 天之内拿到贷款	95.8%
妇女	82.9%	受访客户认为中和农信贷款流程并不麻烦	93.4%
少数民族客户占比,分布在 52 个少数民族中	23.1%	受访客户对于中和农信服务非常满意	99.4%
初中及以下文化水平	89.5%	受访客户表示中和农信的贷款帮助很大	71.2%
单笔贷款额度≤3 万元	86.0%	受访客户表示如果仍有资金需求会继续找中和农信贷款	97.9%
平均贷款额度(元)	20953	受访客户表示会向其他人介绍中和农信的贷款	96.4%

数据来源:根据《中和农信 2017 年度客户满意度调查》相关数据进行整理。

表 5-4 显示,从贷款对象来看,92.7%是农户,妇女客户占比 82.9%,且 89.5%的贷款对象只有初中及以下文化水平,说明中和农信的服务对象确实是贫困和弱势的群体。而从贷款额度来看,86.0%的单笔贷款额度小于等于 3 万元,且平均贷款额度只有 20953 元,占 2017 年我国人均国民收入 59660 元的 35.1%,也说明中和农信的服务对象是贫困群体。综合以上数据和分析,可以看到,中和农信确实履行社会扶贫的使命。而且,中和农信小额信贷主要是针对妇女提供贷款,因此提高了妇女客户的参与权、知情权和决策权,大大提升了妇女地位和参与能力,也提高了其在家庭中的地位。此外,通过为农户提供信贷服务,中和农信为农户建立征信记录,也为乡村创造了良好的信用环境。

中和农信对客户的保护集中体现在每年都会对客户满意度进行调查,为一年的服务打分。表 4-17 的数据显示,95.8 的受访客户表示 7 天之内能拿到贷款、93.4%的受访客户认为贷款不麻烦、99.4%的受访客户对中和农信的服务非常满意,表明整体而言,受访客户对中和农信的服务质量很满意;71.2%的受访客户表示中和农信的贷款帮助很大、97.9%的受访客户表示会继续找中和农信贷款,另外 96.4% 的客户会向其他人介绍中和农信的贷款,表明中和农信的贷款受到受访客户的广泛接纳和信任。

中和农信对客户的保护还体现在对客户的公平和尊敬上。中和农信的所有员工在入职时都要签署一份工作协议并接受相应部分的培训,以保证做到无论客户的年龄、教育程度或收入水平,都要尊重客户,特别是尊重和平等对待少数民族客户,严禁任何不合适的行为,包括使用威胁性的语言,咄咄逼人的气势,以及索要贿赂,严禁有种族、民族和性别歧视。并且,对于员工是否公平和尊敬客户,中和农信内部审计还会进行检查,对违反工作协议的员工根据违反次数和严重程度由人力资源部门在全系统进行相应处罚。

2015 年 4 月,沛丰评级对中和农信社会绩效的评级为 B+。在经过沛丰评级的机构中,中和农信的社会绩效评级位于前 44%。①

四、典型案例②

天祝藏族自治县属国家级贫困县,地处青藏高原、内蒙古、黄土高原三大高原交会过渡地带。精准扶贫工作全面实施以来,全县认定扶贫重点乡镇 16 个,贫困村 75 个,贫困人口 5.63 万人。脱贫攻坚任务重、难度大,资金不足是最大"瓶颈"。2014 年 1 月,中和农信天祝小额信贷机构正式运营。截至 2017 年底,累计向全县 10055 户中低收入家庭发放贷款 1.1 亿元,贷款余额 3100 多万元,对农牧民特别是低收入群众脱贫致富产生了有力的推动作用。中和农信为民服务理念和信贷员的服务质量受到广大群众交口称赞。下面几个案例能说明情况:

案例 1:不避偏远。2014 年中和农信刚到大红沟乡马路村贷款时,村民马天厚贷了 8000 元,用于收售冬虫夏草,一次贷,月月还,资金周转合理也不紧张。马路村地处偏僻,信贷员一个来回将近 300 公里,当时申请贷款的共四

---

① 数据来自于 2015 年 5 月,汇丰评级对中和农信所做的社会绩效评价研究报告。
② 本部分案例来自于中和农信内部资料,作者对案例中的人名进行了改写。

家,属四户联保,一共才 3.2 万元,当时他还曾疑虑中和农信是不是真的会过来放款。结果第三天工作人员就来放款,带来资金,也带来了希望。经过几年拼打,马天厚夫妇积累了点资本,2017 年秋天又贷款 2 万元,改行收购贩卖牛羊,生意稳定,收入渐增,现在已是中和农信的五级客户。

案例 2:雪中送炭。2015 年 10 月,由于草场受灾,村支书王海成 300 多头羊、50 多头牛面临饲草短缺,眼看牛羊越冬有问题。而临近年底,其他金融机构都因结账停止放款了。当得知中和农信还在放款时,他将信将疑地给信贷员打了电话,信贷员当天中午便上门了解情况,第二天就和督导给他和其他四户每户发放一万元贷款,解了燃眉之急。

案例 3:随叫随到。华藏寺镇岔口驿村俞学发每年都种大蒜,2016 年外地联系好的蒜种送来时正好是周末,他和送大蒜的合作方是多年合作关系,商定货到付款。由于自己和老伴一直忙,虽提前向中和农信做了登记,但没有及时办理手续。客户马上到了,可钱还没有着落,又考虑到信贷员可能中午在休息,便怯生生地打了个电话,不料信贷员说,我就是为你们服务的,只要你们有时间,准备好户口簿、身份证,半小时后我过去放款。结果,没过一个小时,俞学发就拿到了贷款,按时付清了货款,巩固了经营信誉。

第六章 构建贫困地区农村微型金融与社会资本良性互动的创新机制

理论和实证研究都表明,利用好社会资本将有助于促进微型金融发展,提升微型金融反贫困效应;而微型金融的持续发展和反贫困效应的提升,又将反过来为贫困群体创造更多的社会资本。因此,基于前文所归纳的重要观点和基本结论,在《推进普惠金融发展规划(2016—2020)》(国发〔2015〕74 号)、《"十三五"脱贫攻坚规划》(国发〔2016〕64 号)、《关于全面做好扶贫开发金融服务工作的指导意见》(银发〔2014〕65 号),以及《关于支持深度贫困地区脱贫攻坚的实施意见》(厅字〔2017〕41 号)和《关于金融支持深度贫困地区脱贫攻坚的意见》(银发〔2017〕286 号)等纲领性文件的指引下,本节将主要从微型金融机制和政策支持体系两方面探讨建立贫困地区农村微型金融与社会资本良性互动的创新机制。

第一节 构建贫困地区微型金融机制创新体系

一、加强金融扶贫知识宣传,增加贫困群体对微型金融的信任和接纳

贫困群体对微型金融的信任和接纳是微型金融发展和取得成功的前提条

件。而贫困地区某些传统文化和习俗,以及相对落后的教育发展都在一定程度上制约了贫困群体对金融扶贫政策的认识。因此,要加强金融扶贫知识宣传,增加贫困群体对微型金融的信任和接纳。主要做好以下六点:

一是要做好金融扶贫政策宣传,让贫困群体逐渐认识金融扶贫的本质。要加强对县、乡、村干部开展金融扶贫相关知识的专门培训,提高各级干部的金融意识。同时,通过网络、电视、报纸等媒介以及制作宣传册,以及利用金融扶贫工作站、农村信贷联络员等机制设计做好金融知识、信用意识和金融扶贫政策的宣传,使贫困群体认识到金融扶贫是帮助他们发展生产的,需要按时还本付息,而不是无偿捐助或者救济。

二是要培养贫困群体的信用意识。根据家庭收入情况、还款能力的不同,对同一信用等级的贫困群体再进行市场细分,通过加强小额信贷的信用知识宣传,让贫困群体认识到金融和信用的关系,增强农户信用意识;通过信用评级和公开,让贫困群体理解信用的价值,使得贫困群体争当"信用户"形成风气,"有借有还"的信用观念得到进一步弘扬,让贫困户学会用金融致富,当好诚信客户。

三是要做好金融产品和信贷政策宣传,不断提高贫困群体的金融素养。要让贫困群体具备一定的金融意识和金融技能。前者主要包括贷款的基本知识、小额贷款保险的基本知识,特别是有关小额信贷保险的权责利、贴息贷款的贴息政策及贴息办理流程、联保贷款的责任和风险等;后者主要是指基本的计算能力、财务技能和产品比较能力,要让贫困群体具备计算利息、利率等数据的基本能力,以及选择更加廉价贷款的能力。通过提高贫困群体的金融知识,尽量减少信贷风险及信贷纠纷。

四是加强对各类金融支付工具的普及,使贫困群体能充分享受到现代金融的便捷。比如,通过金融机构网络化建设的加快,推动金融扶贫由"线下"向"线下线上并举"转变。加强各类金融支付工具对贫困村的支持,布放 POS机具、惠农通、转账电话等,推广电子金融产品应用,使贫困地区广大群众能够熟练运用电子渠道办理转账汇款、购物缴费、理财保险等业务，充分享受现代金融的方便快捷。

五是要致力于增加对贫困群体的金融消费者权益保护宣传。从强化服务细节、规范服务行为、宣传金融知识着手，不断推进金融消费者权益保护工作，切实保护消费者"财产安全权、知情权、自主选择权、公平交易权、受教育权、信息安全权"等八项权利，增强贫困群体消费者权益保护的意识和能力。

六是要不断完善金融服务，加大投入，进村入户，征求贫困群体的意见建议，详细了解贫困农户的金融服务需求，使金融产品和服务能更好地满足贫困群体的真实需求。要让贫困群体得到看得见、摸得着的实惠，让他们从心底里感受到政府及银行是真正为他们做好事、解难事、办实事的，从而建立对微型金融的信任和接纳。

二、尊重贫困群体生计策略，构建自下而上的金融服务体系

逐利是金融资本的本性，贫困地区特殊的地理禀赋和社会经济条件在一定程度上制约了金融服务贫困地区和贫困群体的积极性。但理论分析和实证研究都表明，微型金融机构是可以通过一系列机制设计，提高效率，降低成本和风险，从而实现社会扶贫和可持续发展的双重目标。国内外领先型微型机构发展的实践也为此提供了佐证。因此，通过高度垄断经营获利的金融机构，理应承担起社会扶贫的责任，尊重贫困群体生计策略，利用好贫困群体的社会资本，构建自下而上的金融服务体系，践行其服务贫困群体的经营使命。具体来说：

（一）根植贫困群体生计策略，创新金融产品和服务

地理禀赋的差异决定了贫困群体生计策略的不同，也决定了微型金融机构应该紧紧围绕贫困群体的真实需要来创新金融产品和服务，以更好地满足他们的真实需求，增加他们对微型金融产品服务的信任和接纳。从发展趋势

来看,贫困地区应该大力提升农村互联网金融服务强度,以突破贫困地区地理条件所带来的物理网点的限制,推动农村金融服务由"卡+机具"向"账户+平台"转变,通过 POS 手机、手机银行和网上银行等方式向客户提供存款、支付、授信等一系列电子化的金融服务,降低贫困群体获得金融服务的门槛。但在具体发展策略上,贫困地区要根据民族习惯、特色产业及特色产品,有重点地推出区域性创新金融产品。例如,宁夏微型金融机构可以根据市场需求,大力发展"滩羊贷""枸杞贷""苗木贷"等特色农业产业融资产品,并在总结上述经验的基础上,进一步推出"硒砂瓜贷"、"黄牛贷"等新的信贷产品;而藏族地区微型金融机构可以借鉴农业银行甘肃分行通过藏族饰品质押的方式解决甘南藏族自治州农牧户贷款难的经验,进一步加大藏族饰品的质押范围。还有其他地区,也应该基于地域特色和优势,不断进行区域性产品和服务创新。

(二)重视贫困地区传统借贷实践,制定灵活的金融政策

传统借贷实践将影响微型金融客户群的心理和行为,即使微型金融机构制定金融政策,贫困群体仍然会以合乎当地道德和社会习俗的方式来使用和偿还资金。因此,贫困地区农村微型金融机构要重视当地传统借贷实践,制定灵活的金融政策。比如,虔诚的伊斯兰信徒认为,人死前一定要偿还生前所欠债务,这样人死后才能往生。这就可能涉及债务的提前偿还,微型金融机构可以承接传统借贷的做法,给予客户提前还款的便利。

(三)充分发挥信贷员的桥梁作用,建立动态信贷服务政策

一直以来,微型金融在我国是作为一种自上而下的发展政策,在一定程度上无法适应不同地区对金融服务的特色化、差异化需要。而信贷员作为沟通金融机构和借款人之间的桥梁,在协调微型金融机构和借款人的信任关系中扮演核心角色。因此,要尽量聘用本地青年员工作为信贷员,充分利用他们拥有的语言优势、金融知识和当地知识,发挥信贷员沟通、宣传的桥梁作用,使信

贷员能更好地向借款人讲解微型金融产品和服务,也使信贷员能更好地向微型金融机构反馈借款人的需求、当地借贷规则和存在的问题,并激励当地有德望的人来扮演领头羊的角色,以及在借款人延迟偿还情况下激励客户偿还贷款。同时,地方微型金融机构还应吸纳信贷员参与协商制定信贷产品和服务的细节,以确保微型金融产品和服务能够与贫困群体的生活和文化价值相适应。

三、多途径降低微型金融机构信贷风险,创建和谐社会关系

通过优化信贷模式、完善增信机制,以及与在地化经济组织合作等多种方式,在提升微型金融产品和服务对贫困群体的覆盖面的同时,降低微型金融机构经营风险,从而帮助贫困群体增加收入并转变微型金融机构过去过分依赖机构制裁和社会制裁等方式来降低不良贷款率的做法,有利于在金融机构和借款人之间,以及借款人和借款人之间营造和谐社会关系,帮助贫困群体创造新的社会资本。

(一)优化信贷模式,降低微型金融事前风险

合意的信贷模式不仅可以帮助微型金融更好地渗透到贫困群体,而且也能降低微型金融的事前风险。2014 年,国务院发布《社会信用体系建设规划纲要(2014—2020)》(国发〔2014〕21 号),信用建设在我国渐次展开,金融机构也在全国范围内开展了信用户、信用村和信用乡镇建设。以此为基础,我国金融扶贫的模式也更加多元化。除了小组联保贷款和个人贷款外,还出现了自担责任的小组贷款、能人大户带动贫困户或非贫困户带动贫困户的贷款,以及"金融机构+信用户"或"金融机构+信用村+贫困户"等多种信贷模式。结合贫困群体的实际情况选择合适的信贷模式,在此基础上,加强金融机构和辖区内村委会的对接,在保障金融机构稳健经营的同时,加强金融机构服务贫困群体的效应。

（二）加强与各种在地化力量的合作，创建和谐社会关系

微型金融机构要借助各种在地化力量，包括村委会、各类在地化经济组织和能人大户、长老族长等地方权威的力量，提升微型金融服务质量，降低微型金融机构经营风险。首先，微型金融机构涉农网点要积极做好与辖区内乡镇及村委会对接，请村委会协助完成农户信用等级和/或建档立卡户名单确认、贷款发放及贷款管理过程。在有条件的村庄，可以借鉴青海湖农业银行的做法，积极引进"双基联动合作贷款"模式，充分发挥基层银行业机构与村委会基层党组织的优势，加强合作，更好地服务贫困群体。其次，微型金融机构还可以与农民专业合作社、农村各类商业组织等农村集体经济组织紧密结合起来，通过融入各种"在地化力量"而获得信息优势。要在与这些机构组织的合作互动中，与农户生成一种密切的信息沟通和共生共赢的命运共同体关系，从而降低经营风险。再次，在贷前审核、贷中监督和贷后偿还过程中，微型金融机构都要充分发挥当地德高望重、熟悉村情人情的老村支书、老族长、新乡贤以及能人大户等地方权威的影响，并通过开展能人大户的经验交流、通过各种村级活动紧密村民之间的沟通和交流，提高农户的还款能力和还款意愿，构建和谐社会关系。

（三）分类处置不良贷款，适度运用机构制裁和社会制裁措施

因为自身的脆弱性以及生存环境的恶劣，贫困群体面临着收入波动性更大、生存境况更加脆弱的现实处境，导致贫困群体不能按时偿还贷款的原因复杂，既有可能是信用意识不强、还款意愿不足；也有可能是生产经营失败或意外事件导致没有足够收入，失去还款能力；还有可能本身生产经营正常或基本正常，并且还款意愿也较好，确实因为生产需要或因自然灾害等非主观原因，导致暂时无法偿还贷款。因此，微型金融机构要根据不良贷款产生的原因，分类处置：对于因自然灾害、农产品价格波动等客观原因造成无法正常还款、但

生产经营正常或基本正常而只是暂时不能偿还贷款的,在风险可控的情况下,通过办理续贷、展期业务,帮助贫困群体度过生产经营难过,并收回全部所有贷款;对于因真实原因而实在无力尝还贷款的,要积极协调政府有关部门,通过启动风险补偿措施按约定比例分摊损失;而对于恶意拖欠、态度恶劣、拒不还贷的,则要及时启动追偿程序,通过公布失信黑名单等措施,适度运用机构制裁和社会制裁、必要时联合扶贫办协调公检法等力量依法来收回贷款,保证机构的正常经营。

四、构建银保合作平台,促进农村小额信贷和小额保险协同发展

贫困群体本身面临着巨大的健康风险和人身意外伤害风险,而特殊的地理环境又使该区域存在潜在的自然灾害风险,这些风险不仅大大加重了贫困群体脱贫致富的难度,也使为这些贫困群体提供服务的微型金融机构面临着偿付能力和流动性的严重威胁。构建银保合作平台,促进农村小额信贷和小额保险的协同发展,既是提升小额信贷和小额保险反贫困效应的必然选择,也是保障小额信贷机构和保险机构可持续发展的客观要求。

(一)通过微型金融机构宣传、代理销售保险产品,扩大小额保险覆盖率

贫困群体对保险缺乏认识,不知道如何使用保险,对保险责任和权利不清楚,发生保险事故后也不知道索赔,这些因素都制约了贫困群体对保险产品的需求。而贫困群体对保险公司的不信任,以及因保险公司尚未与银行征信系统实现对接,无法通畅地获取贫困群体信息导致的高昂的交易成本,使得保险公司很难主动对贫困群体进行保险知识宣传。但银行等微型金融机构拥有广泛的客户群体,也更了解本地客户并容易赢得他们的信任,因此,通过银行等微型金融机构可以更好地宣传保险知识和政策,甚至可以代理销售某些保险

产品,从而帮助保险公司降低营销渠道建设和营销成本的同时提高小额保险产品的覆盖率。

(二)信息共享,科学厘定银保产品费率

首先,可以由各地政府专门成立小额信贷小额保险服务中心,将国家支持政策和公共信息资源、保险、银行整合在一个平台上,既为农户提供"一站式"服务,也为保险公司和银行的风险识别提供有力保障。其次,积极试点开放中国人民银行征信系统,使小额信贷机构和提供小额保险的保险公司进行有效对接,实现信息共享。保险公司要开通银保产品绿色通道,简化手续,降低门槛,提供方便快捷的服务;同时,银行要适度放宽农户不良贷款容忍度,建立农户授信尽职免责机制,发挥好差别风险容忍度对金融扶贫的支撑作用。最后,保险公司、银行组成承保专班,全过程紧密协作,科学厘定保险产品费率、银行产品贷款利率,将农户贷款成本控制在合理水平。同时加强信贷与保险的配合联动,有效控制银行农户贷款风险。

(三)坚持银保产品合规营销,自愿购买原则

贫困群体自身金融素养以及其所面临的特殊风险,一些微型金融机构在经营实践中将小额信贷保险和小额信贷捆绑起来,通过提高小额信贷费率的方式隐蔽地将小额信贷保险强制搭售给贫困群体,导致了贫困群体对微型金融机构的不信任甚至敌对情绪,有的还因为费率过高而放弃小额信贷。因此,微型金融机构在办理小额信贷时,一方面要积极整改,对以前发放贷款时强制搭售的保险业务要及时清理、清退,并对借款人做好解释工作,获得借款人的谅解;另一方面要主动宣传小额信贷保险,让农户充分认识小额信贷保险产品的保障功能和优势,严格按照客户自愿原则办理代理保险业务,而不能捆绑销售、强制搭售或者误导销售,确保小额信贷保险业务合规开展。

五、建立信贷员尽职免责机制，完善激励相容的绩效考核制度

信贷员是微型金融机构经营宗旨的实践者，也是微型金融服务质量的体现者。但金融扶贫任务的复杂性，以及信贷员地位的模糊性（因为他们需要维护金融机构的利益、客户的利益，以及他们自身的利益）有可能制约信贷员的服务热情和服务质量，从而影响微型金融经营宗旨的实现。因此，建立信贷员尽职免责机制，完善信贷员激励相关的考核制度对于提高信贷员的积极性、主动性，进而提升微型金融反贫困效应都具有重要意义。具体来说：

一方面要建立信贷员合规放贷准则，实行信贷员尽职尽责。金融扶贫是一项政治性、政策性、业务性和任务性都很强的工作，如果单纯以是否有未清偿贷款或贷款损失，以及是否占用总行资金等传统业务绩效指标进行考核，就有可能诱导员工把目标定位于较为富裕的穷人，甚至造成信贷员惜贷、拒贷。因此，应建立信贷员合规放贷准则：（1）贷前调查真实、贷中审查有效、贷款审批尽职；贷款发放与支付条件审核认真，贷后管理到位，贷后检查及时。（2）不利用职务之便"吃、拿、卡、要"；及时受理、高效办贷，为客户提供优质服务。（3）向客户公开贷款品种、申报条件、办理流程、利率价格、收费标准、限时服务等内容，并及时进行风险提示。（4）不捆绑搭售任何产品。（5）不向关系人发放优于其他借款人同类贷款条件的贷款。只要信贷员都按规矩做实了，按程序规范了，即使贷款到期无法收回，则就应实行信贷员尽职免责，适当提高扶贫贷款不良率的容忍度，充分调动信贷员的积极性。

另一方面要制定合理的工作任务，完善激励相容的绩效考核制度。特殊的地理环境使得很多信贷员都是在偏远的贫困地区工作，工作环境恶劣且工作任务繁重。只有完善激励相容的绩效考核制度，才可能招聘到专业的人才并留住这些人才，才能保证信贷员的专业性和稳定性，从而提高小额信贷业务的质量、规模和扩展速度。要在合理制定工作任务的基础上，实行积极的激励

机制,充分发挥考核激励的正向引导作用,建立"权责利"对待机制,在一定的风险容忍度内给予信贷员发挥的空间,以鼓励信贷员更加努力工作和服务客户,并对表现优秀的信贷员给予经济激励和荣誉激励、提供更多晋升通道和发展平台,充分调动信贷员工作的积极性和主动性。可以借鉴中和农信等社会企业的做法:营造友爱、和谐的企业文化;提供具有竞争力的薪酬福利组合和丰富的培训机会;并通过各种竞赛、深入挖掘典型案例、组织开展现场观摩活动等形式,进一步丰富信贷员的工作内容。

六、积极对接村两委等基层组织,完善外部监督机制

提供微型金融服务的过程,既是利用社会资本将金融资本渗透到贫困群体的过程,也是将贫困群体纳入社会网络体系,从而为其培育创造新的社会资本并实现金融反贫困效应的过程。村两委、驻村干部等基层组织具有熟悉农情、村情、民情的优势,在村民中也具有较高的威信和号召力,充分利用好这些基层组织,尽可能提供优质的金融服务从而将贫困群体涵括到金融服务体系是发挥微型金融反贫困效应的必然选择。

(一)积极宣传扶贫政策,激发贫困群体内生发展动力

一是宣传扶贫政策,增强贫困群体脱贫致富的"信心"。通过宣传党的扶贫思想和扶贫战略,教育引导贫困群众转变思想观念,改变落后风俗习惯,摆脱"等、靠、要"的思想惰性,增强贫困群体脱贫增收的主观能动性和脱贫致富的信心。二是发挥典型示范引领作用,增强脱贫致富的"决心"。通过树立先进典型,引领激励群众脱贫致富,把贫困群众自己主动脱贫的志气"扶"起来。三是建立长效工作机制,增强贫困群体脱贫致富的"恒心"。以村两委、驻村工作队和第一书记为联系载体建立常态化联系机制,积极开展扶贫政策宣导、经验推广等活动,教育引导贫困群体有脱贫致富的恒心。

（二）发挥组织保障职能，凝聚金融扶贫合力

利用村两委和驻村干部等基层组织的职能优势，动员其收集、整理各项金融扶贫政策，定期不定期开展金融扶贫政策宣传活动，提高贫困地区干部群众金融扶贫政策知晓度；切实把各项金融扶贫信息传递到各乡、各村、各户；加强信用意识宣传，开展信用户、信用村创建活动，改善金融生态环境。同时，金融机构还要与村两委等基层组织做好信息对接共享，动员村两委与金融机构组成联合小组，共同参与当地农户调查、建档、评级授信等环节。基层组织熟悉农户贫困农户家庭收入、社会信誉、家庭生产等情况，可以由其负责采集、整理本村农户基本信息，管理农户信用信息档案，并向金融机构推荐有真实贷款用途的贷款客户，帮助微型金融机构开展客户筛选和贷款清收管理。此外，金融机构还可以依托村委会建立金融精准扶贫工作站和金融综合服务点，打造农村金融服务全覆盖的升级版。

（三）行使外部监督职能，提高金融服务质量

村两委等农村基层组织是村里的精英分子，具有较高的执政水平和领导力，也有较强的综合素质，是受村民信任、被村民选举出来的带动全村发展的火车头。因此，在金融扶贫过程中，村两委等基层组织理应成为村民的代理人，实施外部监督职能：贫困群体是否做到了"应贷尽贷"贷款、是否执行基准利率、是否采用信用方式发放贷款、是否在发放扶贫小额信贷时搭售保险、贷款是否转入贫困户账户、贷款资金有无变更用途、是否存在贷款转存款情况、是否存在信贷员"吃拿卡要"等现象、是否存在其他违规违纪行为等方面进行监督，以降低微型金融机构经营风险，提升金融扶贫的效率和效果。

第二节　强化政策支持体系创新

尽管国家应该如何正确干预农村金融市场还存在较大分歧，但理论研究

和实践发展都表明,金融具有天生的逐利性,难以自发地流向风险收益不成比例的贫困地区,需要合适的政策促使不同类型的微型金融机构进入农村底端市场,最终能在竞争质量中为更多的贫困群体提供更好的金融产品和服务。而且,贫困地区农户对金融产品和服务存在较大的认知误区,在实践中也需要强有力的政策支持来保障金融扶贫措施的贯彻和实施。

一、构建相关的政策扶持体系

一个完整而有机统一的政策扶持体系,是保障微型金融服务贫困地区的关键因素。在建立和完善风险补偿基金的同时,国家要建立起强有力的扶持体系,包括机构体系、产品服务体系、法律法规体系、监管体系、金融教育体系、协调沟通体系,以及差异性财政政策和货币政策支持体系等。比如,通过建立和完善微型金融发展的相关法律和政策框架,可以为不同性质的微型金融组织或机构解决身份、资金来源,以及服务范围等问题。而差异性财政政策和货币政策支持体系,政府针对农村微型金融机构可以给予免缴营业税和所得税的优惠政策,对于符合条件的农村微型金融机构,中央政府可以按照其贷款的担保额给予一定比例的财政补贴。还有,促进消费者保护,尤其是对贫困人群的全流程保护也至关重要。这些措施建设能够更好照顾到贫困地区经济发展的现实,从而激励微型金融积极主动服务贫困地区和贫困群体,并确保农村微型金融机构的健康有序发展。

二、完善农村微型金融服务体系,提升贫困地区金融服务质量

贫困地区的金融服务呈现出很强的政治性和政策性,相应的服务机构也主要是以中国农业银行、农村信用合作社和邮政储蓄银行等国有性质很强的传统型金融机构。但不同类型的金融机构其比较优势并不相同,如新型农村金融机构,由于其机构扎根乡土,具有较为明显的地理优势,而且其经营规模一般较小,组织架构和管理制度相对简单,服务"三农"的流程也更为便捷和

高效。因此,完善农村微型金融服务体系,一是要通过金融机构利差补贴和特殊费用补贴等财政政策引导各类金融机构明确定位,主动下沉经营重心,加大对基层营业网点的政策倾斜力度,强化服务贫困群体的宗旨和意识。二是创造有利的环境和条件提升商业化民营微型金融机构的产品服务和利润率以广泛吸收民间资本,积极推动符合条件的农村商业银行或农村合作银行发起设立村镇银行,贷款公司和农村资金互助社等新型农村金融机构;通过完善法律地位、提供批发资金支持等方式大力鼓励中和农信、东方惠民小额贷款公司、宁夏掌政资金物流调节公司等社会责任型企业的发展,推动金融服务向人口相对集中的行政村延伸,着力解决“金融服务空白”的问题。三是以保持经营可持续为原则,依托行政村“村两委”所在地、特约商户、农村小超市/小卖部、供销社系统经营网点以及农民合作社等具有安全条件的场所,通过布设 ATM 机和 POS 机、设立流动服务点等多种形式扩大金融服务覆盖面。此外,国家还应该在宏观政策上,进一步支持、规范合作金融的发展,并为非政府组织开展微型金融业务提供积极的政策环境以吸引信贷资源,以促进公益性小额信贷组织或金融领域的社会企业的发展。

三、促进互联网金融发展,创新贫困农村微型金融服务模式

特殊的地理环境、恶劣的自然条件及落后的金融基础设施使得贫困地区金融机构运营成本远高于全国其他地区,制约了贫困地区农村物理网点的发展。而互联网金融借助云计算、大数据和区块链等新兴信息技术发展所带来的边际成本递减优势,可以切实降低金融服务的资金成本、时间成本和信息获取成本,打破传统银行受制于地理空间鸿沟、依赖抵押物和担保品的授信约束,以及依靠物理网点获取客户的方式。因此,鼓励贫困地区大力引入持牌机构提供互联网金融和移动终端等服务,能在一定程度上解决贫困地区的金融服务困境。为此,政府相关部门要大力提供支持:一是要加大对贫困地区网络基础设施建设的投资力度,为农村互联网金融打下硬件基础。要加大贫困地

区农村互联网基础设施建设财政投资力度,加快宽带网络进村工程,完善贫困地区信息通信建设。同时,中央和地方政府以财政补贴的方式降低贫困地区的电信资费,促进贫困群体对互联网金融的使用。二是要建立完善农村信用体系。政府要带领中央银行、腾讯征信公司等机构一起,利用大数据信息技术收集农户的工作经历、贷款记录、购物和消费记录,以及生产经营情况,真实反映农户的信用等级,为农户建立合适的征信模式并整合信用信息,完善农村信用体系。三是建立健全农村互联网金融的风险管理体系与防范机制。鼓励银行业金融机构成立互联网金融专营事业部或独立法人机构,加强对互联网金融细则和业务的监管。要尽早建立互联网金融行业法律法规,结合实际情况,明确各级政府监管部门监管职责和界限。同时,建立与农村传统金融不同的框架,引入第三方进行监督。

四、加快保险市场体系建设,发挥保险反贫困功能

2016 年 12 月 19 日,中国保监会正式发布了《关于加快贫困地区保险市场体系建设 提升保险业保障服务能力的指导意见》(以下简称《意见》),明确提出要提升保险业精准扶贫能力。因此,针对贫困地区自然环境恶劣、农户耕种生产保障力度还很薄弱、而贫困地区保险市场发展还处于起步阶段的现状,要充分发挥国家对保险行业的引导、支持作用,加快贫困地区保险市场体系建设。首先,要加快完善政策性农业保险体系。可选择承办并建立政策性再保险公司,出资设立巨灾农业风险保障基金,引导保险机构持续加大对农村保险服务网点的资金、人力和技术投入。省、市、县政府部门应该建立专项涉农金融保险机构的风险补偿基金,切实提高保险机构服务贫困地区的积极性,力争到 2020 年底,贫困地区人群能够实现医疗补充保险广覆盖、政策性农业保险乡镇全覆盖。鼓励贫困地区试点设立农村保险互助社等成本低廉的涉农保险组织。其次,鼓励保险机构与基层农林技术推广机构、银行业金融机构、农村小额人身保险相结合。充分发挥村两委等基层组织的作用,组织促进农业保

险和农村小额人身保险业务的发展,分散和降低农户贷款风险。最后,扩大农业保险保费补贴品种和区域覆盖范围,引导商业性保险公司加大对农业保险的投入,拓宽农户贷款风险分散渠道。

五、全面深化农村信用体系建设,优化贫困地区农村金融生态环境

全面深化贫困地区农村信用体系建设,不断完善农户信用信息的征集、评价与应用工作机制,以信用促信贷、以信用防风险,有助于逐步提高贫困地区农户融资的可获得性、便利性和安全性。一是建立县政府牵头领导,县农业银行引导推动,乡镇及有关部门配合参与,涉农金融机构具体实施的整体联动、整体推进的农村信用体系建设工作领寻小组。二是建立科学的评价体系,建设农村信用信息数据库。借鉴青海、广西等地经验,充分发挥"双基联动"和大学生村官的作用,开展乡情村情、产业结构、信用环境、资金需求等情况调研,搭建以"数据库+网络"为核心的信用信息服务平台。同时,进一步推进"信用户""信用村""信用乡镇"创建,建立政府、金融机构、农户"三联手"的信用评价机制,营造守信光荣的社会风气。三是遵循因地制宜、动态管理原则。要根据不同地区的人文环境和经济发展状况,对于贷款额度、具体优惠利率等内容因地制宜,灵活制定。实施边采集、边授信、边评价、边培植的授信方式。对于信用评价结果未达到相关标准的,通过一定途径和方式帮助农户实行增信计划,不断增强其信用,最终达到信用评级标准。四是创建和完善信用奖励和惩戒机制,鼓励各方参与主体积极开展信用体系建设。主要采取正向激励措施进行正向激励,比如,对积极参与信用体系建设的金融机构给予更高不良贷款率的容忍度;对信用记录良好的农户或被评为优秀信用村的农户给予一定的贷款利率优惠奖励;或将涉农项目、涉农资金、贷款贴息、技能培训等向涉农金融机构和信用乡(镇)、村、信用户倾斜的方式,鼓励和调动广大群众参与信用建设的积极性,营造诚实、自律、守信、互信的社会信用环境。

六、完善增信机制，降低金融机构信贷风险

通过增信机制降低不良贷款对金融机构可持续发展的影响，有助于改变金融机构过度依赖机构制裁和社会制裁来提高贷款偿还率的做法，从而帮助金融机构更好地服务贫困群体。"政府增信"是现在金融扶贫的主要模式。金融机构要强化与各级政府的沟通协调，联动推广政府增信模式：一是主动协调建立"政策性担保公式+扶贫企业或贫困户"、"风险补偿基金+扶贫企业或贫困户"、"财政直补资金+贫困户"等政府增信模式，依托财政直补资金、惠农资金、扶贫资金等建立的风险补偿基金，按照一定比例放大，为有生产经营能力的贫困户提供信贷支持；二是积极与保险公司合作，创新"保证保险+贫困户"的信贷机制，作为政府增信的有益补充，由政府给予合作保险公司一定财政补贴。三是在充分把握"政府增信模式"贷款核心要素，保证贷款风险补偿到位的前提下，可根据与当地政府的合作程度和议价能力，灵活确定"政府增信"的具体合作形式，在保证金缴存比例，风险分担比例、代偿缓期等方面可适度灵活处理。同时，金融机构还可以通过加强与其他相关部门合作来建立增信机制。如贵州省农业银行通过与农发行、国开行、旅发委、林业厅等签署战略合作协议，强化与省财政厅，省、市、县政策性担保公司合作，在同业中率先搭建全省性"银政担联盟"风险分担机制，创造了贵州同业金融扶贫的"农行经验"。此外，金融机构还应完善信用奖惩机制。对诚信守约客户，可以采取贷款优先、利率优惠等激励政策。对违约失信客户，纳入"黑名单"管理，定期向社会公布。对于信用环境恶化的地区，实施区域禁入政策，并及时向地方政府、人民银行、银监局报告。

七、加强金融人才引进和培养，提高贫困地区金融发展的内部动力

金融人才缺乏制约了贫困地区农村金融机构的发展，严重影响了金融扶

贫的成效。加强贫困地区金融人才培养可以从两方面出发：一是通过人才引进方式。要制定各种扶持政策，加强引进符合要求的高层次农村金融人才；同时，搭建创新研究平台，建立相应的补贴机制和晋升激励机制，使高端人才能够引进来、留得住。二是通过定向培养方式。发挥社会与高等院校的人才培养优势，探讨贫困地区农村金融机构与财经院校、综合大学等高等院校之间的合作机制，包括对口保研、建立实习基地、开展寒暑假实习、毕业实习计划、大学毕业生定向就业等方式，打通贫困地区农村金融人才培养的"绿色通道"，形成全方位、多角度的人才培养机制。

参 考 文 献

1. 阿西夫·道拉等:《穷人的诚信:第二代格莱珉的故事》,中信出版社 2007 年版。

2. 艾尔肯·艾则孜:《多元宗教文化背景下西部民族地区商业银行金融服务研究》,武汉大学 2017 年博士学位论文。

3. 陈银娥等:《中国微型金融发展与反贫困问题研究》,中国人民大学出版社 2016 年版。

4. 陈芳:《社会资本、融资心理与农户借贷行为——基于行为经济学视角的逻辑分析与实证检验》,《南方金融》2018 年第 4 期。

5. 陈浩、赵君丽:《中国农村贫困地区可持续发展分析》,《生态经济》2001 年第 12 期。

6. 陈全功、程蹊:《空间贫困理论视野下的民族地区扶贫问题》,《中南民族大学学报(人文社会科学版)》2011 年第 1 期。

7. 陈颐:《差序格局下儒家文化对普惠金融的影响——基于 CGSS 的经验研究》,《湖南医科大学学报:社会科学版》2017 年第 1 期。

8. 陈银娥、王毓槐:《微型金融与贫困农民收入增长——基于社会资本视角的实证分析》,《福建论坛》2012 年第 2 期。

9. 成世勋:《简析新疆察布查尔锡伯族多语现象成因及双语教育现状》,《民族教育研究》2005 年第 3 期。

10. 褚保金、卢亚娟、张龙耀:《信贷配给下农户借贷的福利效果分析》,《中国农村经济》2009 年第 6 期。

11. 崔少磊、贾金荣:《基于共同体理论的农户联保制度机理研究》,《农村金融研究》2010 年第 6 期。

12. 邓坤:《金融扶贫惠农效率评估——以秦巴山区巴中市为例》,《农村经济》2015 年第 5 期。

13. 董积生、杨学锋:《金融空洞化与"贫困恶性循环"》,《当代财经》2003 年第10 期。

14. 杜志雄、肖卫东、詹琳:《包容性增长理论的脉络、要义与政策内涵》,《中国农村经济》2010 年第 11 期。

15. 费孝通:《皇权与绅权》,载《费孝通文集》第 5 卷,群言出版社 1999 年版。

16. 菲利普·科特勒:《营销管理》,中国人民大学出版社 2012 年版。

17. 樊文翔、龙艳、龙辣:《农户收入差距、社会资本与借贷偏好——基于 CFPS 的微观经验证据》,《金融发展研究》2018 年第 4 期。

18. 方来:《宗教文化、社会资本与民间借贷行为研究——来自临夏回族自治州的经验证据》,《财经问题研究》2018 年第 7 期。

19. 范香梅、张晓云:《社会资本影响农户贷款可得性的理论与实证分析》,《管理世界》2012 年第 4 期。

20. 付晓东、蒋雅伟:《基于根植性观角的我国特色小镇发展模式探讨》,《中国软科学》2017 年第 8 期。

21. [瑞典]冈纳·谬尔达尔:《世界贫困的挑战——世界反贫困大纲》,顾朝阳等译,北京经济学院出版社 1991 年版。

22. 桂佳:《小额保险的理论研究及问题探析》,西南财经大学 2010 年硕士学位论文。

23. 郭云南、姚洋:《宗族网络与村庄收入分配》,《管理世界》2014 年第 1 期。

24. 何广文、杨虎峰:《小额贷款公司制度目标及其实现路径探讨》,《农村金融研究》2012 年第 6 期。

25. 何国俊、徐冲、祝成才:《人力资本、社会资本与农村迁移劳动力的工资决定》,《农业技术经济》2008 年第 1 期。

26. 侯彩霞等:《社会资本对农户信贷行为的影响——以甘肃省张掖市、甘南藏族自治州、临夏回族自治州为例》,《干旱区地理》2014 年第 4 期。

27. 胡枫、陈玉宇:《社会网络与农户借贷行为——来自中国家庭动态跟踪调查(CFPS)的证据》,《金融研究》2012 年第 1 期。

28. 黄江泉:《社会资本缺乏诱致下的中国农民贫困循环机理剖析》,《经济学家》2012 年第 9 期。

29. 蒋霞:《中国藏族地区金融制度研究》,经济科学出版社 2014 年版。

30. 焦瑾璞等:《建设中国普惠金融体系——提供给全民享受现代金融服务的机会和途径》,中国金融出版社 2009 年版。

31. 焦瑾璞:《微型金融学》,中国金融出版社 2013 年版。

32. 姜美善、邹帆、米运生:《小额信贷机构的利率政策及其绩效的实证研究》,《金融理论与实践》2015 年第 4 期。

33. 蒋远胜:《中国农村金融创新的贫困瞄准机制评述》,《西南民族大学学报(人文社科版)》2017 年第 2 期。

34. 黎珍:《社会资本与西南民族地区和谐发展》,中社会科学出版社 2016 年版。

35. 李守经:《农村社会学》,高等教育出版社 2000 年版。

36. 林南:《社会资本:关于社会结构与行动的理论》,上海人民出版社 2005 年版。

37. [美]罗伯特·D.帕特南:《使民主运转起来》,王列等译,江西人民出版社 2001 年版。

38. 李爱喜:《社会资本对农户信用行为影响的机理分析》,《财经论丛》2014 年第 1 期。

39. 李斌、王凯:《差序格局下农村社会资本的重构——基于新农村建设中社会资本的经验研究》,《石家庄铁道大学学报(社会科学版)》2009 年第 3 期。

40. 李晓明:《贫困代际传递理论述评》,《广西青年干部学院学报》2006 年第 2 期。

41. 李亚娥、马建华、于光明:《基于社会资本视角的农行服务"三农"小额信贷机制重塑》,《金融理论与实践》2008 年第 10 期。

42. 李炎亭:《社会资本与农村金融体系创新》,《甘肃社会科学》2013 年第 5 期。

43. 梁柠欣:《社区经济结构与个体的社会资本——以广州和兰州贫困居民为例》,《开放时代》2009 年第 6 期。

44. 林源、芮训媛:《农村人情功能演化的金融学逻辑》,《农村经济》2012 年第 10 期。

45. 刘成玉、黎贤强、王焕印:《社会资本与我国农村信贷风险控制》,《浙江大学学报(人文社会科学版)》2011 年第 6 期。

46. 刘平、何怡平:《农村社会资本重构探微》,《合作经济与科技》2015 年第 11 期。

47. 刘倩、胡必亮:《社会资本如何影响农户收入:一个中国村庄的视角》,《财经问题研究》2017 年第 6 期。

48. 刘小鹏等:《空间贫困研究及其对我国贫困地理研究的启示》,《干旱区地理》2014 年第 1 期。

49. 刘源:《中国现代化进程中社会资本对农户收入影响研究》,《农村经济与科技》2018 年第 3 期。

50. 刘征驰、吴诗伟、禹亦歆:《低收入群体融资选择:团体联保贷款还是 P2P 网络贷款?》,《金融经济学研究》2016 年第 3 期。

51. 刘婷婷:《中国小额保险经营模式的选择》,《经济研究导刊》2010 年第 10 期。

52. 鲁蔚:《解构格莱珉——兼论社会资本与机制设计的运用》,《农村金融研究》2008 年第 1 期。

53. 马九杰:《社会资本与农户经济》,中国农业科技大学出版社 2009 年版。

54. [孟加拉国]穆罕默德·尤努斯:《穷人的银行家》,吴士宏译,生活·读书·新知三联书店 2006 年版。

55. 马博:《广西农村小额保险的需求研究》,广西大学商学院 2015 年硕士学位论文。

56. 马光荣、杨恩艳:《社会网络、非正规金融与创业》,《经济研究》2011 年第 3 期。

57. 马红梅、陈柳钦:《农村社会资本理论及其分析框架》,《经济研究参考》2012 年第 22 期。

58. 马新文:《阿玛蒂亚·森的权利贫困理论与方法述评》,《国外社会科学》2008 年第 2 期。

59. 米运生等:《社会资本异质性与农户融资渠道选择》,《农林经济管理学报》2018 年第 2 期。

60. 纳克斯:《不发达国家的资本形成问题》,商务印书馆 1996 年版。

61. [印度]普拉哈拉德:《金字塔底部的财富》,中国人民大学出版社 2005 年版。

62. 潘功胜:《加快农村金融发展推进金融扶贫探索实践》,《行政管理改革》2016 年第 6 期。

63. 潘跃:《社会资本对民族地区农村金融发展影响研究》,中南民族大学 2016 年硕士学位论文。

64. 渠桂萍:《财富、文化、社会关系与声望的聚合体——20 世纪前期华北的村庄领袖阶层》,《福建论坛(人文社会科学版)》2010 年第 3 期。

65. 曲玮、涂勤、牛叔文:《贫困与地理环境关系的相关研究述评》,《甘肃社会科学》2010 年第 1 期。

66. 热依拉:《民族文化、社会资本与农户借贷——多层次研究下的理论框架与实证模型》,《上海金融学院学报》2015 年第 6 期。

67. 热依拉·依里慕、刘明:《关系资本、嵌入型与农户借贷——基于新疆田野调查数据》,《金融与经济》2018 年第 1 期。

68. 沈诗杰:《东北地区新生代农民工"就业质量"影响因素探析——以"人力资本"和"社会资本"为中心》,《江海学刊》2018 年第 2 期。

69. 唐永智:《社会资本与农户经济行为》,中国经济出版社 2013 年版。

70. 唐钧:《追求"精准"的反贫困新战略》,《西北师范大学学报(社会科学版)》2016 年第 1 期。

71. 唐柳洁:《微型金融机构使命偏移研究》,《华东经济管理》2012 年第 6 期。

72. 陶艳梅、景琴玲:《对新形势下本土化农村社会资本研究的认识与反思》,《安徽农业科学》2006 年第 16 期。

73. 童小溪:《当代社会的道德经济:非营利行为与非营利部门》,《中国图书评论》2013 年第 10 期。

74. 童馨乐、杨向阳:《社会资本对农户借贷资金来源影响研究》,《西北农林科技大学学报(社会科学版)》2013 年第 4 期。

75. 童馨乐、褚保金、杨向阳:《社会资本对农户借贷行为影响的实证研究——基于八省 1003 个农户的调查数据》,《金融研究》2011 年第 12 期。

76. 图登克珠、杨阿维、张建伟:《基于人力资本理论视角下西藏农牧区反贫困问题研究》,《西藏研究》2014 年第 6 期。

77. 王朝明:《社会资本视角下政府反贫困政策绩效管理研究:基于典型社区与村庄的调查数据》,经济科学出版社 2013 年版。

78. 王曙光:《告别贫困——中国农村创新与反贫困》,中国发展出版社 2012 年版。

79. 吴明隆:《结构方程》,重庆大学出版社 2009 年版。

80. 吴明隆:《结构方程模型》,重庆大学出版社 2010 年版。

81. 吴玉锋:《农村社会资本与参保决策:一个理论框架及实证检验》,中国社会科学出版社 2015 年版。

82. 王彬:《社会资本对农户借贷可得性的影响研究——基于宁夏的调查数据》,西南大学经济管理学院 2015 年硕士学位论文。

83. 王天妹:《河北省小额保险发展问题研究》,河北大学经济学院 2012 年硕士学位论文。

84. 汪小亚:《印度小额信贷危机及其启示》,《中国农村金融》2011 年第 7 期。

85. 王恒彦、卫龙宝、郭延安:《农户社会资本对农民家庭收入的影响分析》,《农业技术经济》2013 年第 10 期。

86. 王睿:《社会资本对团体贷款还款激励影响的研究评述》,《云南财经大学学报》2012 年第 3 期。

87. 王曙光:《微型金融发展与深度贫困地区减贫机制创新》,《人民论坛·学术前沿》2018 年第 8 期。

88. 王曙光:《中国农村微型金融的发展、创新与走向》,《国家治理》2018 年第 10 期。

89. 王天琪、黄应绘:《农村社会资本测度指标体系的构建及其应用——基于西部地区农村社会资本调查》,《调研世界》2015 年第 1 期。

90. 王性玉、杨涛、王开阳:《农户信贷与社会资本的信号传递效应研究》,《经济问题探索》2015 年第 2 期。

91. 王洋、王大超:《基于人力资本理论的反贫困职业技术教育研究》,《甘肃农业》2006 年第 3 期。

92. 文雁兵:《制度性贫困催生的包容性增长:找寻一种减贫新思路》,《改革》2014 年第 9 期。

93. 文雁兵:《包容性增长减贫策略研究》,《经济学家》2015 年第 4 期。

94. 吴开松:《社会资本与民族地区农村社会管理创新》,《华中师范大学学报(人文社会科学版)》2012 年第 3 期。

95. 吴理财:《论贫困文化(上)》,《社会》2001 年第 8 期。

96. 熊芳:《微型金融机构社会扶贫功能保障机制研究》,科学出版社 2014 年版。

97. 谢世清、陈方诺:《农村小额贷款模式探究——以格莱珉银行为例》,《宏观经济研究》2017 年第 1 期。

98. 谢周亮:《我国个人社会资本影响劳动收入差异的实证分析》,《广东社会科学》2014 年第 1 期。

99. 熊芳、潘跃:《社会资本对农户联保贷款效应影响的实证分析》,《统计与决策》2015 年第 10 期。

100. 熊芳、刘倩:《道德经济视角下社会关系交换与微型金融发展——基于格莱珉和 SKS 的比较研究》,《中南民族大学学报(人文社科版)》2019 年第 1 期。

101. 熊芳:《商业化演进下微型金融机构实名漂移影响因素实证分析》,《西南民族大学学报(人文社科版)》2017 年第 2 期。

102. 熊芳:《微型金融机构使命漂移的文献综述》,《金融发展研究》2011 年第 7 期。

103. 徐淑芳、彭馨漫:《微型金融机构使命偏移问题研究》,《经济学家》2013 年第 1 期。

104. 徐璋勇、杨贺:《农户信贷行为倾向及其影响因素分析——基于西部 11 省

（区）1664 户农户的调查》,《中国软科学》2014 年第 3 期。

105. 徐云松:《族群、民族与金融发展:一个基于多元视角的文献综述》,《金融理论与教学》2015 年第 1 期。

106. 亚当·斯密等:《国富论:国民财富的性质和起因的研究》,中南大学出版社2008 年版。

107. 叶静怡、周晔馨:《社会资本转换与农民工收入——来自北京农民工调查的数据》,《管理世界》2010 年第 10 期。

108. 叶普万:《贫困概念及其类型研究述评》,《经济学动态》2006 年第 7 期。

109. 叶普万:《贫困经济学研究:一个文献综述》,《世界经济》2005 年第 9 期。

110. 于中琴:《阻碍发展中国家经济增长与发展的主要因素》,《经济研究导刊》2011 年第 30 期。

111. ［美］詹姆斯·S.科尔曼:《社会理论的基》,邓方译,社会科学文献出版社 2008年版。

112. 张丽君等:《中国少数民族地区扶贫进展报告（2017）》,中国经济出版社 2017年版。

113. 张丽君等:《中国少数民族地区扶贫进展报告（2016）》,中国经济出版社 2016年版。

114. 郑晓云:《社会资本与农村发展》,云南大学出版社 2009 年版。

115. 郑晓云:《社会资本与农村发展:云南少数民族社会的实证研究》,云南大学出版社 2011 年版。

116. 中华人民共和国国家统计局:《中国统计摘要》,中国统计出版社 2018 年版。

117. 周荣华:《道德经济学引论》,江苏人民出版社 2011 年版。

118. 党敏:《我国农村小额保险发展模式研究》,北京交通大学 2011 年硕士学位论文。

119. 张珺:《中国农村小额保险的经营模式研究》,中南林业科技大学经济学院2012 年硕士学位论文。

120. 张静:《我国开展小额保险研究》,新疆财经大学 2008 年硕士学位论文。

121. 张号栋、尹志超:《金融知识和中国家庭的金融排斥——基于 CHFS 数据的实证研究》,《金融研究》2016 年第 7 期。

122. 张建杰:《农户社会资本及对其信贷行为的影响——基于河南省 397 户农户调查的实证分析》,《农业经济问题》2008 年第 9 期。

123. 张龙耀、陈畅、刘俊杰:《社会资本与小额信贷风险控制:理论机制与实证分析》,《经济学动态》2013 年第 2 期。

124. 张爽、陆铭、章元:《社会资本的作用随市场化进程减弱还是加强?——来自中国农村贫困的实证研究》,《经济学家》2007 年第 2 期。

125. 张素罗、赵兰香:《农村社会资本存量及其对农民合作的影响——基于对河北省 720 个农户的调查》,《经济论坛》2016 年第 1 期。

126. 张霞、胡建元:《新疆少数民族特困区人力资本反贫困实证研究——以喀什地区为例》,《新疆大学学报(哲学·人文社会科学汉文版)》2017 年第 6 期。

127. 张友琴、肖日葵:《人力资本投资的反贫困机理与途径》,《中共福建省委党校学报》2008 年第 11 期。

128. 张正平:《微型金融机构双重目标的冲突与治理:研究进展述评》,《经济评论》2011 年第 5 期。

129. 张自强、伍国勇、徐平:《民族地区农户贫困的逻辑再塑:贫困恶性循环的视角》,《贵州民族研究》2017 年第 1 期。

130. 赵剑治、陆铭:《关系对农村收入差距的贡献及其地区差异——项基于回归的分解分析》,《经济学(季刊)》2009 年第 1 期。

131. 赵延东、王奋宇:《城乡流动人口的经济地位获得及决定因素》,《中国人口科学》2002 年第 4 期。

132. 郑长德:《中国少数民族地区包容性发展研究》,《西南民族大学学报(人文社科版)》2011 年第 6 期。

133. 郑长德:《基于包容性绿色发展视域的集中连片特困民族地区减贫政策研究》,《中南民族大学学报(人文社会科学版)》2016 年第 1 期。

134. 郑志龙:《社会资本与政府反贫困治理策略》,《中国人民大学学报社》2007 年第 6 期。

135. 中国人民银行吴忠市中心支行课题组:《小额信贷的成功案例:宁夏盐池模式》,《西部金融》2008 年第 6 期。

136. 周丹:《"道德经济"正义》,《云梦学刊》2017 年第 1 期。

137. 周广肃、马光荣:《人情支出挤出了正常消费吗?——来自中国家户数据的证据》,《浙江社会科学》2015 年第 3 期。

138. 周晔馨、叶静怡:《社会资本在减轻农村贫困中的作用:文献述评与研究展望》,《南方经济》2014 年第 7 期。

139. 周玉龙、孙久文:《社会资本与农户脱贫——基于中国综合社会调查的经验研究》,《经济学动态》2017 年第 4 期。

140. 朱志胜:《社会资本的作用到底有多大? ——基于农民工就业过程推进视角的实证检验》,《人口与经济》2015 年第 5 期。

141. 邹宜斌:《社会资本:理论与实证研究文献综述》,《经济评论》2005 年第 6 期。

142. 佐藤宏:《中国农村收入增长:1990—2002 年》,《世界经济文汇》2009 年第 4 期。

143. Akotey J O., Adjasi C K D., "*Does Microcredit Increase Household Welfare in the Absence of Microinsurance?*", *World Development*, Vol.77, 2016.

144. Amran, A., Rahman, R., Yusof, A., Mohamed I., "*The current practice of Islamic microfinance institutions' accounting information system via the implementation of mobile banking*", *Procedia-Social and Behavioral Sciences*, Vol.145, 2014.

145. Armendariz de Aghion B, Szafarz A., "*On Mission Drift in Microfinance Institutions*", http://ideas.repec.org/p/sol/wpaper/09-015. html, 2009.

146. Agbola F W, Acupan A, Mahmood A., "*Does microfinance reduce poverty? New evidence from Northeastern Mindanao, the Philippines*", *Journal of Rural Studies*, Vol.50, 2017.

147. Allen, T., "*Optimal (partial) group liability in microfinance lending*", *Journal of Development Economics*, Vol.121, 2016.

148. Assefa, E., Hermes, N. and Meesters, A., "*Competition and the performance of microfinance institutions*", *Applied Financial Economics*, Vol.23(9), 2013.

149. Arene C., Townsend R., "*Using repayment data to test across models of joint liability lending*", *The Economic Journal*, Vol.117, 2007.

150. Behl A., "*Singh M. Critical analysis of management information system of selected Indian microfinance institutions*", Procedia-Social and Behavioral Sciences, Vol.133, 2014.

151. Bebbington A J., "*Carroll T F. Induced socaila capital and federations of the rural poor*", *The Role of Social Capital in Development An Empirical Assessment*, Vol.108, 2002.

152. Besley, T., Coate, S., "*Group lending, repayment incentives and social collateral*", *Journal of Development Economics*, Vol.46(1), 1995.

153. Baland, J.M., Gangadharan, L., Maitra, P., and Somanathan, R., "*Repayment and exclusion in a microfinance experiment*", *Journal of Economic Behavior & Organization*, Vol.137(1), 2017.

154. Barboza, Gustavo A., and H.Barreto., "*Learning by association: micro credit in Chiapas, Mexico*", *Contemporary Economic Policy*, Vol.24(2), 2006.

155. Bowles, Samuel, and H.Gintis., "*Social capital and community governance*", *The e-*

conomic journal, Vol.112(483), 2002.

156. Bhuiya, Mohammad Monzur Morshed, et al., "*Impact of microfinance on household income and consumption in Bangladesh: empirical evidence from a quasi-experimental survey*", *Journal of Developing Areas*, Vol.50(3), 2016

157. Bhole, B., and Ogden, S., "*Group lending and individual lending with strategic default*", *Journal of Development Economics*, Vol.91(2), 2010.

158. Bourdieu P., "*The forms of capital*", *Handbook of Theory & Research of for the Sociology of Education*, 1986.

159. Bernard, T., De Janvry, A., and Sadouet, E., "*When does community conservatism constrain village organization?*", *Economic Development and Cultural Change*, Vol. 58 (4), 2010.

160. Basargekar., "*Measuring effectiveness of social capital in microfinance: A case study of urban microfinance programmer in India*", *International Journal of Social Inquiry*, Vol.10 (3), 2010.

161. Besley, and Coate., "*On the performance of social benefit system*", *Social Science Electronic Publishing*, Vol.107(441), 1997.

162. Christen R P, Cook T., "*Commercialization and mission drift: The transformation of microfinance in Latin America*", http://pdf.usaid.gov/pdf_docs/Pnacl636. pdf., 2001.

163. Chahine S and Tannir L., "*On the social and financial effects of the transformation of microfinance NGOs*", http://link. springer. com/article [/10. 1007% 2Fs11266 – 010 – 9136–6, 2010.

164. Choi, H., "*Religious Institutions and Ethnic Entrepreneurship: the Korean Ethnic Church as a Small Business Incubator*", *Economic Development Quarterly*, Vol.24(4), 2010.

165. Cull., "*Demirguc-Kunt: Does Regulatory Supervision Curtail Microfinance Profitability and Outreach?*", *World Development*, Vol.39(6), 2011.

166. Cull, R. and Spreng, C., "*Pursuing efficiency while maintaining outreach: Bank privatization in Tanzania*", *Journal of Development Economics*, Vol.94(2), 2011.

167. C. and Gutiérrez-Nieto, B., "*Microfinance Banana Skins Report. 2012. The CSFI survey of microfinance risk*", *International Business Review*, Vol.23(1), 2014.

168. Coleman, J., "*Social capital in the creation of human capital*", *American Journal of Sociology*, Vol.94, 1998.

169. Czura, K., "*a. Pay, peek, punish? Repayment, information acquit in a microcredit*

lab-in-the-field experiment", *Journal of Development Economics*, Vol.117(8) ,2015.

170. Coleman, B. E., "*Microfinance in Northeast Thailand: Who benefits and how much?*", *World Development*, Vol.34(9) ,2006.

171. Cull, R., Demirgüç-Kunt, A. and Morduch, J., "*Financial performance and outreach: A global performance of leading microbanks*", *Economic Journal*, Vol.21(17) ,2007.

172. Copestake, J., "*Mainstreaming Microfinance: Social Performance Management or Mission Drift?*", *World Development*, Vol.35(10) ,2007.

173. Colemen., "*The impact of group lending in Northeast Thailand*", *Journal of Development Economics*, Vol.60(11) ,1999.

174. Dowla., "*In credit, we trust: Building social capital by Grameen bank in Bangladesh*", *The Journal of Socio-Economics*, Vol.36(10) ,2006.

175. Dufhuesa., "*Social capital and market imperfections: accessing formal credit in Thailand*", *Oxford Development study*, Vol.41(1) ,2013.

176. Dufhues T., Buchenrieder G.Dinh Q.H., Munkung N., "*Social capital and loan repayment performance in Southeash*", *The Journal of Social-Economics*, Vol.40,2011.

177. Flores M, Rello F., "*Social Capital and Poverty: Lessons from Case Studies in Mexico and Central America*", *Culture & Agriculture*, Vol.25(1) ,2003.

178. Feigenberg, B, and Field E., "*Building Social Capital through Microfinance*", *Social Science Electronic Publishing*, Vol.51,2010.

179. Ganle J K, Afriyie K, Segbefia A Y., "*Microcredit: Empowerment and Disempowerment of Rural Women in Ghana*", *World Development*, Vol.66,2015.

180. Gine, X, and D.Karlan., "*Group versus individual liability: Short and long term evidence from Philippine microcredit lending groups*", Developmental Economic, Vol.107,2014.

181. Goodman, R., "*Borrowing money, exchanging relationships: making microfinance fit into local life*", Vol.93,2017.

182. Granovetter, M., "*Economic action and social structure: the problem of embeddedness*", *American Journal of Sociology*, Vol.91(3) ,1985.

183. Graeber, D., "*A on the moral grounds of economic relations: A Maussian approach*", *Journal of Classical Sociology*, Vol.14(1) ,2014.

184. Grootaert, C., "*Social Capital, Household Welfare and Poverty in Indonesia*", *Local Level Institu-tions Working Paper*, No.6, Washington, DC: World Bank, 1999.

185. Grootaert, C., "*Does social capital help the poor? -a synthesis of findings from the*

local level institutions", http://www.worldbank.org/en/topic/socialdevelopment, 2001.

186. Griffin, Denis, and B.W.Husted., "*Social sanctions or social relations? Microfinance in Mexico*", *Journal of Business Research*, Vol.68(12), 2015.

187. Guerin, I., Morvant-Roux, S., Roesch, M., and Moisseron, J.-Y., "*Adding value to randomization with qualitative analysis: The case of microcredit in Rural Morocco*", *World Development*, Vol.56(2), 2014.

188. Guerin, I., Roesch, M., Venkatasubramanian, G., and D'Espallier, B., "*Credit from whom and for what? The diversity of borrowing sources and uses in rural southern India*", *Journal of International Development*, Vol.24(1), 2012.

189. Guerin, I., "*Women and money: Lessons from Senegal*", *Development and Change*, Vol.37(3), 2006.

190. Hermes N., Lensink, R., "*Outreach and Efficiency of Microfinance Institutions*", *World Development*, Vol.39(6), 2011.

191. Hermes, and Lensink., "*Social connection and group banking*", Economic Journal, Vol.117(517), 2007.

192. Harbison, F.H., "*Human Resources as the Wealth of Nations*", https://www.jstor.org/stable/985834#references_tab_contents, 1973.

193. Hadi N A., and Kamal Uddin A., "*Social Collateral, Repayment Rates, and the Creation of Capital among the Clients of Microfinance*", *Procedia Economics & Finance*, Vol.31(19), 2015.

194. Haldar, A., and Stiglitz, J.E., "*Group lending, joint liability, and social capital: insights from the Indian microfinance crisis*", *Social Science Electronic Publishing*, Vol.44(4), 2017.

195. Hassan, M.K., "*The microfinance revolution and the Grameen bank experience in Bangladesh*", *Financial Markets Institutions & Instruments*, Vol.11(3), 2010.

196. Hishigsuren, G., "*Evaluating Mission Drift in Microfinance: Lessons for Programs With Social Mission*", *Evaluation Review*, Vol.31(3), 2007.

197. Ito., "*Microfinance and social capital: does social capital help create good practice*", *Development in Practice*, Vol.13(4), 2003.

198. International Labour Office, "*7th International Microinsurance Conference 2011 Making insurance work for the poor*", 2011.

199. Impavido, G., "*redit rationing, group lending and optimal group size*", *Annals of*

Public & Cooperative Economics, Vol.69(2) ,2015.

200. Imai,K. S., & Azam, M. D. S., "*Does microfinance reduce poverty in Bangladesh? New evidence from household panel data*", *The Journal of Development Studies*, Vol. 48 (5) ,2012.

201. Jalan,J. ,Ravallion, M. , "*Spatial poverty traps*", *The World Bank Policy Research Working Paper* ,2016.

202. Jackson,Laurel,and L. Young. , "*When business networks "kill" social networks: A case study in Bangladesh*" ,Industrial Marketing Management, Vol.58(1) ,2017.

203. Jeske, C. , "*This is not working: South African unemployment and competing narratives of a good life*" ,*Christine: University of Wisconsin-Madison* ,2016.

204. J. Kauffman R. ,J. Riggins F. , "*Information and communication technology and the sustainability of microfinance*", *Electronic Commerce Research and Applications*, Vol. 11 (1) ,2012.

205. John Weiss J ,Montgomery H. , "*Can Commercially-oriented Microfinance Help Meet the Millennium Development Goals?. Evidence from Pakistan*", *World Development*, Vol. 39 (1) ,2011.

206. Kauffman,R.and Riggins,F. , "*Information and communication technology and the sustainability of microfinance*", *Electronic Commerce Research and Applications*, Vol. 11 (5) ,2012.

207. Khandker,S.R. ,Khalily, M. A. B. , and Samad, H. A. , "*Beyond Ending Poverty: The Dynamics of Microfinance in Bangladesh*" ,World Bank Publications ,2016.

208. Karlan,and Valdivia. , "*Teaching entrepreneurship: impact of business training on microfinance clients and institution*" ,*Social Science Electronic Publishing* ,Vol.93(2) ,2007.

209. Kreps. , "*Reputation and Information*", *Journal of Economic theory*, Vol. 67 (27) ,1982.

210. Kar,S. , "*Recovering debts: Microfinance loan officers and the work of ' ' Proxy-Creditors" in India*" ,*American Ethnologist* ,Vol.40(3) ,2013.

211. Karlan,D.S. , "*Social connections and group banking*" ,*Economic Journal*, Vol.117 (517) ,2010.

212. Kapoor,S.and Sinha,G. , "*Factors influencing new product development in microfinance institutions: A perspective from north Indian microfinance institutions*" ,*Journal of Innovation Economics* ,Vol.11(1) ,2013.

213. Kent, D.and Dacin, M., "*Bankers at the gate: Microfinance and the high cost of borrowed logics*", *Journal of Business Venturing*, Vol.28(6), 2013.

214. Lutzenkirchen C, Weistroffer C., "*Microfinance in evolution: An industry between crisis and advancement*", *Deutsche Bank Research*, Vol.12(3), 2012.

215. Lascelles D, Mendelson S., "*Microfinance banana skins 2011: The CSFI survey of microfinance risk-Losing its fairy dust*", *CSFI*, Vol.99(1), 2011.

216. Louis P, Seret A, Baesens B., "*Financial efficiency and social impact of microfinance institutions using self-organizing maps*", *World Development*, Vol.46(1), 2013.

217. Lewis, O., "*Five families: Mexican case studies in the culture of poverty*", *American Journal of Sociology*, Vol.34(1), 1959.

218. Marcolin, S., A. Abraham., "*Financial Literacy Research: Current Literature and Future Opportunities*", http://ro.uow.edu.au/commpapers/223, 2006.

219. Mokhtar et al., "*Determinants of microcredit loan repayment problem among microfinance borrowers in Malaysia*", *International Journal of Business & Social Research*, 2009.

220. Mersland, R.and Strøm, R., "*Microfinance Mission Drift?*", *World Development*, Vol.38(1), 2010.

221. Mrsland R., "*The cost of ownership in microfinance organizations*", *World Development*, Vol.37(2), 2009.

222. Mersland, R.and Strøm, R., "*Microfinance Mission Drift?*", *World Development*, Vol.38(1), 2010.

223. Mersland R., Strøm R., "*Performance and governance in microfinance institutions*", *Journal of Banking and Finance*, Vol.33(4), 2009.

224. McIntosh, C.and Wydick, B. "*Competition and microfinance*", *Journal of Development Economics*, Vol.78(2), 2005.

225. Mashiro Shoji, Keitaro Aoyagi, H., "*Social Capital Formation and credit access: Evidence from Sri Lanka*", *World Development*, *Vol.*40(12), 2012.

226. *Margrethe. And Nielsen., "The Supposed connection between group microfinance and social capital*", *Department of Inter-cultural Communication & Management*, Vol.138(922), 2016.

227. Makame A H. de Aghion, B. A. Morduch, J., "*The Economics of Microfinance*", *Journal of Economics*, Vol.87(1), 2005.

228. McKenna., "*The impact of microcredit programs on self-employment profits: do non-*

credit program aspects matter?", *Review of Economics & Statistics*, Vol.84(1),2002.

229. Mahjabeen R., "icrofinancing in Bangladesh: Impact on households, consumption and welfare", *Journal of Policy Modeling*, Vol.30(6),2008.

230. McIntosh, C.and Wydick, B., "Competition and microfinance", *Journal of Development Economics*, Vol.78(2),2005.

231. Mersland, R. and Strøm, R., "Performance and governance in microfinance institutions", *Journal of Banking and Finance*, Vol.33(4),2009.

232. Montgomery, H.and Weiss, J., "Can Commercially-oriented Microfinance Help Meet the Millennium Development Goals? Evidence from Pakistan", *World Development*, Vol.39(1),2011.

233. Mahjabeen., "Micro financing in Bangladeshi: Impact on households, consumption and welfare", *Journal of policy modeling*, Vol.30(6),2008.

234. Montgomery JD., "Social Networks and Labor-Market Outcomes: Toward an Economic Analysis", *American Economic Review*, Vol.81(5),1991.

235. Narayan D., "Bonds and bridges:social and poverty", *Policy Research Working Paper*,1999.

236. Nurkse R., "Problems of capital formation in underdeveloped countries", *Basil Blackwell*, Vol.2(4),1953.

237. Nahapiet, J., & Ghoshal, S., "Social capital, intellectual capital, and the organizational advantage", *Academy of Management Review*, Vol.23(2),1998.

238. Oslo, "Muhammad Yunus-Nobel Lecture", https://www. nobelprize. org/nobel_prizes/peace/laureates/2006/yunus-lecture-en.html,2006.

239. Paxton, J., "Technical Efficiency in a Semi-Formal Financial Sector: The Case of Mexico", *Oxford Bull Econ and Stats*, Vol.69(1),2007.

240. Panda D K., "Trust was found to be the causality of social capital in SHGs", *International Journal of Voluntary & Nonprofit Organizations*, Vol.27(3),2016.

241. Putnam R., "The prosperous community social capital and public life", *The American Prospect*, Vol.13(32),1993.

242. Quayes, s., "Depth of outreach and financial sustainability of microfinance institutions", *Applied Economics*, Vol.44(26),2012.

243. Quidt J D, Fetzer T, and Ghatak M., "Group lending without joint liability", *Journal of Development Economics*, Vol.12(1),2016.

244. Rhyne E., "*The yin and yang of microfinance: Reaching the poor and sustainability*", *MicroBanking Bulletin*, Vol.2(1), 1998.

245. Rajbanshi, R., Huang, M., and Wydick, B., "*Measuring microfinance: assessing the conflict between practitioners and researchers with evidence from Nepal*", World Development, Vol.68, 2015.

246. Radhakrishnan, S., "*Low Profile*" or entrepreneurial? *Gender, class, and cultural adaptation in the global microfinance industry*, World Development, Vol.74, 2015.

247. Saweda, L., Liverpool, O., and Winter-Nelson, A., "*Poverty status and the impact of formal credit on technology use and wellbeing among Ethiopian smallholders*", World Development, Vol.38(4), 2010.

248. Schreiner, M., "*Aspects of outreach: A framework for discussion of the social benefits of microfinance*", *Journal of International Development*, Vol.14(5), 2002.

249. Singh., "*Blood flow analysis in mesenteric microvascular network by image velocimetry and axial tomography*", *Micro vascular research*, Vol.65(1), 2003.

250. Schwittay, A. F., "*The financial inclusion assemblage: Subjects, technics, rationalities*", *Critique of Anthropology*, Vol.31(4), 2011.

251. Serrano-Cinca, C. and Gutiérrez-Nieto, B., "*Microfinance, the long tail and mission drift*", International Business Review, Vol.23(1), 2014.

252. Sohail, A., & Jayant, K.R., "*Investigating causal relationship between social capital and microfinance*", *International Journal of Social Economics*, Vol.40(17), 2014.

253. Shaw, J., "*Microenterprise occupation and poverty reduction in microfinance programs: Evidence from Sri Lanka*", World Development, Vol.32(7), 2004.

254. Seibel, H.D., Llanto, G., & Quiñones, B., "*How values create value: social capital in microfinance-the case of the Philippines*", *Working Papers*, Vol.13(11), 2000.

255. Serrano-Cinca, C. and Gutiérrez-Nieto, B., "*Microfinance, the long tail and mission drift*", International Business Review, Vol.23(1), 2014.

256. Tsai, K.S., "*Imperfect substitutes: The local political economy of informal finance and microfinance in rural China and India*", World Development, Vol.32(9), 2004.

257. Townsend, P., "*Poverty in the United Kingdom: A Survey of Household Resources and Standards of Living*", *Annals of the American Academy of Political & Social Science*, Vol.456(1), 1981

258. Xiong, F. and You J.l., "*The impact paths of social capital and the effects of microfi-*

nance: evidence from rural households in China", *China agriculture economy review*, vol. 11 (4), 2019.

259. Weiss, J. and Montgomery, H., "*Great Expectations: Microfinance and Poverty Reduction in Asia and Latin America*", *Oxford Development Studies*, Vol.33(3), 2005.

260. Widiarto, I., Emrouznejad, A., and Anastasakis, L., "*Observing choice of loan methods in not-for-profit microfinance using data envelopment analysis*", *Expert Systems with Applications*, Vol.82, 2017.

261. Woller, G., "*Evaluating MFIs' social performance: A measurement tool*", http://pdf.usaid.gov/pdf_docs/PDACG793.pdf, 2006.

262. W.B.BOS, J. and Millone, M., "*Practice what you preach: microfinance business models and operational efficiency*", *World Development*, Vol.70(1), 2015.

263. Woolcock M., "*Social capital and economic development: Toward a theoretical synthesis and policy framework*", *Theory and society*, Vol.27(2), 1998.

264. Wydick, B., "*Can social cohesion be harnessed to repair market failures? Evidence from group lending in Guatemala*", *The Economic Journal*, Vol.109(457), 1999.

265. Zhang, X. and G.Li., "*Does Guanxi Matter to Nonfarm Employment?*", *Journal of Comparative Economics*, Vol.31(2), 2003.

参 考 网 站

1.《推进普惠金融发展规划(2016—2020)》(国发〔2015〕74号),中国政府网:http://www.gov.cn/zhengce/content/2016-01/15/content_10602.htm。

2.《"十三五"脱贫攻坚规划》(国发〔2016〕64号),中国政府网:http://www.gov.cn/xinwen/2016-12/02/content_5142360.htm。

3.《关于全面做好扶贫开发金融服务工作的指导意见》(银发〔2014〕65号),中国人民银行网站:http://www.pbc.gov.cn/goutongjiaoliu/113456/113469/2890495/index.html。

4.《关于金融支持深度贫困地区脱贫攻坚的意见》(银发〔2017〕286号),中国人民银行网站:http://www.pbc.gov.cn//goutongjiaoliu/113456/113469/3462547/index.html。

5.《关于支持深度贫困地区脱贫攻坚的实施意见》(厅字〔2017〕41号),十堰市人民政府网,http://www.shiyan.gov.cn/sysgovinfo/sgtzyj/sfgwgkml/zfjcl/gtzf/

201807/P020180711577108962725. pdf。

6.《关于加快贫困地区保险市场体系建设 提升保险业保障服务能力的指导意见》(保监发〔2016〕105 号),中国政府网:http://www.gov.cn/xinwen/2016-12/19/content_5150112. htm。

7.《关于落实发展新理念加快农业现代化实现全面小康目标的若干意见》(2016年中央一号文件),中国政府网 http://www.gov.cn/zhengce/2016-01/27/content_5036698. htm。

8.《关于促进农业稳定发展农民持续增收的若干意见》(2009 年中央一号文件),中国政府网:http://www.gov.cn/gongbao/content/2009/content_1220471. htm。

9.《关于促进农民增加收入若干政策的意见》(2004 年中央一号文件),中国政府网:http://www.gov.cn/test/2005-07/04/content_11870. htm。

10.《国务院关于印发"十三五"促进民族地区和人口较少民族发展规划的通知》(国发〔2016〕79 号),http://www.gov.cn/zhengce/content/2017-01/24/content_5162950. htm

11. 中和农信官网:https://www.cdfinance.com.cn/index.html。

12. 宁夏东方惠民小额贷款公司官网:http://www.nxdfhm.com/。

附　　录

问卷编号:_____　调查时间:_____　访员姓名:_____

被访问者所在区域:_____市_____县_____乡_____村

社会资本对微型贷款效应影响的调查

尊敬的农户:

本问卷结果仅用于学术研究,答案无对错之分,请您根据实际情况作答。谢谢!

第一部分　农户家庭基本情况

1. 您的性别_____;年龄_____岁;民族_____;在本村居住了_____年。

2. 您的最高学历是_____。

A.小学及以下　B.初中　C.高中或中专　D.本科或大专　E.硕士及以上

3. 您家是否获得过贷款_____。

A.是(为您家提供贷款的金融机构是_____;最近一次的贷款时间是_____;最近一次的贷款方式是_____　A.个人贷款 B.小组贷款;最近一次的贷款额是_____元;尚未偿还的贷款有_____元)。

256

B.否_____（A.申请了没有获得；　B.没有申请过贷款）

4. 您家 2016 年纯收入有_____元;主要收入来源是_____。

5. 您所在村庄是否是信用村_____;您是否是信用户_____。

A.是　B.否　C.不知道

第二部分　社会惩罚对贷款偿还以及贷款效应的影响

1. 本村村民对违反公德良俗的村民会进行严厉的批评和指责(　　)。

（1）非常不同意　（2）不同意　（3）比较不同意　（4）一般

（5）比较同意　（6）同意　（7）非常同意

2. 本村村民有能力而不偿还贷款,以后就得不到邻里的信任(　　)。

（1）非常不同意　（2）不同意　（3）比较不同意　（4）一般

（5）比较同意　（6）同意　（7）非常同意

3. 本村村民有能力而不偿还贷款,其所在贷款小组的其他成员会将其排除在贷款小组之外(　　)。

（1）非常不同意　（2）不同意　（3）比较不同意　（4）一般

（5）比较同意　（6）同意　（7）非常同意

4. 本村村民有能力而不偿还贷款,其他村民就会对其进行批评和指责(　　)。

（1）非常不同意　（2）不同意　（3）比较不同意　（4）一般

（5）比较同意　（6）同意　（7）非常同意

5. 本村村民有能力而不偿还贷款,以后就不可能再获得金融机构贷款(　　)。

（1）非常不同意　（2）不同意　（3）比较不同意　（4）一般

（5）比较同意　（6）同意　（7）非常同意

6. 如果不偿还贷款将面临严厉惩罚,只要有能力您肯定会按时偿还贷款(　　)。

（1）非常不同意　（2）不同意　（3）比较不同意　（4）一般

（5）比较同意　（6）同意　（7）非常同意

7. 如果不偿还贷款将面临严厉惩罚,您肯定不会将贷款资金挪作他用

（　　）。

（1）非常不同意　（2）不同意　（3）比较不同意　（4）一般

（5）比较同意　（6）同意　（7）非常同意

8. 如果其他村民不能偿还贷款会给您带来不好影响,您会监督其他村民

的贷款使用(　　)。

（1）非常不同意　（2）不同意　（3）比较不同意　（4）一般

（5）比较同意　（6）同意　（7）非常同意

9. 如果其他村民不能偿还贷款会给您带来不好影响,您愿意在能力范围

内帮助其偿还贷款(　　)。

（1）非常不同意　（2）不同意　（3）比较不同意　（4）一般

（5）比较同意　（6）同意　（7）非常同意

第三部分　社会关系对贷款偿还以及贷款效应的影响

10. 欠债还钱天经地义(　　)。

（1）非常不同意　（2）不同意　（3）比较不同意　（4）一般

（5）比较同意　（6）同意　（7）非常同意

11. 本村村民之间关系都很友好(　　)。

（1）非常不同意　（2）不同意　（3）比较不同意　（4）一般

（5）比较同意　（6）同意　（7）非常同意

12. 如果您获得贷款,您会为了保持与小组其他成员的友好关系而按时

偿还贷款(　　)。

（1）非常不同意　（2）不同意　（3）比较不同意　（4）一般

（5）比较同意　（6）同意　（7）非常同意

13. 如果您获得贷款,您会为了保持与所在村庄村民的友好关系而按时偿还贷款(　　)。

(1)非常不同意　(2)不同意　(3)比较不同意　(4)一般

(5)比较同意　(6)同意　(7)非常同意

14. 如果您获得贷款,您会为了保持与村干部的友好关系而按时偿还贷款(　　)。

(1)非常不同意　(2)不同意　(3)比较不同意　(4)一般

(5)比较同意　(6)同意　(7)非常同意

15. 如果您获得贷款,您会为了保持与信贷员的友好关系而按时偿还贷款(　　)。

(1)非常不同意　(2)不同意　(3)比较不同意　(4)一般

(5)比较同意　(6)同意　(7)非常同意

16. 如果您获得贷款,您会为了保持与金融机构的友好关系而按时偿还贷款(　　)。

(1)非常不同意　(2)不同意　(3)比较不同意　(4)一般

(5)比较同意　(6)同意　(7)非常同意

17. 本村获得贷款的村民都积极参与村级活动(　　)。

(1)非常不同意　(2)不同意　(3)比较不同意　(4)一般

(5)比较同意　(6)同意　(7)非常同意

18. 本村获得贷款的村民之间都很团结(　　)。

(1)非常不同意　(2)不同意　(3)比较不同意　(4)一般

(5)比较同意　(6)同意　(7)非常同意

19. 本村获得贷款的村民之间会相互传授经验(如交流种子价格信息等)(　　)。

(1)非常不同意　(2)不同意　(3)比较不同意　(4)一般

(5)比较同意　(6)同意　(7)非常同意

20. 本村获得贷款的村民之间会相互帮助(如帮忙干农活、借农用工具等)(　　)。

(1)非常不同意　(2)不同意　(3)比较不同意　(4)一般

(5)比较同意　(6)同意　(7)非常同意

第四部分　贷款效应

21. 对本村获得贷款的村民来说,贷款使其家庭年收入增加了(　　)。

(1)非常不同意　(2)不同意　(3)比较不同意　(4)一般

(5)比较同意　(6)同意　(7)非常同意

22. 对本村获得贷款的村民来说,贷款使其家庭生活改善了(消费支出增加了)(　　)。

(1)非常不同意　(2)不同意　(3)比较不同意　(4)一般

(5)比较同意　(6)同意　(7)非常同意

23. 对本村获得贷款的村民来说,贷款使其家庭变得富裕了(更有钱了)(　　)。

(1)非常不同意　(2)不同意　(3)比较不同意　(4)一般

(5)比较同意　(6)同意　(7)非常同意

24. 对本村获得贷款的村民来说,贷款使其家庭收入来源变多了(　　)。

(1)非常不同意　(2)不同意　(3)比较不同意　(4)一般

(5)比较同意　(6)同意　(7)非常同意

25. 对本村获得贷款的村民来说,贷款使其家庭成员的知识更丰富了(　　)。

(1)非常不同意　(2)不同意　(3)比较不同意　(4)一般

(5)比较同意　(6)同意　(7)非常同意

第五部分　对金融服务的满意度

26. 您对协助金融机构办理贷款的村委会满意(　　)。

(1)非常不同意　(2)不同意　(3)比较不同意　(4)一般

(5)比较同意　(6)同意　(7)非常同意

27. 您对负责本村业务的信贷员满意(　　)。

(1)非常不同意　(2)不同意　(3)比较不同意　(4)一般

(5)比较同意　(6)同意　(7)非常同意

28. 您对您能获得的金融产品和服务满意(　　)。

(1)非常不同意　(2)不同意　(3)比较不同意　(4)一般

(5)比较同意　(6)同意　(7)非常同意

29. 您对为本地提供服务的金融机构满意(　　)。

(1)非常不同意　(2)不同意　(3)比较不同意　(4)一般

(5)比较同意　(6)同意　(7)非常同意

问卷完毕,感谢您的支持!

后　记

　　本书是国家社会科学基金项目"贫困民族地区社会资本与微型金融良性互动的机制创新研究"最终成果的扩展。本书出版同时得到中国科学院——国家民委农业信息技术研究与开发联合实验室以及中南民族大学民族学一流学科建设经费资助。

　　充分发挥金融扶贫效应一直是我国反贫困政策措施的着力点。早在1955年的农村金融工作会议上，我国就确立了"农户贷款要以帮助贫农为主"的政策，并通过持续颁布实施系列纲领性文件不断强化金融的扶贫功能。与此相一致，自1993年正式引入我国后，微型金融便被寄予支持贫农发展生产、支持脱贫攻坚、支持深度贫困地区发展，以及支持乡村振兴等重大历史使命。但与世界微型金融发展趋势相一致，实践中，微型金融在我国发展并不顺利，微型金融效应远未充分实现。因此，促进我国贫困地区农村微型金融发展并提升微型金融扶贫效应便成为我国金融扶贫政策的必然选择。

　　本书试图通过构建贫困地区农村微型金融与社会资本良性互动的政策创新框架，在促进贫困地区农村微型金融发展的同时，实现微型金融扶贫与社会资本扶贫之间彼此加强、彼此促进的正反馈效应，从而加快贫困地区脱贫致富的进程。本书是由作者所主持的国家社会科学基金项目"贫困民族地区农村微型金融与社会资本良性互动机制创新研究"的最终研究成果完善形成。

微型金融和社会资本之间的关系是国际前沿热点,但在国内还处于起步阶段。有关微型金融效应,特别是有关微型金融社会效应的界定、测度和研究方法,现有文献涉及不多,相关数据资料也很难获得;贫困农村地区社会资本的数据也很缺乏。为了获得相关数据和资料,在研究过程中,作者组织了大量的田野调研。感谢中国农业银行宁夏分行三农金融部亢萍经理、宁夏掌政资金物流调剂中心康永建董事长、宁夏东方惠民小贷公司龙治普董事长、恩施州利川市农村商业银行秦智财行长、中和农信于歌、周笑宇经理等众多专业人士在调研过程中给予的全力支持和指导。

感谢简兵、黎鹏、康海媛、李先玲等几位同事在写作过程中给予的无私帮助,很多研究方法都是在他们的指导和帮助下完成。感谢潘跃、游葭露、刘倩、唐继磊和黄文琪等同学,他们和我一起组织实施田野调研,整理数据并负责部分内容的初稿写作。

还要感谢人民出版社赵圣涛老师在本书出版过程中所付出的辛勤劳动!在疫情爆发期,很多工作基本都处于停滞时,正是因为他积极协调,并给予我很多鼓励,这本书才能更快与读者见面。在书稿内容的审核、校对方面,赵圣涛老师也表现出非常的严谨和专业!

在本书的写作过程中,作者借鉴了部分专家学者的研究成果,参考和引用了一些专家学者的观点,谨在此一并致以诚挚谢意!

虽然作者力图通过严谨的理论逻辑、精密的实证研究和丰富的案例支撑来加强研究结论的科学性和对策建议的针对性和可执行性,但由于作者自身研究水平和研究能力有限,书中肯定还存在一些不足和有待完善地方,敬请各位读者批评指正!

熊　芳

2020 年 4 月于武汉

丛书策划：蒋茂凝
责任编辑：赵圣涛
封面设计：石笑梦
版式设计：胡欣欣
责任校对：吕　飞

图书在版编目（CIP）数据

贫困地区农村微型金融与社会资本良性互动的创新机制研究／
　熊芳 著. —北京：人民出版社，2020.6
ISBN 978 - 7 - 01 - 022389 - 6

Ⅰ.①贫…　Ⅱ.①熊…　Ⅲ.①贫困区-农村金融-扶贫-研究-中国②社会资
本-扶贫-研究-中国　Ⅳ.①F323.8②F832.35

中国版本图书馆 CIP 数据核字（2020）第 145039 号

贫困地区农村微型金融与社会资本良性互动的创新机制研究
PINKUN DIQU NONGCUN WEIXING JINRONG YU
SHEHUI ZIBEN LIANGXING HUDONG DE CHUANGXIN JIZHI YANJIU

熊　芳　著

人民出版社 出版发行
（100706　北京市东城区隆福寺街 99 号）

环球东方（北京）印务有限公司印刷　新华书店经销

2020 年 6 月第 1 版　2020 年 6 月北京第 1 次印刷
开本：710 毫米×1000 毫米 1/16　印张：17
字数：330 千字

ISBN 978 - 7 - 01 - 022389 - 6　定价：59.00 元

邮购地址 100706　北京市东城区隆福寺街 99 号
人民东方图书销售中心　电话（010）65250042　65289539